Know
這是我的名字
My
A Memoir
Name

香奈兒·米勒（張小夏）
Chanel Miller

陳柔含 ——— 譯

媽、爸、小蒂

你的文字將會幫助你不認識的人，你帶給她們奮戰所需的力量。因此，我相信你會拯救無數生命。我不知道你的名字，但我永遠不會忘記你；被你的故事觸動到的數千萬人，也永遠不會忘記你。

——美國總統拜登，發表於2016年，當時香奈兒仍是「無名艾蜜莉」

香奈兒，你是勇敢的，有價值的，有力量的，如你這般的年輕女性讓我確信，我們真的達成了些什麼。謝謝你。

——美國前國務卿希拉蕊

你的寫作如此優美。我很開心你重獲新生，不只這樣，你還用這份新生命鼓舞了其他人。

——媒體天后歐普拉

本書有著珍貴的誠實與無數小細節，是一道公開的疤痕，也是自我的療癒；是靜默的啜泣，也是喧囂的吶喊……這本書不只是一份生動的控訴，更是一隻伸出來的手，邀請你與她一同戰鬥。

——《Elle》雜誌

目次

當你認識自己的名字，你就得把它牢牢抓著，因為若它沒有被人記住，就會跟著你一起消逝。

——托妮．莫里森（Toni Morrison）

以前我太過年輕，對自己也不了解，不算是真正的活著。所以我得到外面的世界好好地看一看、聽一聽、去經歷，如此我才能弄清楚自己究竟是誰、是個什麼樣的人，以及自己想成為的樣子。

——瑪麗．奧利弗（Mary Oliver），
《逆流而上》（*UPSTREAM*）

……活出意義，是我們的責任。

——亞歷山大．契（Alexander Chee）

前言

我曾經把「傳票」寫成「船票」，這也許代表我不夠資格來說這個故事，但任何人都查詢得到所有的法庭紀錄，網路上也有報導文章。我要說的並不是一個絕對的真相，而是我所感知的一切，並且盡我所能地去描述。如果你想透過我的所見所聞來了解這件事，想要知道我內心的感受和開庭時躲進廁所的原因，這本書就是我要給你的。我給我能給的，你拿你需要的。

二〇一五年一月，我二十二歲，住在我的家鄉——加州的帕羅奧圖區（Palo Alto），也在這裡工作。我參加了一場在史丹佛大學舉辦的派對，在屋外的地上遭人性侵，當時有兩位路人發現並阻止了他，也救了我。在那之後，一切都變了。為了保護我的身分，我被以一個假名稱呼：無名艾蜜莉（Emily Doe）。

在這個故事裡，我會稱呼被告的辯護律師為「辯護人」、稱呼法官為「法官」來代表他們所扮演的角色。我寫這本書並不是為了控訴誰，不是要進行反擊或是把誰列入黑名單，也不會改寫這件事。我認為每個人都具有很多面向，在法庭上被扁平化、以特徵描述、貼上錯誤的標籤和醜化的感覺很讓人受傷，所以我不會對他們做同樣的事。我會以布羅克（Brock Turner）的本名稱呼他，但其實這個人也可以叫做「布萊德」、「布羅迪」或「班森」，這並不重要，因為重點並不在某個人身上，而是他們之間的共通性，以及讓殘破的體制得以運轉的所有人。我想透過這本書來轉化我內心的傷痛，讓我能直視過去，找到一個能跟這些記憶共存並容納它們的方式。我想把這些人都留在原地，我才能繼續前行。我不對他們指名道姓，藉此，我找回了自己的名字。

我的名字是香奈兒。

我是一位被害人，我對這個詞並沒有多餘的想法，只單純地認為這是事實。儘管如此，我並不是「布羅克·特納的被害人」，我不是他的誰，不是他的附屬品。我有一半的中國血統，我的中文名字是張小夏，小夏直接翻譯成英文就是 little summer，而我被以夏天取名是因為：

我在六月出生。

夏是中國的第一個朝代，而我是家中的第一個孩子。

夏的發音像英文的「sha」，所以取英文名香奈兒（Chanel）。

聯邦調查局對強暴的定義為：以各種形式對性器官的入侵。但在加州，強暴的定義被限縮為性行為的發生，所以有很長一段時間我都避免用強暴犯來稱呼他，因為害怕會被糾正。法律上的定義固然重要，但我個人對此事的定義也很重要。他把手塞進了我體內的空腔，我相信他之所以在法律上被免除這個稱呼，並不是單純因為他來不及性交。

這類事件當中，除了犯罪本身以外，最令人難過的就是被害人會開始去相信一些糟蹋她的看法，我希望能消除這些信念。在這裡我用的是女性的「她」，但無論你是男性、跨性別者，或是非性別常規者，無論你選擇用什麼來定義自己、以什麼樣貌存活在這個世界上，只要你經歷過性暴力，我都希望能保護到你。而對拉我一把、讓我一天一天從黑暗中走出來的每一個人，我要對你說聲謝謝。

1

我是個害羞的人。小學時我們要演出一場狩獵的戲，大家都演動物，而我演的是小草。在大講堂裡我從來不發問，體育課時你也會發現我躲在角落；如果你不小心被我絆倒，我向你道歉。我從來不會對街上發傳單的人說不；每次購物完，我都會把推車放回原本的位置；如果咖啡店櫃台上的半對半鮮奶油（half-and-half）被倒光，我就會直接喝黑咖啡；若是到別人家過夜，我會把被毯整理得像沒人用過一樣。

我沒有辦過生日派對；天冷的時候，我會在請你開暖氣前自己先穿上三件毛衣；玩桌上遊戲輸了我覺得沒關係；結帳的時候我會把找的零錢胡亂塞進包包，以免耽誤排在後面的人。小時候我希望長大以後可以當一隻吉祥物，這樣跳舞的時候別人就不會知道是我。

小學的時候，我是唯一一位連續兩年被選為「吵架協調股長」的人。我要負責在每節下課穿上綠色背心去巡視遊樂場，如果有人發生爭執又無法解決，就會來找我，我便會教他們說以「我」開頭的句子，像是「我覺得……因為你……」。曾經有位幼稚園小朋友來找我，說大家會在輪胎盪鞦韆上輪流玩十秒，當她玩的時候，其他小朋友就在旁邊數「一隻貓、兩隻貓、三隻貓」，但輪到男生的時候，他們就會數「一隻超級大河馬、兩隻超級大河馬」，這樣就可以玩得比較久。所以那天我就宣布，以後只能數「一隻老虎、兩隻老虎」，這輩子我都是用老虎數數的。

我在這裡介紹自己，是因為在接下來要說的故事裡，我一開始就沒有名字、沒有身分，人格特質和行為不明。我被發現的時候半身赤裸、獨自一人，並且失去意識，身上沒有皮夾也沒有身分證。有人報了警，一位史丹佛的主任在半夜被叫過來確認是否認得我，目擊證人也被問了很多問題，沒有人知道我是哪個人的誰、從哪裡來、我究竟是誰。

我的記憶是這樣的：二〇一五年的一月十七日，星期六，我跟爸媽一起住在帕羅奧圖。我的妹妹蒂芬妮是加州理工州立大學（Cal Poly）的三年級學生，開了三小時的車沿著海岸北上來跟我們一起過連假週末。她在家的時候通常會跟朋友待在一起，但有時候也會挪出部分的時間給我。那天傍晚，我們兩個一起去接她就讀史丹佛的朋友茱莉亞，接著再開去阿拉斯特拉德羅保護區（Arastradero Preserve）看灑落在山丘上的夕陽。天黑之後，我們便到一間墨西哥餐廳吃飯。我們熱烈地討論鴿子都在哪裡睡覺，還有爭論到底把廁所衛生紙摺成四方形（我）的人多還是揉成一團（蒂芬妮）的人多。蒂芬妮和茱莉亞提到她們晚上要去參加一場在史丹佛校園裡卡帕阿爾法（Kappa Alpha）兄弟會的派對，我沒有很注意聽，那時我正在用長湯匙把綠莎莎醬舀進小塑膠杯。

當天稍晚，爸爸煮了花椰菜和藜麥，我們聽見他把藜麥（quinoa）唸成「qwee-noah」時簡直快要昏倒，「那個唸作『keen-wah』啦爸，你竟然不知道！」我們用紙盤裝來吃，這樣就不用洗碗。後來又有兩位蒂芬妮的朋友柯琳和翠雅帶了一瓶香檳過來。她們打算三個人一起去史丹佛跟茱莉亞碰面。她們說：「你應該要來。」我說：「我該去嗎，要是我去了，會不會有點可笑？」因為我會是那裡面最老的。我去淋浴，一邊唱著歌。在襪子堆中翻找了一陣之後，我在角落找到一件老舊的圓點三角褲。我套上一件緊身的炭灰色洋裝，再搭了一條有紅色小寶石的銀色沉重項鍊和一件有棕色大扣子的燕麥色針織衫。我坐在棕色的地毯上，為咖啡色軍靴綁鞋帶，盤起來的頭髮還是濕的。

我們的廚房裡貼著藍黃條紋的壁紙，木製櫥櫃和一個老時鐘沿著牆面擺放，門框上記錄了我們歷年來的身高（如果量身高時有穿鞋，旁邊就會有一個小鞋的記號）。我們在櫥櫃開開關關，裡面只有威士忌，而冰箱裡的非酒精飲料只有豆漿和萊姆汁。家裡的烈酒杯都是以前全家出遊時從阿拉斯加和茂伊島帶回來的，那時我跟蒂芬妮會收集這些來當作布娃娃的小杯子。我豪邁地將一杯威士忌一飲而盡，毫無顧忌，彷彿可以接一句台詞：「我當然可以去參加你表弟的成年禮，但先讓我喝個爛醉。」

我們請媽媽載我們四個人到史丹佛，開富特希爾快速道路只要七分鐘。史丹佛大學就像我家的社區和後花園，以前爸媽總是會找那裡的學生當便宜家教。我在那個校園長大，參加過好幾次在草坪上搭帳篷的夏令營，曾經把餐廳的雞塊放進口袋偷偷帶走，也跟好朋友的教授爸媽一起吃晚餐。媽媽讓我們在校園裡的書店附近下車，那是雨天時她會為我們買熱可可和瑪德蓮蛋糕的地方。

我們走了五分鐘，沿著人行道下坡，來到一棟松樹下的大房子，一個嘴唇上有稀疏寒毛的人讓我們進去。兄弟會的廚房裡有裝著汽水和果汁的飲料機，我按下按鈕，配了一杯，跟大家說這叫「拉稀特調」。「來為小姐們獻上『拉稀特調』！卡卡嗨翻天！」人群開始湧入，燈光也暗了下來。

我們站在大門邊的一張桌子後面，像接待人員一樣伸出雙臂唱著：「歡迎！歡迎！我們歡迎你！」走進來的女孩們縮著頭羞怯地微笑，在人群中尋找熟悉的臉孔好湊上前去。我認得這種表情，因為我也有過那樣的心情。在大學裡，一個兄弟會就是一個王國，嘈雜不堪，活力爆發；年輕的負責歡呼，高大的負責統治。畢業以後再看，兄弟會裡瀰漫著發酵酸味和散落的免洗杯，你可以聽見鞋底從濕黏的地板拔起的聲音，水果酒喝起來就像油漆稀釋劑，馬桶邊緣還黏著捲曲的黑色毛髮。我們在桌上發現大塑膠瓶裝的伏特加，我把它抱在懷裡，老天哪，這就像沙漠裡的水。倒了一杯之後我便把它扔回去。大家站在桌上軟綿綿地靠在一起，像小企鵝一樣搖擺著；我一個人站在椅子上，高舉雙手擺動，像一片喝醉的海草，直到妹妹把我帶下來。我們到外面的灌木叢裡小便，茱莉亞跟我開始胡亂地唱起饒舌，我唱了有關「乾皮膚」的東西，因為想不到跟「舒特膚」（Cetaphil，皮膚保養品品牌）押韻的字而卡住。

地下室擠滿了人，很多人都跑到水泥露台上，站在月光下。我們站在幾個矮矮的白人男生附近，他們把帽子反戴，好像是在保護脖子，以免在這夜晚的室內空間被曬傷。我喝了一小口微溫的啤酒，說這喝起來像尿，然後把它拿給我妹妹。我覺得很無聊，也很放鬆；我喝醉了，極度想睡，感覺自己在十分鐘之內就可以回到家，對周遭的一切都不再覺得有趣。就是從那時候開始，我的記憶一片空白，腦中的記憶膠卷被剪斷。

直至今日，我依然認為那天晚上我所做的事情都不重要，都是些瑣碎的東西，忘了也無所謂，但這些事情卻在日後一次又一次地被爬梳檢視。我做了些什麼、說了哪些話，都被逐一分割、評量和推敲，並攤在陽光下給大眾檢視。這都是因為，他也在這場派對裡。

✦ · ✦

我感到一陣刺眼。我眨眨眼，看見兩隻手的手背上有乾硬的咖啡色血跡。右手的ＯＫ繃翹起，已經不黏了。不知道我在那裡待了多久，我躺在一張窄床上，兩側都有塑膠護欄，是病床。牆壁是白色的，地板磨得很光亮。有東西深深刺進我的手肘，白色的透氣膠帶纏得太緊，周圍的肉都鼓了起來。我想要動一動壓在下面的手指，但實在太笨重。我往左看，有兩個男人在看著我，年紀較長的那位非裔美國人身穿紅色的史丹佛風衣外套，另一位是穿著黑色警察制服的白人。我模糊自己的視線，他們變成了靠在牆上的紅色和黑色方形物，手放在背後，好像他們已經在那待一陣子了。我又把焦距帶回他們身上，他們的表情就跟我看著老人下樓梯時一樣：神情緊繃，深怕下一秒就會跌倒。

那位警察問我感覺還好嗎，他彎下腰來直視著我，沒有因為微笑而瞇起眼來，就是一雙靜止的大圓眼，像兩個小水窪。我心想：「還好啊，我應該要感覺不舒服嗎？」我把頭轉來轉去想要找妹妹，那位穿紅色風衣外套的人說他是史丹佛的主任，「你叫什麼名字？」他們關注的重點讓我有點緊張，不知道他們為什麼沒有問我妹妹，她應該就在附近才對。「我不是這裡的學生，我只是訪客，」我說，「我叫香奈兒。」

我睡了多久啊？大概是太醉了，傻乎乎地跑到旁邊的大樓先睡再說。我是用爬的嗎？怎麼會把手刮傷了呢？是誰幫我用這麼陽春的急救箱包紮的？說不定他們有點不爽，又有一個喝醉的小鬼要照顧了。我感到滿抱歉的，畢竟自己已經不年輕了。不管怎樣，我很快就會離開了，謝謝收留。我往走廊看去，在想哪個門才是出口。

他們問我該打給誰，要告訴他們我在這裡。這裡是哪裡？我把妹妹的電話號碼給他們，看著那位穿風衣外套的人走到我的聽力範圍之外，把電話裡妹妹的聲音帶進另一個房間。我的手機呢？我摸來摸去，希望可以摸到一個方形的硬物，但什麼也沒有。我埋怨自己把手機搞丟，我得再回去找。

那位警察跟我說：「這裡是醫院，以目前的情況判斷，你應該是被性侵了。」我緩緩地點頭，真是個嚴肅的人啊！他一定是弄錯了，我在派對都沒跟別人說話，我是不是應該要澄清一下？以我的年紀，應該自己就可以簽名離開了吧？我想待會兒就會有人走進來說「警官，她可以離開了」，接著我就會向他敬禮告退，我想吃起司麵包。

我感到下腹有一股壓迫感，得去上個廁所。我說我想去洗手間，但他請我等一下，因為他們可能要採集尿液樣本。「為什麼？」我心想，於是我靜靜躺著，收緊膀胱。後來我終於得到許可，坐起來的時候，發現我的灰色洋裝在腰部擠成一團，而且我還穿著一件薄荷綠的褲子。不曉得這件褲子是怎麼來的，又是誰幫我把褲頭的繩子打上蝴蝶結。我不好意思地走進廁所，離開大家的視線範圍讓我鬆了口氣。我把門關上。

我拉下這件褲子，半閉著眼睛準備脫下內褲。我的大拇指在大腿外側滑過，但什麼也沒碰到。怪了。我重複這個動作，把手貼在腰際，搓揉兩條好像石化了一樣的大腿，我不停地搓，直到發熱，然後停下來。我沒有往下看，就以半蹲的姿勢僵在那裡。我把雙手交叉抱在肚子上，繼續這個姿勢，沒辦法坐也沒辦法站，而褲子落在我的腳踝處。

我一直在想，為什麼苦難的倖存者能如此了解其他倖存者，即使遇害的情境不同，這些人卻總能迎上對方的視線，無需言說就能明白。我們之間共通的也許不是那些遭遇本身，而是遇害之後第一次獨處的感受。有東西從你身上溜走了、我到哪去了、被奪走了什麼。那是一種被沉默所吞噬的戰慄感，從你習以為常的世界剝離。在那個瞬間，你不會感到痛苦、不會歇斯底里，也不會想哭，但你的內在變成了冰冷的石頭，全然的困惑與知曉同時存在。慢慢長大的奢侈已不復存在，開始的是殘酷的覺醒。

我慢慢坐到馬桶上。脖子上有個刺刺的東西，我往頭後摸了一下，感覺到打結的頭髮裡有個粗糙的東西。我有到外面一下，是掉下來的樹葉嗎？這一切都不對勁，我的內心卻有一股麻木的平靜。那是一片靜止的黑暗海面，沒有波浪，沒有盡頭。恐懼就在海裡，我感覺得到它在流動，翻攪我的五臟六腑，濕濕濁濁又帶有重量；但在海面，我只看得到些許波紋。恐慌的出現就像一條魚，衝出水面，在空中甩動身子，接著落回海裡，一切回歸靜止。我不明白自己怎麼會在這個消毒過的空間裡面對一個馬桶，身上沒有內褲，獨自一人。我不會去問那位警察我的內褲在哪裡，因為我心裡有一部分知道自己還沒準備好聽他回答。

「剪刀，」我腦中浮現了這兩個字。警察用剪刀把我的內褲剪開，因為內褲有陰道的細菌，保險起見，他們要拿去做檢測。我在電視上看過，急救人員會把衣物剪開。我站起來，發現地上有一些泥土。我穿好褲子，把繩子綁成兔子耳朵，在洗手槽前遲疑了一下，不確定自己是不是該把手上的血跡洗掉，所以只用指尖輕輕地沾了細細的水流，再把一點水帶到掌心，保留了手背上的髒汙。

我像剛才一樣冷靜地走出去，並且禮貌地微微笑，回到床上。那位主任說他已經把我在這裡的事情跟我妹妹說了，並給我一張他的名片，「需要幫忙的話可以找我。」接著他便離開了。我緊緊握著這張小卡。警察告訴我SART大樓要到早上才會開門，但我不知道那棟大樓是什麼，只知道我應該要再睡一下。我平躺在床上，但感覺很冷，跟他一起在冷冰冰的燈光下也讓我覺得很奇怪。我很感激自己不是一個人待在這裡，但也希望他可以看點書或是去投個販賣機，我沒辦法在有人看著的情況下睡覺。

護士走了過來，看我一眼之後對警察說：「她怎麼沒有毯子呢？」警察說他已經有幫我穿褲子了。「還是要給她毯子啊！怎麼都沒人拿毯子給她呢？竟然就這樣讓她躺著！」我看著她用激動的手勢提出要求，對於保暖這件事一點也不讓步，毫無顧忌地開口。「去幫她拿毯子。」我讓這句話在腦中重複播放。

我再度閉上眼睛，這次窩在溫暖之中。我準備好要離開這場亂七八糟的夢境了，接下來我就會在自己的床上醒來，蓋著我花花的被子，看見宣紙做的吊燈，妹妹就睡在我旁邊。我被輕輕地推醒，睜開眼之後，我看見跟剛才一樣的燈光，身上也蓋著一樣的毯子。我旁邊站了一位穿著白色長袍的金髮小姐，她身後還有兩個女生，她們臉上都綻放了看見新生兒的燦爛笑容。其中一位護士名叫喬伊（Joy，喜悅之意），我把這當作是宇宙要送給我的暗示。我跟著她們走出去，來到一個小停車場，我好像一個邋遢女王，拖在身後的毯子就像紫色的披風，兩旁還有侍者跟隨。我瞇起眼睛看天空，想要推測現在的時間，已經破曉了嗎？我們走進一棟一層樓的建築，裡面空空的；她們帶我到一間辦公室，我裹著毯子坐在沙發上，看見書架上有個「SART」資料夾，下面有一行麥克筆的字跡寫著：性犯罪應變小組（Sexual Assault Response Team）。

她們應該就是這個小組的人吧。我成了一個徹徹底底的旁觀者，變成長著兩隻眼睛、頂著一頭亂糟糟棕髮的米色屍體。那天早上，我看著銀色的針頭刺進我的皮膚、看著沾了血的棉花棒從我兩腿間拿出，但我一點也不想閃躲或退縮，甚至不需深吸一口氣。我的感官都被切斷，身體成了一具沒有神經的服飾店假人。我只知道我可以信任那幾位白袍小姐，所以每個指令我都配合，也用微笑回應她們的微笑。

她們拿了一疊文件到我面前，我從毯子伸出手來簽署。如果有人向我解釋這些同意書的內容，大概一點用也沒有。一份又一份不同顏色的文件，淺紫色、黃色、橘色。沒有人跟我解釋為什麼我的內褲不見了、為什麼我的手流血了、為什麼我的頭髮這麼髒、為什麼我穿著這件可笑的褲子，可是眼前的一切好像都進行得很順利，我想我只要一直點頭和簽名，應該就可以乾乾淨淨地離開這裡，恢復成往常的樣子。我在文件底部簽名，一個又大又彎的C和兩座山的M。我停在一份頂端用粗體印著「性侵受害者」的文件，有隻魚跳出了水面。我遲疑了一陣。不，我不同意成為一名性侵受害者。如果我在這裡簽名，是不是就會成為性侵受害者？如果我拒絕簽名，是不是就可以繼續做平常的我？

護士們接著離開去準備檢驗室，有位女生來跟我說話，說她叫做艾波（April，四月之意），是性犯罪應變小組的專員。她穿著長袖棉T和緊身褲，捲髮綁成一個隨興的馬尾，是個畫起來會很有趣的髮型。我喜歡她的名字，就像喜歡喬伊那樣，因為四月會下點雨，是海芋綻放的季節。她用塑膠杯幫我裝了一杯黑糖燕麥，讓我用一隻單薄的白色免洗湯匙吃。她看起來年紀比我小，卻像一位母親一樣關心我，一直要我多喝水。我好奇她怎麼會在星期天這麼早起，不曉得這是不是她的日常。

她拿了一個資料夾給我，「這是給你的。」裡面有好幾份關於創傷後壓力症候群的文件，黑白影印的紙張上釘著歪歪扭扭的釘書針，還有一些扭曲的電話號碼。有張宣傳摺頁印著一個戴眉毛環的女生，神情憂慮，也很憤怒；上面有紫色的大寫字寫著：「你不孤單，這不是你的錯！」什麼東西是我的錯？我少做了什麼嗎？我翻開另一份手冊，「事件後的主要反應」。第一類是事發後零到二十四小時，你會麻木、心神不寧、莫名地感到恐懼、震驚。我點點頭，的確有非常類似的感覺。第二類是兩週到六個月：健忘、疲憊、罪惡感、作惡夢。最後一類是六個月到三年或以上：孤立感、回憶被勾起、自殺念頭、無法工作、藥物濫用、人際關係困難、寂寞感。這是誰寫的？是誰在這鬼東西上幫別人預設悲慘未來的？我該怎麼看待一個莫名其妙的陌生人所寫的東西呢？

「要不要用我的手機打給你妹妹？跟她說再過幾個小時你就可以離開了。」艾波遞給我她的手機，我暗自希望蒂芬妮還在睡覺，但她馬上就接起電話。我懂她的哭聲，例如當她不小心把車撞凹、不知道該穿什麼出門，或是在電視上看到狗的死訊。但這個哭聲不太一樣，好像小鳥被關在玻璃箱裡驚慌振翅。我全身僵硬了起來，聲音變得輕盈平緩，感覺自己好像在微笑。

「小蒂！」我說。我聽不出來她究竟說了什麼，但我鎮定了一點，她的聲音也因此安定下來。「老妹，這裡有免費早餐耶！對，我沒事！別哭嘛，她們覺得可能發生了什麼事，不，她們也還不確定到底是不是這樣，只是先做點預防措施，我再待一下會比較好，好嗎？你可以過幾個小時來接我嗎？我在史丹佛醫院。」實習醫生拍拍我的肩輕聲說：「你在聖荷西，這裡是聖塔克萊拉谷醫療中心。」我不太能理解地看著她，說：「噢，不對，我是在一間聖荷西的醫院！」心想，我在一個離家開車要四十分鐘的城鎮？「別擔心，」我說，「我好了再打給你！」

我問艾波我是怎麼到這裡的，「救護車。」她說。我頓時擔心起來，這筆費用我負擔不起，這些檢測又要花多少錢呢？脖子上的松樹針葉像小爪子一樣刺得我癢癢的，我拉出一片刺刺的褐色蕨葉。一位經過的護士溫柔地建議我先不要動那些東西，因為她們還要對我的頭部拍照，所以我又把它放回去，好像在頭髮上插入小黑夾那樣。檢驗室準備好了。

我站起來，發現坐墊上有小小的松果和針葉，這些是哪裡來的？我彎腰把它們撿起時，頭髮散落肩膀，掉了更多的松果和針葉到地板上。於是我繼續裹著身上的毯子跪下來，把它們弄成一堆。「你們需要這些嗎？」我握著這些碎屑問，「可以丟掉嗎？」她們說別管那些，放著就好，於是我把它們放回沙發上，為自己製造的髒亂感到很不好意思，一塵不染的地板和沙發就這樣被我弄髒了。護士用歌唱般的語調安慰我說：「只是那裡的一些小花小草，小花小草。」

兩位護士帶我走進一間冷冷的灰色房間，裡頭有一面大鏡子和早晨的陽光。她們要我脫下衣服，這個要求好像有點過頭，我不懂為什麼我得裸露自己，但在大腦批准這項指令之前，我的手已經開始動作了。「聽她們的。」她們打開一個白色紙袋，讓我裝肩帶鬆弛又加了墊的膚色內衣。我的灰色洋裝被放進另一個袋子，好像要送去做精液檢測，再也沒還給我。所有的衣物都被脫下，我赤裸裸地站著，乳頭在鏡中回瞪著自己。我不曉得該把手放在哪裡，有點想把雙手交疊胸前。她們請我保持不動，因為她們要從不同角度拍我的頭。如果是為了作畫，我習慣把頭髮順好後旁分，但現在我不太敢摸我歪掉的亂髮。我不知道自己該不該露出牙齒微笑，也不知道看往哪裡。我想閉上眼睛，好像這麼做就可以把自己隱藏起來。

一位護士從口袋拿出一把藍色塑膠尺，另一位則是拿著沉重的黑色相機。「我們要測量和記錄你身上的傷。」她說。接著我感覺她們的指尖隔著乳膠手套在我身上緩緩移動，直尺平整的邊緣壓在我的脖子側面、肚子、屁股和大腿上。我聽見相機一次次的喀嚓聲，黑色鏡頭掠過我每一根毛髮、雞皮疙瘩、血管和毛孔。從小時候濕疹發作開始，皮膚一直都是最讓我感到羞愧的地方，即使傷口都癒合了，我還是覺得那邊的膚色跟別的地方不一樣。我身體僵硬，感覺自己在鏡頭下被放大檢視。但當護士們在我身邊彎腰和走動的時候，她們輕柔的話語卻把我從腦中的這些想法給拉了出來，她們就像《灰姑娘》裡的小鳥一樣照料我，用鳥嘴銜著皮尺和緞帶，輕快地飛來飛去，為我量身、訂做禮服。

我轉頭看她們拍了些什麼，卻發現背上有塊紅紅的印子，恐懼使我閉上眼睛並把頭轉回來。平常，我就是對自己的身體最毒舌的惡評：「你胸部外擴，像兩坨悲哀的茶包」、「乳頭的方向不一致，是鬣蜥的眼睛嗎？」、「膝蓋的顏色太深了，幾乎是紫色的」、「肚子看起來很沒力」、「腰太粗，一點曲線也沒有」、「腿長這麼長有什麼用，一點都不纖細」。但當我全然赤裸地站在這光線底下，那些聲音都消失無蹤。

我注視著自己，她們繼續忙上忙下。我把頭往上提，伸長脖子，放鬆肩膀，讓雙手自然垂下。早晨的陽光融合了我頸部的線條、耳朵的曲線，沿著鎖骨而下，到臀部、再到小腿。「看看這副身材，胸前的起伏多美啊，還有肚臍的樣子，跟一雙修長好看的雙腿。」在一片冷白色的長袍和藍綠色手套之中，我呈現著溫暖的黃棕色，身上散發光芒。

終於，我們可以開始好好清理頭髮了。我們三個把頭髮裡一根一根的針葉都放進白色紙袋裡，我感受著那些針葉被取出的感覺，還有東西從頭皮上拉起的刺痛感。我們一直清理，直到袋子快裝滿這些細小的枝葉和頭髮。「這樣應該就夠了。」她說，接著我們安靜地把剩下的東西丟到地上以便清掃。我往肩上輕吹了一口氣，把塵土吹掉。我試著拉出一根長得像魚骨頭的針葉，兩位護士則是幫我梳理後面打結的頭髮；感覺永遠也弄不完。如果她們叫我低頭把頭髮剃光，我應該會毫不猶豫地照做。清完之後，她們讓我穿上一件寬鬆的病人袍，並帶我到另一個房間，裡面有張看起來像牙醫診所的診療椅。我躺坐在上面，兩腿張開，腳輕輕地踩在踏板上。我的頭上有一幅用圖釘釘在天花板的帆船照片，看起來像是從月曆上撕下來的。與此同時，護士拿著一個托盤走進來，我從沒見過這麼多金屬用具。我從膝蓋之間望向她們三個，其中一位坐在凳子上，另外兩位站在她後面，像連綿起伏的山頭，一起往我的身體裡看。

「你好冷靜喔。」她們說，不知道她們是拿我跟誰做比較。我看著那艘小帆船，想像它漂浮在某個充滿陽光、離這裡好遠好遠的地方，心想：「這艘小船正肩負著轉移我注意力的重責大任呢。」兩支長長的棉棒伸進我的肛門，帆船正在努力地發揮作用。

幾個小時過去了，我不喜歡那些冷冰冰的金屬、硬硬的棉球、藥丸和注射器，也不喜歡這樣張開著大腿。但她們的話語安撫了我，好像我們只是在這裡聚會聊天，她們用杯子遞給我的粉紅色藥丸只是氣泡酒。她們的眼神不斷向我接觸，在每個動作之前都會跟我解釋，接著才把東西伸進我的身體。「你還好嗎？這樣還可以嗎？」、「我要用一支藍色小刷子輕輕刷過陰唇，會有一點點冷喔！」、「你從小就住這附近嗎？」、「情人節有什麼計畫嗎？」我知道她們問問題是為了轉移我的注意力，也知道這些閒聊只是在玩角色扮演，目的是要我加入她們。對話的同時，她們的手在底下迅速動作，讓圓形鏡頭在兩腿間的洞穴裡窺探。另一個顯微鏡頭在我體內緩緩往上移動，把陰道內壁的影像傳送到螢幕上。

我認為她們戴著手套的雙手正在阻止我掉進深淵。所有伸進我身體裡的東西都會被拉出來，她們就像一股力量擋在我面前，甚至會逗我笑。她們無法消除掉發生過的事情，但可以將這些都記錄下來，拍下每個小細節、封進袋子，讓某個人去檢視。她們沒有嘆過一口氣、沒有同情我，也沒有說我好可憐。她們沒有把我的順從誤認為軟弱，所以我沒有證明自己的必要，告訴她們我可不只是這樣而已。她們都知道。在這裡，自卑沒有容身之地，會被喝斥趕走。所以我放鬆身體，把身體交給她們，思緒則是漂浮在對話的輕盈流動當中。正因如此，每當我想起這段跟她們相處的片段，溫暖是我最主要的感受，不舒服和害怕都是其次。

幾個小時之後，檢查完成了，艾波帶我到一個牆邊的大塑膠棚屋裡，裡面有滿滿的休閒衣褲，被疊成一堆一堆的，正在等待下一個主人。「這些是為誰準備的呢？」我心想，有多少像我們這樣的人走進這裡，帶走衣服和裝滿手冊的資料夾呢？她們知道會有無數個像我這樣的人，所以建立了一整套制度。「歡迎加入，這是你的新制服。你可以在資料夾裡找到指示，為你說明創傷和恢復的步驟，這也許會花上你一輩子的時間來完成。」實習醫生笑著說：「你可以選自己喜歡的顏色喔！」就像在選冷凍優格的配料一樣。我選了一件蛋殼白的長袖棉T和藍色休閒褲。

剩下的就是梳洗乾淨了。警探已經在路上，我被帶回那間冰冷的灰色房間，這次我發現角落有個金屬蓮蓬頭。我向她們道謝，並關上房門、把病人袍掛起來。我在一個雜亂的籃子翻了翻，裡面有捐贈的旅館洗髮精：綠茶、海風、舒壓檀香。我扳開水龍頭，我終於獨自一人赤裸地站著，沒有別人低語的聲音，也沒有她們溫柔的手，只有水落在地板上的聲音。

除了那張紙以外，這裡沒有任何人提到「性侵」這個字眼。我閉上眼睛，只記得在記憶中斷以前，看見妹妹站在月光下。到底少了什麼呢？我往下看，拉開陰唇，發現被塗成深色，這種類似葡萄和茄子的顏色讓我有點噁心。告訴我到底發生了什麼事吧！我剛才有聽見護士說「梅毒、淋病、懷孕、愛滋病」，也有給我緊急避孕藥。我看著清澈的水流過皮膚，但這一點用也沒有，我需要弄乾淨的地方在身體裡面。我低頭看著身體，一團膚色不佳又厚重的東西，「誰來把這東西也帶走吧，別留下來給我。」

我想要在牆上把頭敲一敲，把記憶給找出來。我扭開瓶蓋，把亮晶晶的洗髮精倒在胸口；我讓頭髮落到臉上，用熱水沖皮膚，腳邊散落著一堆空瓶。我希望水可以滲進我的毛孔，燙死每個細胞讓我得以重生。我想要吸進所有的蒸氣，讓自己窒息、變瞎、蒸發消失。我搓揉著頭皮，地上乳白色的水在我腳邊旋轉，流進金屬的排水孔蓋。我感到罪惡。加州一片乾枯，正值一場嚴重的乾旱。我想起家裡，爸爸在每個水槽底下都放了紅色水桶，把水接起來拿去澆花。水是很珍貴的，但我動也不動地站著，看著一升又一升的水流進排水孔。「對不起，我今天得沖久一點。」應該已經過了四十分鐘吧，但沒有人來催促我。

我把水關掉，站在寂靜和霧氣之中，指尖皺得像果乾和蒼白的小溪流。我抹抹鏡子，去掉凝結在上面的水滴，臉頰是粉紅色的。我梳著濕潤的頭髮，雙手滑進長袖棉T，把項鍊掛回脖子上，讓墜飾落在胸口中間。我繫好靴子的鞋帶，這是另一件我能保留的物品。我把褲腳塞進靴子裡，但想了一下之後又拉出來，這樣好多了。盤起頭髮時，我注意到有個吊牌從袖子垂了下來，上面有一個曬衣繩的小圖，寫著「感恩衣物」。

每一年，安奶奶（雖然沒有血緣關係，但我們都把她當成親奶奶）都會用回收材料製作華麗的紙帽子，像是包梨子的網袋、彩色漫畫、藍染羽毛跟摺紙花。她在街頭市集販賣這些東西，再把收入捐給當地組織，其中也包括感恩衣物，她們為性暴力的倖存者提供衣物。如果沒有這個組織，我離開醫院的時候就只能穿單薄的病人袍和靴子了。也就是說，她在餐桌上剪剪貼貼地做帽子，並在大太陽下的小攤位販售的這件事，給了我一套柔軟的衣物作為保護。穿上這套衣服，就好像安奶奶緊緊地抱著我，告訴我，我都準備好了。

我走回辦公室，雙手緊握在膝蓋之間，坐著等待。警探出現在門邊，他的頭髮剪得很整齊，戴著方框眼鏡，肩膀很寬，身穿黑色大衣，名牌上寫著「金」，我想他應該是韓裔美國人。他站在門口，似乎有點不好意思，好像這裡是我家，他要穿著沾滿泥巴的鞋子走進來似的。我站起來跟他打招呼，感覺我能信任他，因為他看起來很難過，難過到我得用微笑來告訴他我沒事。

他拿出橫線記事本和黑色的方形錄音機，告知我所說的話都會被錄下來。「沒問題。」我說。他坐著，拿著筆懸在記事本上，錄音帶的小轉軸開始轉動。我沒有被脅迫的感覺，他的表情告訴我，他是來聽我說話的。

他讓我逐一講述那天爸爸做的晚餐、我吃了多少、喝了幾杯酒、間隔多久、威士忌的牌子、為什麼會去這場派對、抵達時間、派對的人數、在裡面喝了什麼酒、是否未開封、我去外面上廁所的時間和地點，以及回到屋裡的時間。我一直看著天花板，彷彿這樣可以讓我回想得更清楚，我並不習慣這麼精確地回想平凡瑣事。過程中他不斷快速書寫、微微點頭，把橫線筆記本一頁一頁地填滿。當我講到站在露台那段，我看見他寫下「她的最後記憶」，接著按了一下筆，把筆尖收回。他看著我，依然在尋找些什麼。我們要一起去某個地方，但路被切斷了，我沒有他需要的東西。

根據錄音的逐字稿，他說那天晚上有兩個人發現我失去知覺，警察來了，但我還是沒有反應。他說：「基於事件特性，也就是你所處的地點和你的狀態，我們通常必須把性侵的可能性納入考量。」事件特性、你的狀態。他說等調查結束，那個人的姓名和資料就會成為公開紀錄。「但我們也還不確定到底發生了什麼事，」他說，「希望什麼事都沒有，但我們還是要把它當成最糟的狀況來處理。」我只聽見「希望什麼事都沒有」。

香奈兒：「你知道他們到底是在哪裡發現我的嗎？」

警官：「那裡跟房子之間有塊小空地，嗯，我想是垃圾桶，但你不是在垃圾桶裡面。」

香奈兒：「當然不是。」

警官：「不是垃圾桶裡，是垃圾桶後面。」

他說：「有人經過那裡看到你，覺得『等等，看起來不對勁』。所以就停下來，嗯，他們看到有個人……接著又有另一個人來了，看到你，然後打電話，打電話報警……嗯，通常我們一開始會，假定為疑似性侵。」

我不太理解，我是怎麼到外面的？哪裡看起來不對勁？警探在位子上換了個姿勢，我發現他說這句話時微微皺了一下眉：「你有跟誰約炮嗎？」這問題好奇怪，我說我沒有。「那就沒有人可以亂碰你。」他哀傷的樣子，看起來好像早已知道答案。我感覺身體僵硬起來，說：「他被抓了，在昨天晚上對吧？他有試圖逃跑嗎？」

他說：「我們現在要確認這個人是不是他，這個人是不是就是對你做了什麼的人，或是試圖要做什麼。嗯，不過你旁邊真的有個人鬼鬼祟祟。」鬼鬼祟祟。「到底是不是他，我講得很保守。根據刑法，我們可以基於相當理由進行逮捕，由於強暴是重罪案件，我們可以基於相當理由，認為有犯罪行為而逮捕人，即使犯罪行為並沒有發生。」

這代表可能真的發生了嚴重的事，但每句話也都以另一個我毫髮無傷的版本作結：「即使犯罪行為並沒有發生」、「做了或是試圖要做」、「希望什麼事都沒有」、「鬼鬼祟祟」。我即將踏進兩個不同的世界，一個什麼都沒發生的世界，和一個我可能已經被強暴的世界。我能理解他不願透露消息是因為調查結果尚未出爐。他可能也看見我頭髮還沒乾，穿了不一樣的衣服。他可能在想我即將出現的妹妹。

金警探說明天我也許會想起更多事情，並給了我他的名片。我點點頭，但我知道我已經把所有事情都告訴他了。他說我晚上就可以到警察局領回手機。妹妹從他身後出現了，弓著身子，臉色蒼白。這時我的被害人身分消失了，我是個姊姊。你可以在錄音的最後聽到她抵達時我們的對話：

「嘿。」我說。

「噢天哪。」

「嘿。」

「噢天哪。」

「對不起。」

「噢。」

「我讓你擔心了。」

「沒關係的。」

「噢，抱歉。」

「別道歉。」她說。

我抬頭挺胸，穩如泰山，我是個大人，告訴她房間裡的陌生人都很親切，可以跟她們說話。艾波幫她倒水，拉了一張椅子給她，蒂芬妮則是不停地哭。警探開始問問題的時候，我的眼神都停留在她身上。她描述了同樣的酒、朋友的名字和派對氣氛。她說有個金髮男生一直把臉貼近她、碰觸她的腰臀，一直跟著她，她的朋友也都開始躲這個人。她說那個男生很奇怪，只是瞪著大眼睛靠近她，什麼話都沒說。後來她尷尬地笑了出來，所以就撞到他的牙齒。

她說她有暫時離開我一下，去陪身體不適的朋友，她認為我一個人應該沒問題。等她回來的時候，警察已經在清場了，她便問兩位看門的學生發生什麼事，他們說有人投訴派對太吵，所以已經強制結束了。她在停車場問一位警察有沒有看到我，但他說他不知道，她就以為我已經離開，到帕羅奧圖的市中心跟朋友會合了。不過她還是到處問人：「你有沒有看到一個長得跟我很像的女生？」她跟柯琳找遍了兄弟會的每一扇門，又氣又急，因為我都不接電話。她們到外面的樹林大喊我的名字，但那時我已經被放上擔架推出樹林、送進救護車了。

「有學生阻止了他，」我說，「很好，很棒。」那天早上，我得知原來有路人看見某人形跡可疑，而且追了過去。我對任何肢體接觸都一無所知，不知道這個人把手伸進我的衣服裡面，也不知道我的身體暴露在外。我告訴自己，有人阻止了這場危機，壞人也被逮捕，我們可以離開了。那位警探向我們道謝，我們晚上會去史丹佛的警察局拿手機。那幾位穿白袍的女生圍在一起給我擁抱，緊緊地抱住我，接著放手。

太陽出來了，停車場上零星的車子反射著刺眼的陽光，好不真實的一個星期天早晨。「太扯了吧，這大概是我遇過最扯的事了。」她們拿了好多東西伸進我下面，我甚至無法……看看我身上的衣服，怎麼這麼醜？」我展示著往後梳的頭髮和一身大尺寸的衣服，走著台步、微微轉圈。蒂芬妮還是含著眼淚，呼吸不規則，一陣一陣地笑。

我們坐在車裡，盯著眼前的鐵絲網牆，她在等我告訴她要開去哪裡。看得出來，她還在發抖。我腦中想的不是那個人是誰或我有什麼感覺，也不是今天拍的照片會被送去哪裡。我所有的思緒都繞著她打轉，我的妹妹，在她面前我應該要給出所有問題的答案。

為她堅強振作是我的職責。有一次她在飛機上想吐，突然往前靠，我就在她吐到自己的大腿上以前伸手接住了她的嘔吐物。當奶奶在沙拉上灑藍紋乳酪，蒂芬妮就會捏起鼻子，我會在奶奶轉身後迅速叉起沾了乳酪的生菜葉送進嘴巴。有一次我們看了《ET．外星人》，接下來的七年，她每天都來跟我一起睡，因為害怕那脫水的外星人和他皺巴巴的手指。如果電影有親吻的鏡頭，我就會拿抱枕擋在她眼前，「你還小，不適合看。」我曾經寫文章說服爸媽，並反覆修改，最後成功讓爸媽買諾基亞手機給我們。每次班上舉辦同樂會時，我都會把半個甜甜圈或是肉桂小圓餅用餐巾紙包起來，在下課的時候拿給她。有一陣子我很喜歡馬，就用狗繩把她拴在椅子上，幫她取名「崔妮蒂」，再把浴室的腳踏墊放在她背上當成馬鞍，幫她梳毛，並用手餵她吃早餐穀片。我還記得當爸媽在「馬廄」裡發現她的時候，他們說：「如果你要玩，你就要當馬。」我為她犧牲、為她抵擋外星人、幫她吃藍紋乳酪。我視之為人生第一個，也是最重要的任務。

但我還沒準備好回家面對爸媽，我需要時間思考。我跟蒂芬妮已經夠大了，可以隨時進出家門，沒回家就代表我們在朋友家過夜，不用擔心，這裡很安全。我發現自己沒辦法跟他們說我在醫院醒來，身上都是樹枝樹葉，因為有人「鬼鬼祟祟」，還要他們接受。「但我沒事啦。」我會這樣說，然後他們會說「怎麼會沒事？」，爸爸會問「是誰？在哪裡？為什麼？怎麼會？」，媽媽會要我去躺著，弄一杯加了薑的熱飲給我喝。跟爸媽說這種事，他們就會大驚小怪；而我不想要大驚小怪，我想要這一切趕快結束。

我相信到時候警察就會說有個人想對我做壞事，但他沒有得逞，接著我們會因為造成他們的困擾而道歉。我是真的認為這一切都只是個小差錯，所以當妹妹問我是否打算跟爸媽說的時候，我說：「過幾年吧。」我想像自己會在某天吃晚餐的時候若無其事地提起這件事：「你們知道有次我差點被強暴嗎？」他們會說：「噢，天哪！真抱歉，我不知道耶，你怎麼沒跟我們說？」我會說：「噢，已經很久了，不過還好什麼都沒發生。」接著我會把手一揮，請他們幫我拿四季豆。

在停車場裡，我唯一能想到的去處就是漢堡店。時間是早上十點鐘，去吃漢堡是有點早，但這間店不一樣。我們從小就把這間鋪著白色磁磚的店當成聖殿，每當我們生氣不爽、想要慶祝，或是有人失戀，總是會想來這裡。只要一吃到它的鹹味和醬料，我的心情就會平復許多。但我們抵達時，我卻為自己的衣著感到難為情，所以決定在車上點得來速。我們拿到餐點後便找個地方停下來吃。我咬了一口，卻嚐不到醬料的滋味，所以就讓漢堡滑回包裝紙裡，放在腳邊。我已經在外面晃得夠久了，我們知道這時候家裡一定沒人，爸爸會出門跑腿，媽媽會跟朋友出去，進行他們週日的例行活動。

我爸爸是退休的心理治療師，他以前一週工作六天、一天十二小時，傾聽那些來找他的人。他讓我們有得吃也有得住，這些錢都來自於引導人們走過那些我們從沒聽過的故事。我媽媽是作家，寫了四本中文書，也就是說，她的書我都還沒辦法閱讀。所以，儘管他們都是很開明的父母，他們的人生還是有很大一部分讓我感到陌生。

歷經了二十年的私人診療經驗後，爸爸說他已經聽過各種你想得到的人生戲碼了；媽媽在中國的鄉下長大，經歷過文化大革命，見識過各種殘酷的暴行。他們都認為人生是一團大混沌，沒有什麼是黑白分明的，線性軌跡也不存在，當一天將盡，能一覺到天亮就是個奇蹟。他們在肯塔基州唯一的中華文化中心結婚，是一對引人注目、怎麼看都不像夫妻的組合。

我們的每一件家具都跟彼此不搭，毛巾不是高貴潔白的那種，而是老舊、印著史酷比圖案的那種。每當家裡有客人來共進晚餐，我跟蒂芬妮就會把所有的書、洩氣的籃球和乳液試用品都藏起來，讓一切完美無瑕，目的就是想要自己的家看起來像朋友的家一樣優美明亮。但客人走了之後，整個家就像會自己脫褲子一樣，把腸子拉了出來，我們所有的雜物又都現形了。

這個家裡的東西都會自己繁殖生長，東西打翻也沒關係，你想要什麼時候來訪都可以。我們家的人就像是在這個小宇宙裡運行的四顆行星，如果我們有什麼精神標語的話，那一定是「儘管去做你自己的事」。我們家不需循規蹈矩，是一個有溫度的地方；我們家關係緊密，卻也保持著個體的獨立性；我們家是一個黑暗無法入侵的地方，我決心不讓黑暗入侵。

當我們開進家裡的車道，妹妹的手機響了，是警探打來的，她把手機交給我。「你要提出告訴嗎？」他說。「這是什麼意思？」我問他。他說他沒辦法跟我解釋流程，這是由地方檢察官負責的。他說那邊傾向要提出告訴，但我可以自行決定是否參與。他說如果我提出告訴的話，事情就會好辦一點，但這不是必須。我說我想考慮一下，待會再回電給他。

掛了電話後，我問妹妹。我沒有其他人可問了，但蒂芬妮也不知道該怎麼辦。「我要嗎？

應該要吧？還是不要好了。但他們都要告了，也許我就一起，但這到底是什麼？要怎麼做？」我坐著左看右看，被這題難倒。「他們都這麼做了，我也應該要，對吧？」我發現這好像跟簽連署書一樣，需要一點堅決的態度，說我認同那位警探的看法，要進行訴訟。我怕如果我說不，就代表我跟對方站在一起。我那時根本沒想過要上法院，那對我來說只不過是電視裡難懂又戲劇化的對決橋段。況且，那個人已經被關起來了，如果最後證明他什麼也沒做，他就會被釋放，不然他就會繼續服刑。他們已經掌握定罪所需的所有證據了，這只是個流程。於是我回電給他：「呃，對。對，我要，謝謝。」

我不知道，原來金錢可以把牢房的門打開；我不知道，當一個女性在喝醉時被侵犯，大家就不會認真看待她；我不知道，當他在喝醉時侵犯別人，大家還會對他表示同情；我不知道，喪失記憶竟然會成為他的機會；我不知道，原來「被害人」這個詞也等於「不被相信」。

在車道上，我不知道這個小小的「對」會讓我的身體再度被檢視、會讓我的傷口被灑鹽、會把我的腿在眾人面前扳開。我完全不曉得什麼是初步聽證，也不知道審判實際上意味著什麼；我不知道我跟妹妹會被禁止交談，因為辯方指控我們共謀。那天早上的這個「對」為我開啟了一段未來，讓我的二十三、二十四、二十五和二十六歲都在審判中度過。

我走進房間，跟妹妹說我等一下就會出來，然後將門鎖上，再洗一次澡，把醫院的氣息都洗掉。她把客廳的沙發床攤開後打開電視，我躺在她旁邊，她把手臂放在我身上，像個紙鎮一樣，彷彿擔心我會被吹走。電視繼續嘰嘰喳喳，午後的陽光從客廳的窗戶透進來，爸媽也在我們半睡半醒之中回到家，在門廳穿梭。我們一起去參加派對，分開了一陣子，現在又一起回來，但再也不一樣了。

天黑後，我們探出頭，跟爸媽說我們要去吃冰淇淋。我有點後悔，因為現在只要我說吃冰淇淋，媽媽就會用某種眼神看我，我就得說：「是真的冰淇淋，我保證。」

我們先去接茱莉亞，她在學校的圖書館念書。她跟蒂芬妮認識的時候兩個人都剛在小小的牙齒上裝了牙套。茱莉亞一向很活潑，但當我停下車子，發現她看起來失魂落魄。

我看著車裡的這兩人，開始擔憂，因為我的祕密也變成她們的祕密了。我想我們不應該這樣處理事情，如果哪天蒂芬妮進了醫院，我會希望爸媽知道，但我的處境實在很奇怪。當有人問：「你為什麼沒有告訴爸媽呢？」我會問：「為什麼沒有人告訴我呢？」在我了解更多以前，這件事情必須在我的掌控之中。

停車場很靜很暗，我以前就經過這裡好幾次。這棟建築不大，由碎樹皮鋪的路面和矮壯的灌木圍繞，蛾在路燈下飛舞，形成了一條條白色的光亮軌跡。大門發出嗶聲後，我們被領進一條昏暗的長廊，牆面都是軟木布告欄，上面貼滿傳單。金警探不在，所以我被介紹給一位穿著風衣外套的警察；她有淺棕色的皮膚和一頭細軟及腰的長髮。我跟著她走進一個小房間，桌上有記事本跟錄音機，蒂芬妮和茱莉亞則是在走廊的另一個房間等我。我以為她會告訴我那個人的事，然後把手機交給我，祝我一切平安，但她卻把門關上，拉下百葉窗。我又開始面對一堆問題，她要我回想前一天晚上的每個瑣碎細節，而且這次問得更仔細。這次的對話逐字稿長達七十九頁。這件事既冗長又多餘，我無法理解自己曾經說過的話有什麼重要性，也看不出這對未來會有什麼影響。

有人敲門，另一位警察走了進來。他很高，穿著橡實色制服，嘴唇上方有厚厚的鬍子，黑色皮帶上有很多黑色圖案。他看起來嚴厲又無趣，說看到我狀況不錯他很高興。他說這句話的方式讓人感覺好像發生了什麼奇蹟，好像我死而復生。他告訴我，發現我的其中一個人在談話當中停下來大哭喘氣，這位警官也差點哽噎了起來。「兩個大男人都哭了，」我心想，「到底是發生了什麼鬼事？」

女警從一個大紙袋裡拿出我的手機，藍色的手機殼上都是泥土，還在邊上結成了咖啡色硬塊，彷彿我的手機被埋進土裡又挖出來。我有無數個蒂芬妮跟茱莉亞的未接來電和訊息：「你在哪裡？我好害怕。」女警要我把那天晚上拍的所有照片都寄給她。其中一張照片裡，我拿著紅色杯子，故意鬥雞眼。為什麼我不笑得正常一點呢，一張就好。我寄給她所有的照片和各種螢幕截圖，並不知道這些都會被當成證據。她也讓我問了一些問題。根據逐字稿，我說：「嗯，她們說我發生了一些事情，我不太懂這是什麼意思。我現在還是不……不太懂這是什麼意思。」

她說她也還沒聽過完整的說明，除了我「被兩位史丹佛的學生發現」以外，她沒再多說什麼。所以我問她為什麼那個人要跑，她說因為「現場的狀況不太對」。我感覺自己正試著靠近犯罪現場，一步步接近警車和黃色封鎖線，但只要我一靠近，她就會擋在我面前。我往右邊走，她也往旁邊跨。我伸長脖子想看他們在隱瞞什麼，但沒有用，禁止入內，我只能待在某條看不見的界線之外。

這是我所理解的：只要我一踏進去，房間裡的氣氛就會改變，大家的神色開始黯淡，講話變得小聲；他們找我的時候都帶著猶豫，我好像是一隻他們不想驚擾的動物；他們會在我的表情裡尋找線索，而我只會面無表情地回看；每個人都說看到我的狀況不錯讓他們很驚訝。她說：「你真的很冷靜，非常……你平常都是這樣嗎？」我點點頭，跟她說只要妹妹在場，我就會把自己的情緒收起來，但他們還是無法理解我為什麼這麼沉著冷靜，好像在這種情況下我應該要有截然不同的反應才對，這讓我感到害怕。

我跟他們說我還沒讓父母知道。「可以理解，」她說，「你應該，我想你應該是不想讓爸媽在情緒上有太大的波動……直到你……比較確定發生了什麼事。」她人真好，能理解我的感受，但對於我所有的問題，她都轉移話題。

在這次詢問結束之前，我清楚地提出了兩件事：

一、在我弄清楚發生什麼事情之前，誰都不准聯繫我父母。

二、無論這個人是誰，我完全不想要再見到他或跟他聯繫。

蒂芬妮接受訊問時，我被帶到一個房間等待，房裡擺有沾滿灰塵的獎盃。警察做了以下的紀錄：

另一個男生很安靜，沒有說話。柯琳和蒂芬妮覺得他很怪，因為他有點攻擊性。根據蒂芬妮的描述，他的身高大約是一百八十到一百八十三公分，有金色捲髮和藍色眼睛，鬍子刮得很乾淨。他把棒球帽反戴，穿著鬆緊長褲，不是短褲，但她不記得他穿的是哪一種上衣。她覺得他長得有點像她的大學同學。那個有攻擊性的男生拿啤酒給大家，突然間走向蒂芬妮，在她的臉頰上親熱，接著繼續要親她的唇。她嚇得大笑，柯琳和茱莉亞看見了整個過程，也跟著一起笑，那個人便離開了。過了一會，蒂芬妮跟柯琳在面對面聊天，那個人又回來了。他站在她們兩個中間，又開始想跟蒂芬妮親熱，他面對她，抓住她的腰部下方並親她的嘴唇。她說她要離開了，便轉身擺脫他的手。

我們回到家時，蒂芬妮先進屋裡，我坐在車上。我想到我的男朋友盧卡斯一定覺得很奇怪，我怎麼一整天都沒有消息。他住在費城，我們在一起幾個月了。電話響了一聲後他就接起，「我昨晚很擔心你，」他說，「你有安全到家嗎？」

我沒發現我昨晚有打給他。我滑了一下通話紀錄，發現未接來電裡也有他。我大概是在午夜的時候打給他的，把他在半夜三點吵醒。「你有找到蒂芬妮嗎？」他問，「我好怕你會醒來發現自己在灌木叢之類的地方。」我的肚子揪了一下，他知道？他怎麼會知道？「什麼意思？」我說。他說我們通話快結束時，我根本不知道在講哪一國話，只是一直胡言亂語。只要我一有停頓，他就對著電話大喊要我去找蒂芬妮，但我都沒有回答他。他知道我是自己一個人，無行為能力。我感覺自己往下沉。「你有留言給我，」他說，「你聽起來一點印象也沒有。」我說：「別把它刪掉，答應我別刪掉好嗎？」

「你還好嗎？聽起來有點難過。」他說。我點點頭，彷彿他聽得見。「只是睏了。」我說。我走進屋裡，把髒兮兮的手機殼拿掉，但沒有拿去洗。我把從醫院穿回來的衣服摺好，塞到抽屜的最裡面。我把橘色資料夾放上書架，裡面有我的病人手圈。我有個奇怪的愛好，就是喜歡保留所有的東西，而這是一個能證明這個平行時空存在的東西。

隔天是馬丁路德金恩紀念日，也是這個連假週末的最後一天。在蒂芬妮開車回學校前，我想讓她知道現在不是跟家人疏遠的時候，我們要跟爸媽親近一點，所以我提議大家一起出去吃晚餐。我們站著等候帶位時，旁邊有紅色的紙作裝飾和一碗甜瓜糖果，還有一缸表情不太開心的魚。我們點了一整隻北京烤鴨，媽媽就像平常一樣為我們示範吃法：攤開圓形餅皮、抹上沾醬、放一片烤得又脆又紅的鴨肉，再加上幾支蔥和小黃瓜條，全部包起來。「媽在弄鴨捲了。媽，媽你看，鴨肉煎餅。」吃完晚餐，妹妹便開三百多公里的路回去，穿過一片片的平原，吉爾羅伊（Gilroy）、薩利納斯（Salinas）、國王市（King City），回到聖路易斯奧比斯波（San Luis Obispo）。她說，要留我在這裡她很不放心，「為什麼？」我說，「別傻了，我不會有事的。」

那時候我的做法很簡單，就是把那天早上的記憶放進一個大玻璃罐，帶著它走下樓，往下再往下，走下一段又一段的階梯，放進櫃子、鎖起來，再踏著輕快的腳步上樓，繼續過我建構好的人生、一個跟他無關的人生，或是跟他對我做的事情無關的人生，罐子從此消失。

我並不知道，就在前一天晚上十一點，他已經以十五萬美金交保。被捕後不到二十四小時，他就自由了。

2

帕羅奧圖到處都是開滿了乳白色花朵的木蘭樹、藍色信箱，還有如小圓點般結在樹上的柳橙。這裡的平均氣溫是二十幾度，你可以聞到落下的尤加利樹皮被太陽烤乾的味道。乾淨的公園裡有一片片樹蔭，狗兒吐著粉紅色舌頭；封閉的住宅巷道裡有艾柯勒式房屋（Eichler house）、木製的車庫門，和日本紅楓。人行道鋪設得很平整，小孩騎腳踏車上學，大人也騎腳踏車上班。這裡的人都具有一定的教育程度，也都有資源回收的習慣。

我在一間新創公司上班，專為孩子開發教育用的手機應用程式，跟十一位同事一起在開放式格局的辦公室工作。我們的辦公桌靠在一起，側邊有幾間玻璃隔間的會議室。我在那裡已經工作了六個月左右，是我畢業後的第一份工作。我為自己建立了一套早起、少出門，看似成年人的生活模式。我在Google行事曆輸入會議和同事的生日，並用紫色和橘色的標籤標記。領到第一份薪水後，我訂了印表機的墨水匣，還買了一輛時髦的白色公路自行車，幫它取名叫「豆腐」。我也練習在正式郵件裡避免使用驚嘆號。

在我想要的人生裡，沒有空間容納強暴、被害人、創傷、擦傷和律師這些字眼。我自己的詞庫是這樣的：豐田汽車、試算表、希臘優格、提升信用評分、去納帕玩、改善姿勢不良。我的成年生活模式也許就像用牙籤和棉花糖架起的複製品，但無論多麼不穩固，對我來說都意義重大。

「週末過得如何？」同事問，「妹妹回來還開心嗎？」星期六，參加派對；星期天，醫院和警察局；星期一，北京烤鴨。「不錯啊，很開心。」

我站在茶水間的日光燈下，甜派在微波爐裡旋轉。我交叉手臂，發現手上有幾個奇怪的印子，仔細看看，是瘀青。它們在我皮膚底下開花，是牽牛花的顏色。我拉起袖子，在手肘內側發現了更多紫色斑塊。我按了一塊瘀青，拇指下的皮膚很快就變成了白色，這種感覺很奇妙，好像看著自己變成另一種生物。小學一年級時，有次我發現手掌側面有閃閃發亮的銀色東西，「我是美人魚耶！」我小小聲地對同學說。她說那是鉛，我把紙上的鉛筆字都弄糊了，真是個簡單又無趣的答案；我相信這些瘀青也是。我把每一塊瘀青都拍下來，確定這不是我憑空想像。我放下袖子，叫自己別去管它，反正事情都處理好了。結果我的派燒焦了，微波爐正在大口呼氣，我趕快拿起餐巾揮趕，以免讓煙飄進辦公室。

那天晚上我下班回家，發現我放進內心深處的玻璃罐就在房間正中央，它在等我。真奇怪，你是怎麼出現在這裡的？所以我又拿起它，打開門，一層又一層地往下走，把它鎖起來。

我在清晨四點鐘醒來，鴉雀無聲，天還沒亮。我戴上安全帽，一層保麗龍殼，騎著豆腐出去。我騎了一段長長的碎石路，穿過巨大的橡樹和小木橋。我回家走進院子時，從廚房窗戶看見爸爸頂著七橫八豎的頭髮在泡咖啡，他穿著一件藍色舊浴袍，光著腳丫。他嚇了一跳，「你起來了？」他說。「我去試我的新腳踏車，」我說，「超棒的。」

淋浴後，我擦上乳液，皮膚一陣刺痛，像是有蜜蜂在用小牙齒啃我的肉。我不去理會這些疼痛，告訴自己一切都很好。每當我的思緒飄向亂七八糟的情節，我就會說：「停，結束了，我到家了，小蒂也到家了。」但我還是不明白為什麼手臂上會有紫色斑點。「希望。」我對自己說；「鬼鬼祟祟。」我對自己說。同時，一股不安在我內心深處劇烈翻攪。

腳踏車，日出，工作，日落。日子一天天地過，手機沒有新訊息。我焦躁不安，於是開始在晚上出去騎車。沿著公路，我騎得很遠，這讓爸爸很擔心，所以幫我在車頭多裝了一個燈。我的握把閃著燈，光線射向四面八方，讓我不致與黑暗融為一體。

我們養過一隻名叫「夢夢」的白貓，十二年來都深愛著牠。聖誕節前兩週，夢夢走失了，我跟蒂芬妮到處去找，呼喊著牠的名字，在空地裡用燈光掃視。聖誕節結束後，爸媽告訴我們夢夢在幾個星期前就被車撞了，他們在路邊發現牠，並把裝著骨灰的盒子拿給我們，上面還有火葬場開的證明，彩虹圖案底下寫著：夢夢．米勒。他們不想讓聖誕節泡湯，所以沒有馬上告訴我們。我覺得很奇怪，他們竟然就這樣讓我們到處尋找，而死去的貓就在衣櫃裡的盒子。現在，我有了另一隻死去的貓，我可以把它藏在衣櫃裡繼續維持著自己沒事的假象。又或者，我可以跟人說：「我可能被強暴過，就在附近。」再拿一個裝滿灰燼的盒子給他們看。我決定把這件事放著，因為我不想讓聖誕節泡湯。

依靠別人從來都不是我的本性。小時候，當媽媽要抱我，我就會用力踢腿，大喊：「我自己走！」若是妹妹，她的腿就會直直地黏在地上、兩手舉高，直到大人去抱她。我年紀比較大，見過家裡一隻新生的小狗窒息死掉時媽媽哭泣的樣子，也見過爸爸因為肺栓塞而住院，穿著藍綠色長袍的樣子。這些讓我明白，爸媽並不是無敵鐵金剛，如果發生了什麼事，我必須能夠照顧自己和妹妹。

星期四，妹妹被叫到聖路易斯奧比斯波當地的警局，他們想要給她看史丹佛警局提供的照片，請她指認之前提到的那位具攻擊性的男子。警察在電腦上切換了幾張頭髮凌亂、臉上有青春痘的白人男性，當那個人的臉出現在螢幕上時，她整個人僵住。警方的報告裡寫：「蒂芬妮指認了四號照片，毫不猶豫。」警察請她以百分比表示確定程度，她說：「百分之百。」她打給我說：「我看到他了。」

「什麼意思？」我感到困惑，警察怎麼會知道是誰想要親她？難道每個參加派對的男生都被拍照了嗎？這是某種刪去法嗎？為什麼他們要花時間找這個人，而不是找攻擊我的人呢？

「不，」她說，「一定是他。」

「怎麼可能。」我說。

「那個想親我的人找上你了，我死定了，」她說，「我真的被搞死。」

那天晚上他直直地盯著她看。「他的臉一直在我腦海裡揮之不去。」但我們還是不知道他的名字，也沒有人打給我。

每當我想起那天早上，我就多了一個玻璃罐。現在我的心裡已經堆滿罐子，沒有地方再擺了。它們被堆在樓梯上，因為櫃子已經放不下。這些密封的罐子將我整個人佔據，讓我沒有空間坐下，也沒有空間走路或呼吸。

我度過了十天的空虛日子，然後醒來看到訊息。妹妹傳給我一張螢幕截圖，是《史丹佛日報》的警察事件紀錄，其中一則是：「失主指出，一輛停放在羅伯列宿舍前、上了U型鎖的腳踏車，在週五下午三點至週日早上十點間遭竊。」另一則是：「一月十八日，星期日，一名嫌犯因性侵未遂，於凌晨一點在洛米塔庭院附近遭到逮捕，並送往聖荷西監獄。」這是第一個證實這件事的消息，那幾行字甚至沒有提到我。我默默記下「未遂」這個詞，那個偷偷摸摸的人應該沒有成功。他一定是看到我失去知覺，神色可疑地看著我，接著就被人趕跑了。我一邊心懷感激，卻也感到難過。就這樣？一點點字句，混雜在幾則小竊案裡很容易就被忽略了，如果性侵案都是這樣報導的，那究竟有多少不為人知的案件？那天早上，我想這件事的報導程度大概就是這樣了，一句話，少到可以寫進幸運餅乾的籤紙。

後來我在辦公桌前小口小口地喝咖啡，捲動螢幕看午餐的三明治菜單，然後點選首頁的新聞，看到「史丹佛運動員」、「強暴」、「無意識的女性」。我再點一下，螢幕冒出一對藍色眼睛、整潔的牙齒、雀斑、紅色領帶和黑西裝。我從來沒見過這位「布羅克·特納」。文章說他被控告五項重罪：強暴酒醉之人、強暴無意識之人、以外物對酒醉女性進行性侵入、以外物對無意識女性進行性侵入、性侵並意圖強暴。太多字了，全部混在一起。我再讀一遍，慢慢地讀。我在Google搜尋「外物是什麼」，一股無聲無息的恐慌漸漸襲來。它的定義是「侵入了不該侵入之處的物品，如侵入活體或機械裝置」，例子包括「眼睛裡的灰塵微粒、小碎片、木屑、魚鉤、玻璃」。那侵入我的是什麼？

文章提到，被害人被以手指侵入（digitally penetrated），我想到數位相機（digital camera），所以也搜尋了這個字：Digital，來源為拉丁文的digitalis，名詞digitus，手指、腳趾之意。他一定是用手指侵犯她——也就是我。Google終於鄭重地告訴我這個壞消息了。我在電腦椅上駝起背來，聽著打字聲，有人在裝水。我看著螢幕上這個人，他在對我笑。我只知道我被發現的時候有人在我旁邊，但沒有人說「他在你身體裡。」

我的手機響了，我關掉網頁，走進玻璃隔起的孩童程式試玩間，裡面貼著座頭鯨壁紙，角落有懶骨頭，桌上有一筒蠟筆。電話裡的女人向我問好，說她是副地方檢察官艾拉蕾，發音是「艾、拉、蕾」。我跟著她唸，接著又唸了一次。三個音節，就像落下的花瓣，左、右、左，「艾、拉、蕾」。我拿起綠色蠟筆和便條紙。

她說了一些事情，像是你還好嗎真希望我們不是因為這種事情認識我們要等DNA的鑑定結果才能確認是否構成強暴東西已經送過去了但檢測性侵採證盒要花上好幾個月你的可能會因媒體壓力而加速處理現在我們就先假定有陰莖進入繼續那五項罪名的流程現在就先提出告訴會比以後再追加還容易處理但如果檢驗發現沒有精液的話那兩項強暴的告訴就會撤回我們會繼續追那三項性侵和強暴未遂的罪名小心他那邊可能會有人聯絡你和你的家人假裝表達支持所以請你跟家人說不要跟沒經過艾、拉、蕾許可的人聯絡如果有記者找你也請不要回應他們是不能找你的到時候會有記者會如果他們問起被害人我會說請勿多管閒事你會被指派一位倡導專員解答所有法律上的問題這樣可以嗎很高興認識你我們很快就會見面保重。

我走出去拿原子筆，待了一下後再走進試玩間，因為電話又響了。是來自史丹佛的電話，一位好像是什麼長的女性，「我們是想告訴你，我們已經禁止他再踏入校園了。」我想這應該是好事吧，但我也不在校園啊，那他會在哪裡？這短短幾分鐘的對話，是事發兩年內史丹佛第一次聯繫我，也是最後一次。

金警探也打來了，說調查報告提出後就可以供大眾檢閱，所以媒體才會知道，他很驚訝他們這麼快就報導出來。他說布羅克已經聘請了私家偵探，所以現在最好別跟朋友提這件事。這些話讓我的世界天崩地裂。「偵探？他們要調查什麼？」我問。他說：「這沒辦法知道，現在還是低調點好，我們保持聯絡。」

又是一個陌生號碼，是我的倡導專員，她叫布莉，隸屬於基督教女青年會。她的聲音聽起來是那麼親切，所以我向她道謝，除此之外我也不知道該說什麼，我還握著蠟筆。我的手機一刻也閒不下來。

大家都安靜地坐在辦公室裡，我卻在玻璃隔間進進出出，手機離不開臉頰。每通電話都很短，通常他們會在最後說「有問題都可以問我」。我大概有一千個問題，但我說「懂了，懂了」，我說「謝謝，謝謝」。我其實很想說：「你是誰啊？你是從哪裡打來的？倡導專員是什麼？是我的心理治療師嗎？基督教女青年會在哪裡？申請什麼被害人協助？他們會幫我支付心理治療的費用嗎？布羅克是什麼鬼名字？他住在俄亥俄州？他是什麼時候離開監獄的？我的身分可以繼續保密嗎？星期一他被提訊，所以會回來，什麼是提訊？」我收到電子郵件，是我需要的聯絡人資訊和後續消息。我在手機記下新的電話號碼，在他們的名字旁邊放上紅色圓點。

蒂芬妮也打給我，她說有幾篇報導刊出了她和茱莉亞的全名。茱莉亞發現校園裡談論這件事的人愈來愈多，她的媽媽安妮還收到了其他家長擔憂的電子郵件。安妮要我們保持冷靜，並轉達了一些法律建議：「會有人找你們，說他們在幫法院做調查，聽起來很像真的，但他們可能是媒體或是被告那邊的人。這些傢伙可能會跑到你們家或宿舍，要準備好隨時說『無可奉告』。撐下去，女孩們。」

有人在追捕我們。我再度打給地方檢察官，艾拉蕾說，法律上我妹妹的名字並不在保護範圍內，只有你，被害人，這點我們無能為力。我無法認同。我想用假名註冊電子信箱寫信給媒體，但他們怎麼知道這真的是我呢？我該怎麼讓他們聽我說話？我急了起來，跟蒂芬妮說我正在想辦法，只是需要一點時間。我告訴她我跟檢察官通過電話，她人很好，名叫——我看了一下便條紙，綠色的蠟筆字寫著「艾莉莉」。我繼續看報導。

「被害人說她喝了兩杯威士忌和兩杯伏特加，跟妹妹走到兄弟會室外後，她的記憶就『斷片』了。」他們怎麼這麼確切知道我喝了什麼？我從來沒有跟記者講過話啊。接著我想起了在醫院的時候，我坐在塑膠椅上，頭髮浸濕了棉上衣的領口，我縮著胸口想遮掩自己沒穿內衣，那時剛做完檢查，內心還很柔軟。所有我憶起的事情、勉強提供的細節，都被錄進了那小小的黑色錄音機，製作成逐字稿。記者一定是仔細讀過之後，拿我的話去建構他們要說的故事，好讓大眾認真閱讀。我感覺自己的保護牆被打破，被全世界入侵。如果在性侵檢驗診間裡說的輕柔話語都會被按下擴音放送，那我還能安心說話嗎？

我拉到某篇報導的最後，「該名女子正在醫院休養。特納是大學一年級生，是三屆的全美高中游泳選手，也是兩項自由式比賽的州紀錄保持人。」從醫院到紀錄保持人，讀起來十分流暢。最後一行，「若被判有罪，曾參加二〇一二年倫敦奧運美國游泳國家隊選拔賽的特納將會面臨十年的有期徒刑。」如果我的名字被公開，他們又會怎麼寫呢？「香奈兒是一名朝九晚五的基層員工，從沒去過倫敦。」我可沒想過要為這種事擔心。「杰維斯表示，特納是一位優秀的學生，也是傑出的運動員。這非常不幸，他是一位很棒很棒的……」我停了下來，為什麼他「優秀、傑出、很棒很棒」？我同事問了我一件事，跟推特有關。推特，有位老師在推特發文，他說了什麼？「我會處理。」我對她說。處理什麼？我不知道。她向我道謝，但我不知道是什麼事。

報導附上了警方報告的連結，我點進去並往下滑，尋找被害人，被害人，被害人。我看到警察的詳細紀錄。我看到「這位女性，稍後確認為被害人」；我看到「在垃圾桶後方的地上」；我看到「穿著黑色的緊身洋裝」；我看到「洋裝被拉到髖部附近，在靠近腰部處擠成一團。她的臀部完全暴露在外，沒有穿內褲」；我看到「她的下腹和陰部清晰可見」；我看到「她的陰道和屁股」；我看到「她的長髮凌亂打結，從裡到外都被松針覆蓋」；我看到「腿彎曲四十五到九十度，呈胎兒姿勢，手臂在胸前，手掌在靠近臉部的地上」；我看到「她的洋裝在肩膀處被扯下來，內衣被拉出」；我看到「只遮住她的右胸」；我看到「項鍊纏繞在脖子上，垂飾跑到背後」；我看到「一團黑白圓點內褲掉在被害人腹部前方約十五公分的地上」；我看到「銀色手機掉在她屁股後面，有個藍色手機殼在距離約十公分處，與手機分離」；我看到「她穿著咖啡色靴子，鞋帶繫好，綁成蝴蝶結。」

我看到文章底下的第一則留言：「一個大學畢業生跑去兄弟會幹麼？」我不懂，我們看的是同一篇文章嗎？我把報告關掉，立刻認定這不是真的，裡面沒有一件事情是真的，因為我，香奈兒本人，就坐在辦公室裡，那個暴露在別人面前的身體不是我的。我想無名艾蜜莉大概就是在這一刻誕生的；她是我，但又不是我。我突然痛恨起她，我不想要這些，不想要她的裸露和痛苦；那是艾蜜莉的，全都是艾蜜莉的。

✦ · ✦

在帕羅奧圖整潔的草地、微風，和新塗裝好的特斯拉汽車底下，有另一層東西。如果把這裡的陽光和微笑給刮掉，你會看見壓力，不是水沸騰時的那種壓力，而是溫水煮青蛙的那種。

在岡恩高中，我們擅長的唯一一項運動就是羽毛球。那裡沒人知道美式足球賽的比數，但全國數學競賽的得獎者會被貼在窗戶上。培養溫和謙遜的天才是我們學校著名的特點，學校不會鼓勵學生成為畫家、水手或文人隱士，你不能天馬行空，你要跟大家一樣，一起平穩地往上爬。掙扎只會讓你減速，我們有太多事情要做、有太多想成為的樣子，心理健康是待辦清單裡的最後一項。情緒不穩就意味著你會落後別人。

二〇〇九年春天，我在岡恩高中就讀二年級。某天中午，所有老師都被召集到體育館，隨後又一個個出來，走得非常慢。我注意到他們垂著肩膀、臉色蒼白，並且不發一語。午餐鈴響，我們回到班上，老師唸了一封信，向我們宣布：有位同學跑到鐵軌上自殺了。

同學們陷入強烈的衝擊，驚恐地呼喊著彼此。一個月後，老師又讀了一封同樣的信，「通知您這個不幸的消息……喪失了一位……若有需要，請主動尋求協助。」只不過，這次是個女生。她跟我上同一堂法語課，我們放了一朵紅玫瑰在她的空位上。我們沉默地坐了一個小時，低著頭、吸著鼻子。有位同學開始大哭，老師要我陪她去找輔導老師。我送她過去後獨自站在路上，不知道該怎麼辦，我想要逃跑。

她就葬在學校對面的墓園。那天我晚到了，大家都已經離開，所以我獨自走過草地，經過一座座半圓形的墓碑。我看著推土機把土推進她的墓穴，不斷發出砰砰聲，金屬機具的運作聲讓我忍不住牙齒顫抖。我想對他們說：「輕一點，她在裡面呢。」

不久之後，同樣的信又出現了，上面是另一個名字，然後又是另一個。六個月之內，四個學生接連自殺。晚上我們會打開電視，看見搖搖晃晃的擔架載著一具被覆蓋著的身形離去。別的學校因為大雪而放假，我們則是因為有學生死去；考試取消，學生在紀念牆前因悲痛而站不穩倒地。如果你遇到困難，你就悄悄告訴老師，他們會讓你放假或是去找輔導老師。

自從第一個學生死後，大家都穿黑色的衣服到學校；到第四個學生過世時，我們卻被警告不要「讚頌」他們，不要「觸發」這樣的行為。玫瑰和卡片都被沒收、粉筆留言被沖掉、蠟燭被吹熄，娃娃也被收進袋子。我們的感受與眼前的事物突然失去了連結，這裡的一切看起來都很正常。這件事情告訴我，讚頌生命可能會引發死亡。

將內心壓力說出來的同學會得到藥物和治療，藥丸在背包裡發出喀啦喀啦的聲音。有的人因此住院，受到自殺防治監控，幾個星期都沒來上學。當他們「度假」回來之後，我們則是禮貌性地不去過問。如果你不是被視為處在死亡邊緣的極端個案，就得背負好好過下去的期望，沒有其他選項，於是我們讓自己進入長期的麻木。

鐵軌邊的灌木叢被剷除，圍籬消失了，他們雇了一個人在平交道旁看著。他戴著一頂小圓帽，身穿鼓鼓的黑外套和螢光橘背心，坐在摺疊椅上。雨天時，他會搭一個透明的小棚子遮雨。他坐在那裡看守鐵軌，一天超過十二小時，幾年下來，日復一日。經濟學告訴我們，需求會創造工作機會，但這是哪門子的工作？聘請一個人來阻止我們自殺又代表了什麼？

我們驚慌地度過許多夜晚，如果有朋友狀況不好，你就會擔憂他們能不能活到隔天早上。搜救小組出動，大夥趕到鐵軌邊集結。這是一場黑暗又扭曲的遊戲。有天晚上我帶了小雛菊去鐵軌獻花，看到警車亂停一片，我驚訝地站在那裡，一個學生剛試圖自殺，但被阻止了。他一個人坐在警車後座，低著頭、眼裡帶著淚水。他的雙手被銬在背後，鼻涕從鼻尖滴下。我沒有告訴別人這件事，他回到學校後，我裝作什麼事也沒有。我不知道該不該這麼做，不知道這是不是活在這個世界上該遵守的新規定。

我在輔導室留了一張粉紅色紙條，希望可以找時間去談談，但他們的工作堆積如山。後來我參加了一場心理健康的講習，我們依照指示靠著椅背，放了一顆橘子在肚臍上，藉由那顆上下起伏的球形柑橘植物來觀察自己的呼吸。我盯著肚子上的橘子，有種迷茫感。

我上大學後，又有三位岡恩高中的學生自殺。大學畢業後我搬回帕羅奧圖，三個月內又發生了三起，其中兩起是被火車撞。當我聽到最近一起二〇一四年的自殺案時，我去找老闆哭訴，她便讓我回家。

十起自殺，十個不同的名字。這不像吞藥、墜橋或割腕，還有些存活的機會，這些人都選擇了必死無疑的自殺方式。被一座時速一百三十公里的銅牆鐵壁撞擊，沒有人能存活。讓我感到不可思議的是，火車上的血跡以驚人的速度被清理乾淨，再度回復了它頻繁的班次，準時運送通勤的上班族。看著一節節車廂若無其事地滑過他們喪命的平交道，車輪在鐵軌上砰砰作響，是多麼令人不安的一件事。

✦ ⋆ ✦

因此，二〇一五年一月的那個早上，閱讀史丹佛性侵案的報導就像有人在對我唸那封信那般冷淡，「通知您這個不幸的消息……」，只不過這次不是鐵軌上的死亡案件，而是一起令人難過又離奇的校園強暴，有個人被發現身體裸露、衣冠不整。這次出現的，是我的名字。

我往外頭望去，陽光在閃耀，鴨子在池塘裡划水，大家都在工作。我靜靜坐在辦公桌前，就像好幾年前靜靜坐在教室一樣。我知道自己隔天一樣會來上班，就像車輪會繼續在鐵軌上砰砰作響，就像在得知自殺消息後繼續拿出課本、繼續上課。無論我的內心發出什麼警報，恐懼都在千里之外。我的眼眶濕了，我會去偷偷地哭，但也知道自己會用跟以前一樣的方式面對：抽離、繼續前進。

那天晚上我回到家，把車停在我們家粉紅色的屋子外面。我喜歡房屋正面的小鵝卵石、閃爍的燈光和玉樹的蠟質葉片。我想著屋裡的兩個人，爸爸和媽媽，他們一點也不知道家裡就住著一位被害人。我想像他們做著平常晚上會做的事情：爸爸會把口袋裡的零錢掏出來，媽媽會切蔥花。我想要讓他們的寧靜延續下去。

我的父母總是保護著我們，小時候若發生什麼不好的事情，他們總是會擋下來。我跟妹妹很早就發現他們會在遛狗的時候認真討論事情，他們會在晚上把塑膠袋塞進口袋，挽著對方的手臂出門，我跟蒂芬妮就會偷偷跟蹤，躲在路邊的車後偷聽。「爸擔心你的閱讀效率不佳！」當我望著這棟房子，我發現它太小了，沒辦法讓我在這裡藏匿一個天大的祕密，我沒辦法把祕密拖進玄關，裹起來藏在我的房間裡。一想到要告訴他們這件事，我的肚子就一陣絞痛。爸爸總會在下雨的時候說：「那些植物一定很開心！」要是他知道自己的女兒被強暴，他會有什麼感受？我又該怎麼開口？我會希望有人可以看著我的眼睛，輕聲說話，溫柔地握住我的手。也許我可以為他們這麼做。

要是他們感到很失望呢？要是他們對我失去信任呢？這麼久了你竟然都不讓我們知道？你從醫院偷偷回來？你隱瞞得這麼好，想必還有更多我們不知道的事吧？

我最怕的是從他們的眼中看見傷害，他們的悲傷會令我害怕。如果我平靜地告訴他們，就是在暗示他們也要平靜以對，不用目瞪口呆，無需哭泣。如果你朋友剪了個很糟的髮型，潛規則就是要說還不錯。如果你說「老天哪」，她就會摀著臉哭泣，說「我該怎麼辦？不敢出去見人了啦」，然後你就會後悔。應該要等她的頭髮長長，到時候你才能說「是啊，那髮型真可怕」。

我以為，如果用適當方式告訴他們，我們就可以完全避免掉痛苦。我不會說「衣冠不整」、「彎著身體」、「血跡」、「赤裸」。我坐在床的一角，練習用氣音吐出一點句子。我會強調一件最重要的事，就是我被救了。我在新聞上看到有兩位騎腳踏車的瑞典研究生救了我，我大聲說：「兩位騎士，有兩位騎士介入。幸好有兩位騎士去追他，把他制伏了！那兩位騎士去抓他，阻止了他，把他推倒！他們追了過去，真是件好事，有兩位騎士介入。」

準備好後，我走過門廳，把頭探進爸爸的房間。他坐在躺椅上，穿著勇士隊的運動衫，觀看勇士隊的籃球比賽。「等你有空，我有事情要告訴你！」我說，「不急！」媽媽坐在屋子另一邊的客廳角落，一邊嗑葵瓜子一邊看著電腦，尖尖的瓜子殼掉到了地上。「你在忙嗎？等爸出來我有事情要跟你們說！」

他們開始移動到餐桌，我站在其中一邊，好像在主導一場小型會議。我說：「最近有新聞，不要看那個新聞，你們有看過嗎？史丹佛性侵案的那個人？」他們搖頭。爸爸說「不確定」，他常講這句話。「記得我們去的那場派對嗎？我跟蒂芬妮，那個人想要，他被抓了。我不確定，但我想他應該只有用手指，這是好事吧。」我聳聳肩，「我不記得了，所以……如果你們看了應該會嚇到，所以不用看，不要看啦，其實。」我沒辦法再說下去了，就像瘋子一樣站著發笑。他們看著我，等我繼續把想說的說完，我則是在等他們說「喔好吧，還好你沒事」，但他們動也不動，彷彿任何一個動作都會引爆炸彈。

爸爸說了些話，好像是「親愛的」，好像是「我很難過，你記得嗎？可不可以告訴我們……」，但我卻不斷注視媽媽毫無反應的臉孔，那個愈來愈黯淡的神情。她的雙眼變成兩個黑洞，說話的聲音很小，語調沒有起伏。「那個人是誰？」我用搖頭告訴她我不知道，「是哪天晚上？你在廚房喝酒的那天嗎？我開車送你們的那天晚上嗎？他現在在哪裡？」我沒辦法再看著她，只是低頭看著桌子搖頭，微微聳肩。這情緒讓我開不了口，我承受不了這個空間發生的轉變。

我想起了游泳池。那時我六歲，妹妹四歲，我們在後院游泳。媽媽戴著一頂遮陽帽，身穿垂到地上的橘色連身裙，坐在傘底下看雜誌。我在肩上披了一條毛巾，那時有個好笑的想法，想要帶著毛巾游泳，但我沒發現妹妹也抓起她的毛巾跟著跳進水裡。她沉了下去，彷彿被固定在池底。接著我聽見媽媽尖叫，看見她躍起，我的眼前變成一片橘色。她在水裡就像一團帶著黑色長髮的火焰，把妹妹從池底撈了起來。上岸時，她的太陽眼鏡歪了，裙子貼在皮膚上，緊緊抱著妹妹，遮陽帽就像睡蓮一樣浮著。妹妹眼睛緊閉，像小魚一樣張著嘴巴，一邊喘氣一邊嚎啕大哭；而我的媽媽，她把妹妹眼睛上的濕髮撥開，帶她往水淺的地方走去。

我站在桌邊，無法填補這片沉默，於是我崩潰了。我沒辦法站穩，開始痛苦地哭喊，嗚咽喘氣。我聽見椅子刮過木地板的聲音，媽媽瞬間從桌邊撲了過來，就像妹妹溺水時那樣，她緊緊地抓著我，一隻手臂緊緊圍繞，將我鎖住，另一隻手摸著我的頭髮，輕聲說：「媽媽沒有生氣，媽媽只是嚇到了。」她會在我身邊，直到我找回呼吸，直到我找回腳底下安穩的感覺。

那天晚上，我的身體終於軟化下來，終於得以釋放。我想他們應該會跟平常一樣，在我睡著之後用聽不見的音量討論。我跟妹妹說「爸媽知道了」，慶幸能讓她鬆一口氣。我度過了告訴他們的難關，最困難的部分結束了。我的爺爺奶奶住在北卡羅來納州的費靈頓，屋子旁邊有個池塘，鵝群會伸著彎曲的黑色脖子緩緩走動，嘎嘎嘎地叫。米勒爺爺說，鳥群在遷徙的時候會以V形隊伍飛行，由飛在尖端的那隻領頭鳥承受最大的風阻，拍動翅膀產生氣流讓後面的鳥得以抬升。領頭鳥的負荷龐大，所以鳥群會輪流，當一隻鳥用盡力氣，牠就會落到後方，乘著其他鳥製造的氣流讓牠保留體力，暫時不用那麼奮力地振翅，好讓自己可以再次領隊。這是完成旅程唯一的方式，鳥群因此能夠遠離寒冬，飛往溫暖地帶。過去這兩個星期，我都在奮力振翅，維持表面的平靜，讓大家免於承受殘酷的現實。但造就韌性是需要休息的，接下來的八個月，我會退居後方。要記住，最重要的是，在隊伍後方飛慢一點並不代表你不是領袖。

隔天，廚房裡有個檸檬派和紙條。清晨時分，當我還在睡夢中，爸爸已經從後院摘了檸檬、在爐子上煮了糖和雞蛋、用指尖壓好派皮邊緣，並灑上糖粉。我把黃色的派帶去辦公室跟大家分享，自己切下一塊坐在辦公桌前打開瀏覽器。

「史丹佛泳將否認強暴指控。」我差點噎到，感覺自己的胸口遭到重擊。有警語跳出，以圖像顯示，我把它移到旁邊，點選警方報告，視線來回瀏覽。「整個晚上，特納跟幾位女子親熱過。」報告中，他所親的對象都被稱為「女子」，但因為他侵犯了我，所以報告沒有用「女子」稱呼我，而是「被害人」。「他說他在地上跟被害人親吻，他脫下被害人的內褲，將手指伸進她的陰道。他也觸碰被害人的胸部。」我沒辦法吃下這塊柔軟的派，我的額頭發燙，大腿夾緊，用力地抓著叉子。他被捕的時候，警察注意到布羅克的「褲襠處」有「一團隆起」。

「特納並不曉得被害人的身分，他不知道她的名字，也無法確切描述她的樣貌。他說如果再見到她，也可能無法認出被害人。」對他來說，我長相不明，也沒有名字。但文章說我們「在派對上認識」，好像我們彼此吸引，還相談甚歡。

「他跟被害人過得很開心，並說她似乎也樂在其中。」樂在其中，我盯著這幾個字，感到非常陌生。我想要衝到他面前，一隻手伸進他的喉嚨、抓住他的食道，把這句話像繩子一樣拉出來。

「特納後來感到身體不適，認為時候不早了。他說他起身離開，接著突然就被幾位男子制伏。被問到為什麼要逃跑時，他說他不認為自己有逃跑。」當你說「時候不早了」，你會把餐巾從腿上拿起來，放在掉滿麵包屑的盤子裡，然後說你得回家了，因為明天一早還要工作。「時候不早了」並不是用在你把滑溜的手指抽出、帶著勃起站好、拍拍屁股走人、跑離現場、把人丟在地上的時候用的。但有這句話就夠了，這句話彷彿卡住了命運的齒輪，讓它們不再轉動。

我打給我的檢察官，「嘿，你有看到嗎？他竟然說我喜歡這樣！怎麼可能？真不敢相信，你信嗎？這是怎麼回事？」我不可置信地發笑，但她的反應跟我不太一樣。「我知道，」她說，「我知道。」她嘆氣的樣子就像以「很遺憾」、「很可惜」開頭的句子前面會有的那種嘆氣。她說大家通常都會否認犯罪，這在意料之中。「但我要認真地說，」我說，「我一點都不樂在其中。我不認識他，他連我長什麼樣子都不知道。」

我並沒有想要跟她討論什麼，但她說出一番令人恐懼的道理驚醒了我：你是他唯一的解套方法。這種感覺就好像眼睜睜看著綁住狼群的繩索被切斷，然後有人在你耳邊說你的口袋裡都縫上了肉塊。他被無罪釋放的唯一機會就是證明在他的認知裡，這項性行為是雙方合意的。他要做的就是讓我發出呻吟、在我身上強加放蕩的行為，好把責任推到我身上。

我被指派一位地方檢察官（DA, district attorney）的時候，我以為那是辯護律師（DA, defense attorney）的意思。「是地方檢察官，」艾拉蕾糾正我，「布羅克才有辯護律師。」我心想：「但我需要辯護啊，我需要為自己辯護，這樣他才不能傷害我。」他聘請了一位在灣區頗負盛名的律師。她讓我了解到，被性侵後能倖存下來只是第一關，如果我要和他正面對決、對他的說詞提出質疑，就得上法庭。而現在，我們必須先假設他是無罪的，在司法體制當中，性侵根本就還沒發生。他看到的我是一具軀體，但他要毀滅的是我整個人。

在那之前，我以為自己的未來無可限量，但燈光熄滅，出現了兩條狹窄的走廊。你可以選擇那條遺忘的走廊，繼續走下去；你也可以選擇那條回到他面前的走廊。選擇沒有對錯，兩條路都又長又難，也要花上難以估計的時間。我的手在牆壁上探來探去，還在尋找第三條路，我想要找一條沒發生過這件事的走廊，讓我可以繼續我所規劃的人生。

「否認」在字典裡的解釋是「拒絕承認真相或其存在」。這種拒絕本身就是一種傷害，我否認你所認為的真相，那不是真的，那不存在，而這會影響你的精神狀態。我所知道的真相太過複雜，難以理解，會被法律術語、人身攻擊和種種操弄給掩蓋，直到模糊得讓我再也看不清楚。

我回到家後再度點開報導，一張張照片出現在我的螢幕，都是他整齊的牙齒。我準備好要面對張牙舞爪的留言了，沒有人跟我站在同一邊。我開始閱讀，捲動頁面的速度慢了下來。

他才十九歲耶，她釣了一個大一生？那她不就是來尋找獵物的嗎？你大概沒聽過印度的輪姦吧。真正被暴力對待的女性大有人在，你說這叫性侵？無聊的鄉下小孩管不好自己的下半身，遜。他又沒有強迫她。如果她有男朋友的話，他怎麼不在場呢？真是年度最佳母親，什麼樣的母親會送自己的兩個女兒去兄弟會派對啊？我不想責怪被害人，但把自己喝到不省人事就是有問題……她甚至不是史丹佛畢業的呢！她是不是脫褲子尿尿的時候昏倒啊？怎麼沒見到他的好兄弟？依我所見，我不認為他真的有犯下被指控的那些重罪，除了雙方合意的猥褻行為之外，搞不好根本沒有罪。他是不是有對她下藥啊？沒有的話一個女生怎麼會喝得這麼醉？我從來不會讓自己喝到連做什麼都不知道。

他們似乎對我讓自己陷入危險感到生氣，勝過他乘人之危的事實。喝酒本身並不是傷風敗俗的事，當你晚上喝多了，你需要的是止痛藥和開水；但喝醉加上被強暴卻會招來責罵，大家對於我無法保護自己大感不解。

這太奇怪了，一個頂尖的運動選手，頭腦好，長得又帥，應該有一堆女生想貼上去吧！但他卻做這種事自毀前途？實在難以相信。

我發現沒人跟我一樣忿忿不平。有人對他惡意批評：「小白臉不可能會去坐牢的。」有些人在留言表達鼓勵：「艾蜜莉，請別讓自己跟這件事畫上等號。找回自己，活出精采的人生吧！」「如果布羅克．特納無罪，那我就是會飛的絕種鳥了。簡直荒謬！」這些話語頓時讓我振奮起來，但他們的溫暖也消失得很快。我發現大家冷眼旁觀，只對這件事表達些許不悅，並期望自己的孩子不會踏上一樣的命運。

那天晚上我了解到幾個事實：我知道他帶領橡樹高中連續兩年拿下州冠軍；我知道他是一位「各個學校都想要收的運動員」和「厲害的泳將」，並在兩百公尺仰式比賽中拿下第二名；我知道了幾個拿「蛙式」開玩笑的笑話；我知道有人叫我「吮指回味雞」；我知道我不值得幫助，因為這不算真正的創傷。他只是個孩子，不是罪犯。他很有成就，不會危險。他才是那個失去所有的人，我只是個無名小卒，剛好遇上這種事情。

整個早上從我胸口爆發和咆哮的憤怒現在只剩下喉嚨裡的一點點聲音。我關了電腦，靠在椅背上。我好奇為什麼我的身分會在一瞬間縮減成「記憶斷片的被強暴女子」。這個人永遠當不了別人心目中的典範，頂多只會出現在勸世小故事裡。我知道如果有人發現我的身分，我就會被大眾嫌棄，永遠帶著汙名。我要跟自己的這個部分斷絕關係，把這團混亂、新的難關、不確定的未來和被玷汙的身分都推給艾蜜莉。就在我決定要遺忘那句說「絕種鳥」和「荒謬」的友善留言時，我肋骨顫抖，哭了出來。

隔天我去了一間咖啡店，看見一疊報紙，頭版有個淺藍色方塊，是游泳池。我看見布羅克的手臂，他戴著深色的泳鏡和泳帽，我附近的桌上就有好幾個淺藍色方塊，布羅克在咖啡店裡游來游去。一個身穿馬球衫的粗脖子男人在座位上攤開報紙，我四處張望，想著他們是不是就是那些留言的人，我是不是該恨他們、害怕他們，或是該上前質問。

我叫妹妹別去看那些留言，我告訴她，大部分的人只會花不到兩分鐘的時間看文章，他們的認知根本就不正確，而且只是極少數人而已，如果你認真去問每個人的意見，你會發現他們的反應合理多了，也比較有同情心。所以不要去看那些東西，好嗎？誰管他們說什麼？

我真正的意思是，我已經仔細看過那些留言了，所以她不用看。我把文章的留言區當成艾蜜莉個人的被害人收件匣，每天晚上我都會更新，消化那些傷人的字句。當有人說：「為什麼冬天她還在戶外穿洋裝？」我說：「因為是加州的冬天，蠢蛋。聖誕節我們都穿短褲爬山。」

我想要解決每一件事，逐一澄清，解釋解釋再解釋，但這樣的防衛心理也進入了我的日常生活，當爸媽問起一些跟這個案子無關的小事，例如「你有空去寄嗎？」、「你的衣服摺了嗎？」、「可以把資源回收拿出去嗎？」我就會神經緊繃，升起一股幼稚的敵意。還沒有，我很忙。不要責怪我，不要攻擊我，你的意思是這些都是我的錯。對於別人說我不好，我感到很害怕。

我知道自己不該讀那些留言的，但我想要了解。有些人支持我，其他人卻自動自發構築了各種可能的解釋和理由，把我說成有錯的人。我瘋了嗎？我是不是太小題大作？有必要傷心難過嗎？

這種犯罪的特別之處在於，加害人可以暗示被害人從中獲得了愉悅，人們也就不會有太大的反應。我們不會說有好的刺殺案、壞的刺殺案、合意謀殺或不合意謀殺；但在這種犯罪裡，疼痛可能會被掩飾，並誤解成愉悅。醫院是生病或受傷時大家會去的地方，我去過那裡，但我卻用袖子遮住瘀青，深怕自己無法獲得跟其他傷患一樣的安慰。

對於強暴案，每當有人說「你怎麼不抵抗」時我都會感到不可思議。如果你一覺醒來發現家裡有個強盜，看見他拿走你的東西，這時就不會有人說「你怎麼不抵抗？你怎麼沒對他說不？」，他已經越過了那條大家不用明講也知道的界線了，怎麼會突然決定要依理智行事呢？為什麼你認為他會依照你的意思罷手呢？況且，這個案子當中我失去了意識，為什麼還有人問這麼多問題呢？

還有一種論點也讓我很困擾，那就是認為男生只不過是無法克制自己，好像他別無選擇。

「我都跟要上大學的女兒說，走在大卡車前面就是會被撞，所以不要走在大卡車前面。去兄弟會派對就是會喝醉、被下藥，然後被強暴，所以不要去。」你去兄弟會的派對被性侵了？不然你以為會有什麼？我在大學時聽過，參加兄弟會派對的女大一生就像屠宰場裡的綿羊，我也知道不該走進虎口，因為會很慘；但老虎是野生動物，而男生是人類，是有腦袋的，並且生活在一個法治社會。亂摸別人並不是人類內建的自然反射，而是可以控制的認知行為。

一旦你決定要走進兄弟會的大門，所有的法條和規範好像就不適用了。男生不會被同樣的規則要求，女生卻得遵守無數的原則：要蓋住飲料杯口、不要遠離同伴、不要穿短裙。他們的行為都是固定的常數，我們的行為卻被視為可改變的變數。預防和管控從什麼時候開始變成我們的責任了？如果某些場所是許多年輕女孩遇害的地方，我們不是應該要以更高的標準來要求那裡的男生，而不是譴責女生嗎？為什麼會認為昏迷比指姦昏迷的人更應該受到譴責呢？

我也明白，這起案件的發生地點對我並不有利，真正的犯罪會出現在學校嗎？校園裡隨時都有光怪陸離的事，若有人在住宅區的孩童戲水池裡拉屎，大家會說「好髒喔！」、「無法接受」、「當然不對」；若有人在兄弟會草坪上的孩童戲水池裡拉屎，大家會說「這就是大學生啊，哈哈！」。你拿襪子遮住下面到處跑來跑去？大學生嘛。星期三下午喝多了，穿著長頸鹿裝醉倒？大學生嘛。事情通常都會被軟化，事情的嚴重性以及任何嚴肅成分都會被去除，也不會有任何實質的懲罰。大家在報導上看到「兄弟會」、「運動員」、「約炮」、「樂在其中」，這些詞彙就足以讓大家產生栩栩如生的畫面了。他們會說，我們懂啦，他們在親熱，然後就失去控制了，我不是也這樣過嗎，你也是啊。即使這件事情就發生在戶外的地上，大家也不會感到訝異。在大學，大家不是都在雕像底下、樓梯間、鐘樓跟圖書館做嗎？媒體也沒有幫到我，他們數我喝了幾杯酒，數布羅克可以在幾秒之內游完兩百公尺，並拿布羅克穿西裝打領帶的照片在文章置頂，都可以當成他的求職簡介了。

我想要去蕪存菁，去掉所有轉移你注意力的事情，只告訴你故事裡最精華的部分。我所看到的是：有個人去了一場派對、親了三個女生、發現一個落單又無法說話的女生、把她帶到樹林、脫去她的衣物、把手伸進她體內、被兩個發現她沒反應的男生制伏。後來他否認逃跑，無法描述被害人，卻說她「樂在其中」。所以，請從你該死的故事裡拿掉十點十五分的威士忌、小便、妹妹的名字和奧運自由式這些重點。

某個星期五晚上，我開上快速道路，音樂開得很大聲，車窗在震動，門把也在顫抖，我讓自己被聲音給掩蓋，開始尖叫。「我恨你！我恨你！離我遠一點！」我用力拍打方向盤，想要說的話都卡在喉嚨裡。我駛離快速道路，開往宜家家居，減速進入充滿燈光的擁擠停車場，停在停車場的正中間，把自己鎖在停車格裡。我關掉音樂，感覺跟自己的呼吸斷了連結，雙手抖得很厲害，眼淚已經不只是眼淚了，我感覺身體裡的東西正在滲出，很濃稠，很痛苦。「救我救我。」我感覺氧氣似乎沒有進到大腦，如果不能呼吸，我就要死了。視線模糊，我翻找包包裡的紙張，拿出一張我摺在裡面的傳單，快速掃瞄上面的熱線號碼，有好多號碼，我撥了一個上面寫著史丹佛的電話。我不想讓自己發出的聲音讓對方感到事態嚴重，「我很安全，我只是需要有人陪我，不要掛斷，我需要人陪。」我很難把聽到的聲音理解成字詞，「游泳選手，游泳選手，我是當事人。」我把頭往後靠，讓肩膀顫抖，手貼在額頭上，臉濕了，下巴濕了，脖子也濕了。喉嚨兩側有被撕破的感覺，接著我把一切都說了出來，雖然對方不會見到我，我也不會見到她，但至少有人在聽我說話。

她聽起來很擔憂，而我又聽到那幾個字了。「這不是你的錯。」她不斷重複這句話，彷彿是一句真言，我漸漸感到惱怒。他的錯，她的錯。被害人該以多快的速度就戰鬥位置，把感受轉變成邏輯，在法律制度、陌生人的打擾和不斷的批評中找到前進的路呢？我該怎麼在調查人員和記者的影響下保護自己的生活？我有檢察官跟我一起戰鬥，但沒人告訴我該怎麼頂住這些敵意和毀滅性的悲傷。我孤單一人，把我的故事緊緊封進心裡，聽著一位素未謀面的小姐在電話裡對我講些陳腔濫調。

3

我跟艾蜜莉各自過著不同的生活。我的日常平凡得很美好，充滿質感，也有各種活動。晚餐有新鮮的脆皮鮭魚，跟盧卡斯通很長的電話，跟爸爸一起在灣地騎腳踏車，穿梭在泡菜草和碎鹽地之間。我剪了心形的情人節卡片送給辦公室的每一個人，上面有手寫對句；我開立請款單據、舔舔信封、聞聞半對半鮮奶油確認它沒壞：我畫了電線杆跟滑稽的小鳥，也會跟翹著腳的朋友一起小口喝咖啡。從表面看起來，我的生活並沒有中斷。艾蜜莉活在一個微小的世界，狹窄又封閉。她沒有任何朋友，只會偶爾出現，前往法院和警察局，或是在樓梯間打電話。我不喜歡她的易碎感和說話小小聲的樣子，而且她似乎什麼事情都不懂。我知道她很渴望被滋養、被認可、被照顧，但我拒絕承認她的需求。我不想要了解司法體制，也拒絕心理治療。

「你不需要。」我這樣跟她說。

一開始，我把自己的這兩種身分區分得很好，你不可能會察覺到我承受了些什麼，但如果你看得夠仔細，就會看到裂痕。我經常流淚入睡，隔天早上帶著腫脹緊繃的眼皮抵達辦公室。我開始留一支湯匙在冰箱，在刷牙的時候把這塊圓弧冰冷的金屬壓在眼睛上。我把冰塊放進密封袋，一隻手拿著敷在臉上、另一隻手握方向盤開車上班，一邊聽北加州公共廣播電台。到了晚上，我會拿起杯架上那袋微溫的水倒在草地上。

有一天，我跟老闆說下午會暫時外出看醫生。「還好嗎？」我揮揮手，說只是檢查一下。等時間到了，我就開車去法院，在途中變身成艾蜜莉，讓早上的溫暖漸漸消失。

我開進停車場，這棟低矮龐大的建築看起來難以親近又冷漠無情，法院保留了六〇年代的外觀，跟廢棄的醫院門診大樓有些相似。屋頂上有伸出的衛星訊號接收器和金屬桿，地上有兩棵長得像骨頭的樺樹，懸在空中的黑色枝條細得像頭髮。我走進玻璃門，來到安檢處，在一個殘破的踏墊上抹抹腳。我看見地上有纏繞的電線，也看見一個消毒噴霧罐、兩顆柳橙、一個金屬保溫瓶以及幾台架在一起成方格狀的監控螢幕。辦公桌後面有六位穿著米色制服的法警靠在有汙漬的滑輪椅上。我把包包放進塑膠容器，通過殘破的安檢門，看著其中一人搜查我的皮包。我望向白色長廊，從塑膠燈罩透出的光線在那裡形成刺眼的反光。法警把塑膠盒推給我，我一臉茫然地站在安檢門的一側。「你知道要往哪去嗎？」他問我。我搖搖頭，他便為我指了牆上的樓層指示。四樓。

電梯門外一片空蕩；長廊盡頭有兩扇木製的門，右手邊那扇是一間小小的等候室，之後我會稱它為「被害人密室」，我在那裡度過了好幾個小時；左手邊的門裡則是一間辦公室，有灰色的辦公隔間和大型影印機，影印機後面就是艾拉蕾的辦公室。這兩扇門的右邊還有一條通往法庭的狹長走道。

這是我第一次和艾拉蕾以及倡導專員布莉見面。我爸媽正在過來的路上，我問過他們是不是該送花以示感謝，他們說等事情結束再送就好。不過，我以為我們的第一次見面也會是最後一次。檢察官負責幫我協商和解條款以及進行結案，我們並不知道要花上近四年才會結案。

布莉大約二十五歲，有一頭紅棕色的長髮和雀斑，讓人感覺溫暖好親近。艾拉蕾則是黑髮、淡褐色皮膚，帶著大大的微笑。她穿著合身的西裝外套和菠菜綠尖頭高跟鞋，年紀大約三十出頭，散發出一股親切感和自然而然的堅毅。每次見到她，我都會注意到她的黃色蒲公英耳環、吊鐘花指甲，和幾種跟這片煙燻灰辦公室不一樣的色彩。她出生於伊朗移民家庭，這是我後來才知道的；她爸媽開了一間愛爾蘭酒吧，她就在那裡一邊工作一邊念法學院。

我坐中間，媽媽在我左手邊，爸爸在右邊。艾拉蕾坐在一張大辦公桌後面，她的窗戶剛好框住了外頭的樹頂，書架上塞滿牛皮紙文件夾。外頭的樹葉在風中抖動，但在辦公室裡一切都靜止不動。我看見樓下有間連鎖超市，想起了我曾經跟蒂芬妮一起對著店裡唱歌的機械玉米皮和眨眼牛拍手。從一個四層樓高的窗戶看著家鄉，自己卻被隔絕在窗內，這種感覺有點不真實。媽媽用柔軟的雙手將我的手包覆，按摩我的穴道。不知道握著她的手會不會讓我看起來像個小孩，但肢體接觸和食物一向都是媽媽最主要的溝通方式。我發現，在美國的文化當中，有些女生每天都會跟媽媽講電話，聊怎麼燉湯、跟男生有關的議題，或是某件衣服該怎麼洗，這些對話總是讓我充滿興趣。從小到大，我總會聽到媽媽對著小小的銀色電子辭典輸入英文，它就會大聲唸出那些她正在學的字：義大利細麵、諷刺、有害的、麻薩諸塞州，這是家裡的第五種人聲。她會把盥洗用品講成「慣習用品」，她吃驚的時候會喊「耶穌瑪利和約瑟」，我一直以為她說的是「耶穌瑪莉安約瑟」，還以為這是耶穌的全名。我知道她的口音會讓人以為她是個英語不流利的普通人，但她的口音底下盡是才華。我們家的門階上經常出現包裹，我曾經看過她從保麗龍填充物裡拿出中文寫作獎牌，還一副若無其事的樣子，彷彿只是從購物袋裡拿出梨子。我可以跟她聊死亡、愛、外國電影，以及超越文化的普世話題，但如果她為我感到擔憂，通常會幫我煮一碗比我的頭還要大的麵，或是用手指按著我的太陽穴，我的壓力便會在她的指尖之下消散。

艾拉蕾想要了解一下我的背景，例如我是否住在帕羅奧圖、是否在工作、我喝酒的習慣。我說我畢業於加州大學聖塔芭芭拉分校，接著我發現自己的聲音聽起來有點防衛心，因為這間學校是出了名的愛開派對。我說我在大學時會喝酒，主要是跟念文學的朋友聚會時喝，那時大家會在梯子上讀詩，舉辦以大衛鮑伊為主題的客廳派對；我正在跟一個名叫盧卡斯的男生交往；是的，我以前也曾經喝到記憶斷片。我發現自己在閒扯，不確定自己到底想要解釋什麼。我希望她知道我是個正常人，我的確會喝酒，但我並不喜歡在失去意識的時候被人侵入身體。她說她也上過大學，她都了解。

我爸爸開始問一些問題，我聽得出來他有點挫折。他的臉上出現一種痛苦又生氣的表情，就跟以前班機延誤時我見過的表情一樣。「是怎樣的男生」、「他怎麼會」、「我無法理解」、「這豈不是有點荒謬」、「你沒辦法肯定地告訴我接下來會怎樣」。艾拉蕾對他的不可置信表達認同，「的確是」、「可惜這種事情就是」、「我知道這很難」、「幸好我們有很多」、「最好還是靜觀其變」。但她也暗示這只是剛開始，一切都難以預料。我後來才知道她其實巧遇了布羅克的辯護律師，他告訴她，他的當事人肯定只會因為擾亂治安被判輕罪。戰爭已經開打，我卻一無所知。

我終於了解自己對這些程序有多麼不清楚，以及當初的決定有多盲目。我以為在這一個小時裡我會躲在爸媽身後，在這險峻的戰地裡被保護著，但我感覺自己從他們的手裡跑到了艾拉蕾的手裡。如果我們繼續進行，我就會獨自一人被放大檢視。在證人席上，媽媽並不會握著我的手。

我的品行現在成了檢察官需要的有利條件。調查人員可能正在注意我，我得維持形象，不能魯莽行事。「請你拿出最好的表現。」這句話讓我思考了一番，如果我繼續喝酒，辯護人會不會說我不知長進？如果我上傳了我在派對裡笑的照片，辯護人會不會說我一點也不難過？最可怕的是，如果哪天我又被性侵，他們會不會說這很明顯，有問題的是她而不是布羅克，所以才會被性侵兩次？

會面結束後我坐在車裡，沒辦法勉強自己回去上班。我想要這件事情就此結束，但我並沒有得到肯定答案。「要沉住氣，」她說，「這是條漫漫長路，你就先繼續過你的生活。」我跟老闆說我去看醫生，結果我卻感覺像一場求職面試，他們在評估我是不是個合格的被害人、她是否為人正直、她感覺耐操嗎、陪審團是否會對她有好印象、她會不會跟我們一起堅持下去。我離開時有種「你錄取了！」的感覺，但我並不想要這份工作，我想要的是我以前的生活。可是要放過他？我做不到。她們說，提出告訴是我的選擇，但有時候你卻感覺沒有選擇的餘地。

艾拉蕾想要取得盧卡斯手機裡的語音留言，但我問她能不能等，因為他再一個星期就要來找我，我想要當面告訴他。她們一心想搜集證據，我則是要讓自己的世界保持完整。

我開車到機場接他，我在人群中看見他的身影時，胸口迸發火花。我們開車去買晚上的點心，當我們停好車、走下來，我擁抱他，把臉別到一邊，他便看不見。他以為這是個歡迎的擁抱，並開始反覆思考該買哪些零食，而我的眼淚從眼角滑落，恰好流進我的嘴角，這是我精心設計的水道系統。這些日子我的眼淚都在滿水位，已經習慣它們時不時溢灑出來。我抹抹臉，投水果軟糖一票。

我沒發現自己竟然是多麼想被一個人擁抱。提到兩個人的結合，我們會想到男人進入女人的身體，但我們其實忽略了很多其他方式。我們的耳朵薄得像張美工卡紙，所以我可以把臉的一側緊緊貼在他的胸膛；我們的手指可以交握，不會打結；手可以形成一張托住下巴的座椅。人體的設計讓我們可以彎曲、摺疊，能夠為自己和彼此提供安慰舒適的感覺，我們身上有太多需要細心對待的小地方了。性侵發生後，我有一股想被碰觸的感覺，但無關「入侵」、「注射」、「插入」和「體內」，我只想要一種被安穩包圍的親密感。

那天晚上我們側躺著，膝蓋完美地彎在一起，我覺得我很可能會失去他。我們才交往幾個月，我記得爸爸說過，在每一段關係裡，都會有幻想破滅的時候；當遇到第一個阻礙，你們便會決定要克服或是分道揚鑣。現在有一場不堪的、公開的危機降臨在我身上，如果他想離開這場惡夢，我會為他留一扇門。

✦ · ✦

對於愛與被愛，我還在摸索。若你問我高中時跟男生的關係如何，我會說我曾經邀一個男生去舞會，方法是把捲筒衛生紙鋪在地上弄一條路徑，並在終點拿著一張紙卡，上面寫：「要去就跟我一起去！」

在遇到盧卡斯之前，我曾經有過一段很認真也很長的戀愛：高三時有個男生，他有一半日本血統，眼神和善、聰明、肩膀寬闊。我只知道田徑賽的時候看著他跳高拱起的背部會讓我暈頭轉向。畢業前，所有高三學生都蹺課爬到峭壁下的沙灘洞穴，在那裡臨時搭了一個五顏六色的帳篷小村落，每個人都喝酒生營火，直到午夜才睡覺。十七歲的我從沒喝過酒、抽過菸，也沒接吻過。我跟這個男生都很清醒，坐在一根木頭上，面前就是黑色潮水，世界在我們身後入睡。我們聊天聊到太陽升起，當睡眼惺忪的朋友從帳篷裡探出頭來，他們悄悄地說：「怎麼了？你們在做什麼？」我聳聳肩說：「沒什麼。」他們好失望，「沒什麼？」但我卻有無盡的感受。我十八歲生日的時候，我們在我家的車道上接吻，我做了兩個人詳盡的人生地圖，回溯那些讓我們能在同一時間上同一所高中的重要事件，想要理解老天爺是如何精心創造出一個完美的人，再把他送給我。

我們上了位在東西兩岸的大學，我的學校在海邊，他的學校會下雪。我寫紙條跟教授說我的「表妹」要「結婚」了，接著就搭飛機去找他，我把這個稱為有作業要寫的蜜月。他養了一隻魚，每當牠沒辦法張嘴，他就用指甲把飼料壓成一口一口的碎片餵牠，他就是如此付出關懷與照料。接下來的三年半，我在保護、安全感和信心中成長，睡在他的房間裡，暖氣管線發出聲響。大學將畢業時，有什麼改變了。我們的關係變成一座疊疊樂，我們開始一塊一塊地抽出木塊，結構愈來愈不穩。就在我的畢業典禮前，學校發生了槍擊案，地上有一灘灘的鮮血。那個週末他在一艘船上，身處一片閃耀的藍色湖水。在令人難以接受的暴力事件和平凡無奇的日子之間，原來只隔了一層紗。我們被拋向不同的世界，我這邊突然一陣黑暗，他那邊一片光明。我們吵架，更精確地說，是我對著電話尖叫，而他愈來愈沉默。畢業典禮後我們都回到了帕羅奧圖的家，疊疊樂倒了，木塊散落一地。

我當然在歌裡聽過心碎的樣子，但哇靠，痛死。那種感覺應該要有個名稱，真的會讓你呼吸困難。沒有了這個人該怎麼活？在他的保護之下，我是勇敢的，我是被愛的。我成了單身的人，二十二歲、天真、失去了養分。我有的只剩巨大的空洞，而我誓言要將它填滿。

我記得有很多人告訴我：「海裡面有的是魚啊。」我說：「是啊，他們都在那該死的海裡。」但他是一隻稀有的獅子魚，而我失去他了。當你失去一個人，或是當他們選擇失去你的時候，你會怎麼做？我用鯷魚、鱸魚和自負的神仙魚來替代他。性一直都是溫柔、神聖，並且專一的事情，但在那個夏天，我了解到性也可以是個難以捉摸又不牢靠的東西、並不美好的東西、毫無感覺的東西、一眨眼就結束的東西、無聊得可怕的東西、「我只想要做」的東西。身為一個剛步入社會的年輕女子，我發現自己有某種力量，至少我認為那是一種力量，我讓自己被啃食，讓魚把我整隻吞下。

那個夏天，我絕口不提槍擊案，絕口不提失去了他。我在中國餐廳找了一份工作，負責把飯裝進外帶盒，時薪十塊美金。我的酒類首選是淺藍色的「再見混蛋」（Adios Mother Fucker），簡稱AMF。當我說完「再見」，隔天早上朋友就會說我失控大哭的樣子把她嚇壞了，她說我坐在浴缸邊緣前後搖晃，自言自語說「你沒事的，香奈兒，你沒事的，一切都會沒事」。但我從來都不記得。我假藉派對之名行喝酒之實，現在我知道這是一種可悲的投降。我沒辦法消化拋到我面前的現實，沒辦法再忍住心裡的感受，也覺得自己毫無價值。我喝酒是為了陷入黑暗，小心翼翼試探死亡的味道，卻又還能醒來。

但我漸漸累了，我受夠了這種把自己扔進洶湧的大海後伴隨而來的自我厭惡感。當我終於找到新工作，我也開始有了穩定性。我喜歡我的新辦公室，那裡有天然採光，也有飛機飛過窗外。公司配給我一台薄得像紙的筆電，非常先進，讓我感覺自己還是有點價值。我變得比較少往外跑，我會跟自己約會，開車到伯納爾丘，躺在草地上看幾個小時的書、在動物園畫大猩猩、自己一個人看電影。當那個悶悶不樂、沉浸在酒精裡的夏天就要結束時，我開始相信，自己一個人過著成年人的生活也沒問題。應該吧。

某個星期五深夜，我被朋友打來的電話吵醒。她在一間酒吧，有個男的正在煩她，問我可不可以去陪她。我到了之後把那個男的趕走，接著酒吧突然湧入一群開婚禮派對的人，跳著舞的新娘後面跟了幾位穿灰西裝和條紋襪的伴郎。其中有個人走向我，他的名字是盧卡斯。

他在帕羅奧圖附近長大，現在住在費城，準備進入華頓商學院（Wharton business school）就讀。他又高又瘦，笑點很低，比我大個幾歲。他懂一些我不會的東西，像是西班牙文、英式橄欖球、數學、自信。他的國中是在日本念的，還摸過祕魯的羊駝，足跡遍布這個藍色的小小星球，帕羅奧圖只是一個好小好小的地方呢！他告訴我，他在高中時贏過花式肚皮跳水比賽，五年級的時候留過刺蝟頭。他在飛回費城的那天晚上約我共進晚餐。

我們幾個月之後開始交往，那時我才剛從午覺睡醒，他突然對我說「我愛你」，自然地像是在說「外面在下雨」一樣。那個下午沒有什麼特別之處，我們去中國城吃了蛋塔和奶茶，他在路邊攤買了一個綠松石戒指送我。我很好奇，在這平凡的一天當中，他是什麼時候意識到他愛我的。我對他微笑，說他瘋了。他說「愛」的樣子好像這是件令人興奮的事，但對我來說，愛也會讓人痛苦不堪。不過盧卡斯似乎並不介意，他是個冷靜的人，很有耐心，我發現他並不「只是一條魚」。

二〇一四年十二月，他要我去費城找他。我到的時候，發現他買了一個很大的白色畫板讓我畫畫，冰箱裡塞滿了冰淇淋。我還是不知道該怎麼定義我們之間的關係，我只知道，我認識他時，他的手機螢幕背景是馬丘比丘，現在換成了我的照片，我穿著他超大件的棕色滑雪外套笑著，一個對雪著迷的傻妞。

二〇一五年一月，我妹妹會回來，我們會去參加派對，我會被人發現倒在地上失去意識。再快轉幾個星期，他來到帕羅奧圖，在我的書桌上工作，陽光穿進百葉窗，我躺在床上。也許老天爺暫時把這個人借給我，告訴我愛還是會降臨的，而現在要把他收回去了，要我自己面對這場全新的突發事件。二十二歲的我正開始思考長大成人是否就是一連串的失去，長大究竟有什麼好處呢？你要如何帶著這些沉重的感覺過完餘生？我看著窗外的美好光景，聽著他打字的聲音，我真心不想開口告訴他。我想坐在自己的房間，依著灑進來的光線，跟書桌前的這個男人一起享受下午。我想要這個時刻，拿起它、吃掉它、永遠住在裡面。但我即將把它毀掉。

「那通留言你還留著嗎？」他停止打字，看著我。「怎麼了？」他問。「我只是想要聽一下。」我說。他繼續看著我，手機突然掉進我的毯子。我把自己包起來，蓋著臉第一次聽這通留言。以下是逐字稿：

香奈兒留給男友的語音訊息，於二〇一五年一月十八日，上午三點三十九分三十四秒（美東時間）：嗨。嗯，（聽不清楚）該死的（聽不清楚）。嗨，（聽不清楚）你的手機。但現場所有男生（聽不清楚）之類的，我最喜歡你。（聽不清楚）。所以我（聽不清楚），嗯哼。嗯。（笑聲）。你這個，你這個蠢蛋，你知道嗎，即使你工作得這麼辛苦，我會在夏天犒賞你。如果你每天工作二十四小時，三十小時裡有二十四小時都，嗯，一天有幾小時，但有幾個小時你不用工作，或是工作你，你知道嗎。但我在做好笑的東西。我，我喜歡你，我真的很喜歡，而且我想，我想要告訴你。（笑聲）。好了，掰依。我好喜歡你，比你以為的還要喜歡。好了，你，掰，（聽不清楚）。

都是些聽不清楚的話，我的聲音滑溜得像熱鍋裡的奶油，拖著尾巴滑進下一個鍋子，任何一個跟我說話的人都會知道我沒辦法自主。還有，留言裡是我最真的真心話，即使腦袋都糊塗了，我還是想要盧卡斯，還是打給他說些亂七八糟的情話，我感謝那位記憶斷片的香奈兒。接著我感受到了壓力，留言裡的「該死的」會在我的品行留下記號，辯護人會利用這點證明我粗俗、不莊重。如果我想要成為一名優秀的被害人，就得淨化自己的用語，我有好多新的標準要達到。

我抬頭看正在觀察我的盧卡斯。「發生什麼事？」他問。我聳聳肩，「沒什麼。」我說。

他緊盯我的眼神讓我感到害怕。我看著他試圖要理解的樣子，他關掉筆電，爬到床上。我們坐在一團沉默當中。「你是不是被強暴了？」他大聲又直接地說出這句話，讓我很震驚，這些字眼太強烈了。我搖搖頭，「我不記得了。」

他往後靠在枕頭上，直視前方，一個很遠的地方。「發生了什麼事？」他問。「沒什麼事。」我說。「這不像沒什麼事的樣子。」他說。「被兩個男生阻止了，」我說，「他們認為應該只有用手指，我不記得了，但那個人逃跑，被他們抓住。」我還是不知道該怎麼說這件事。我面露微笑，看起來一定很詭異，我是多麼想展現出處變不驚的樣子。

「我就知道，」他說，「我就知道，我有一股不祥的預感，我應該要繼續跟你講電話的。你一個人，我應該要繼續跟你講電話的，我不知道該怎麼辦。」我搖搖頭表示否定，這並不是事件發生的原因。看著他逐漸理解這件事，讓我很想崩潰。他沉默了很久，「我不會再讓你發生任何事情。」他說。這是不可能的，但那個時候，我讓自己相信這句話。我把頭靠在他的胸膛，他繼續直直地望向前方。我們在寧靜的下午蜷縮在彼此身上，度過了好幾個小時，太陽在沒有我們的地方繼續燃燒，一天就這麼過了。

他可以離我而去，這些太過沉重，但他爬到了痛苦面前，在那裡生了根。「不管發生什麼事，我都在。」後來他告訴我，他在回費城的飛機上讀了警方報告，感到頭暈想吐，便解開安全帶在走道上側著身走，去吐在那個小小的水槽裡。我想像他在那個小小的廁所裡，和那道摺疊門，外面有一排人在等待，而他正在努力把我身體的畫面吐出來。愛一個人是痛苦的。

最近，當我把我們怎麼認識的混亂時序和在那之後的事情都寫出來後，我問他：「發生了這麼多事情，你怎麼還願意繼續跟我在一起呢？」他說：「因為是你啊。」我不太認同，「那性侵呢？還有我喝酒，所有事情。」他說：「就是『你』啊，這個答案怎麼樣？」

✦ · ✦

二月底的某一天，我在上班前收到通知要去一趟警察局。金警探說是要「更深入了解我的戀情」。我停在停車場，霧氣還籠罩在尤加利樹上，我被帶到同一間漆成淺褐色的小房間，桌上有台黑色錄音機。我已經懂得對這個小東西保持戒備了。我被問到盧卡斯的全名、我們在一起多久、從什麼時候開始變得認真而不只是聊天、視訊、寄寄電子郵件和訊息；我們是否有發生親密關係、是不是只跟對方交往、他是哪裡人、我們怎麼認識、聯絡的頻率、性侵前我最後一次見到他是什麼時候、性侵後有沒有再見面。我也被問到對他有什麼樣的感覺。

對於這些問題，我的答案都是「布羅克·特納在我失去意識的時候指姦我」。但我認真地回想，試著理出確切的時間線、見面的頻率、跟對方說「我愛你」的時候，還有他跟我爸媽的見面。我們曾經在聯合廣場溜冰，這樣就能證明我們是情侶嗎？我不知道。我感到不安，擔心我有些答案不正確，或是不夠充分。哪些重要哪些不重要，這是由誰來決定的呢？在那之前，我從來沒思考過該怎麼把愛當成一種證據來表達，也沒有記錄過這段關係的確切步調和進展，我只是在一段關係形成的時候去經歷它而已。經歷，就跟大家一樣。

我問他，這些資訊在審判中會有什麼作用，我會被當場提問嗎？如果盧卡斯得作證，我們的答案會不會被交叉比對？我也問到底會不會有審判。他說「這已經超過他能回答的範圍了」，還有「現在要認真討論這裡面的任何一個問題都還太早」。但他推測，有了新證據後，布羅克就會想遠離鎂光燈，開始私下重建他的生活。「如果我是他的話就會這麼做。」我對這番話感到安慰。

他陪我走回車上，說他很高興看到我過得比之前好。我回想起他見到我的那個早上，我點點頭。霧氣已經因為太陽的熱而散去，外頭很明亮，我上班遲到了。我喜歡金警探，在他旁邊我很安心，他也似乎對於要一直調查我的生活片段感到由衷抱歉。我也很喜歡聊盧卡斯，如果他需要的話，我可以一直聊下去。

但當我坐進車裡，手拿著鑰匙，我發現盧卡斯是我生命中除了這團混亂之外的美好部分，現在他卻被找來在這團混亂裡扮演重要角色。我所有的小故事和私人的親密片段都會被打成紀錄，交給布羅克的辯護律師，記者也都可以翻閱，並淡化、重塑裡面的甜蜜。我開始想把那些說出口的話都收回來，把每一個字都帶回家。哪些是我的事情，哪些是他們的事情，那條界線開始模糊。

能擁有盧卡斯，我很感激，但「有男友跟被性侵有關」的這種想法讓我很不舒服，好像只有「我」還不夠。在醫院的時候，我從來沒想過有交往對象是件重要的事，我在想的都是我和自己的身體。「我不想被陌生人碰觸身體」這句話就夠充分了，「我有男朋友，所以我不想被布羅克碰觸我的身體」就很奇怪。要是你被性侵，但你不是誰的女朋友呢？難道要有男朋友別人才會尊重你的自主權嗎？後來我還發現，有人暗指我大呼強暴是因為對男友不忠而感到丟臉。被害人好像不管怎樣都會輸。

要是我在前一年的夏天還沒走出那段破碎的關係時就被性侵呢？警探會問些什麼問題呢？「噢，我的感情生活？嗯，我星期二跟一個男生去一間衣索比亞餐廳吃晚餐，但星期天跟另一個人睡了，他沒跟我約會過，不過那天晚上他穿了一雙很酷的襪子。對，我的確有跟男生回家，他身上刺了一隻斷頭的鴿子，而且還會在凌晨兩點傳訊息給我。對，我的確點了四杯莫斯科騾子，對，都是我要喝的。」這樣我還有信譽可言嗎？我的私生活會不會被公開，好讓大家知道我太放縱、生活不檢點？我將無法解釋那些都是我的選擇，即便是在一段充滿傷痛和自我價值低落的時期所做的選擇。我們每個人都有不同方式來處理問題、讓自己好過一點，度過風暴。否認自己過得一團糟，就等於否定我的人性。**我不認為世上存在所謂毫無瑕疵的過去或是完美的被害人，但我現在卻感覺自己被以一種不可能達到的清白標準來評斷，擔心沒達到這樣的標準就代表布羅克可以強暴我。**他的律師會簡化我的過去，對它下結論、貼上錯誤的標籤。

以前記憶斷片的時候，我要對自己的愚蠢行為負責。但是，醒來面對麥當勞紙袋和胸前的食物碎屑，跟面對乾掉的血跡和衣服不見是不一樣的。在記憶斷片的不明狀態中，有著極為關鍵的差異。強暴之所以成立是因為有人受到傷害，當我被暴力地拖進他的故事，我的故事就停止了。當我終於脫離他的狼爪，或更確切地說，當他的手滑出我的身體，我便被釋回我的人生。但就是在那短暫的斷片當中，在他所掌控的那段時間裡，我失去了一切。

我開始愈來愈晚上班，有時中午才到，也沒有多做解釋。其他的被害人是怎麼在不同的世界裡來回、變換自我的？你沒辦法在早上對同事去茂伊島玩的照片讚嘆連連，中午又溜去跟強暴你的人奮戰。你需要進入兩種截然不同的模式，因為有不同的事情要煩、有不同的規矩、老闆和情緒。如果繼續下去，我大概沒辦法變成艾蜜莉又變回香奈兒了，但我還沒準備好要辭掉工作並放棄我的生活。我祈禱他會比我先放棄。

每次接到陌生電話，我的腦袋就會發熱。我防備著，怕有調查人員跟蹤、偷聽。幾個月過去了，我沒有跟任何一個朋友說起這件事。每一封跟案件有關的電子郵件都會帶來一陣壓力，這對我的影響不是分心，而是讓腦袋一片空白，我會忘記剛才在做什麼事，接下來的心情也會變得低落。醫院寄來帳單，金額將近一千美金。爸爸叫我到客廳，問我知不知道能獲得補償的方法。我告訴他有關賠款的事，布羅克會被法院要求支付這筆錢，但要等到官司結束，會賠的，我保證。但我好奇會有幾筆錢要付，我聽說被性侵是很花錢的。

又有另一封信寄到家裡，上面蓋了聖塔克萊拉郡的法院封印。信中詢問我是否希望布羅克做愛滋病病毒的檢測，並給了我一張表格。我不知道，我應該要嗎？他會不會對我不爽？他會知道是我要求的嗎？為什麼不能跳過我直接執行呢？我沒有回信。朋友來訪時，我迅速把信從書桌上拿走，我處理這件事的方式就是不處理，把寄來的信件丟掉，拒絕了解這些程序。

犯罪實驗室還沒檢測我的性侵採證盒，他們告訴我基於媒體壓力所以會加快速度，但幾個月過去了我還在等待。我想應該是因為結果要很久才會出來，或是跟ＤＮＡ學之類的有關，但有人告訴我是因為有太多沒處理的採證盒。在我前面還有好幾百人，有些採證盒因為放太久而發霉，有些被丟掉，有些比較幸運會冷藏起來。我瞬間感到難受，怎麼會這樣？這可不是水果腐爛，每個盒子裡都有我們的一小部分，都有不能被遺忘的故事。這也代表，在我附近有一定數量的被害人，用日常生活把自己偽裝起來，去上班、續杯咖啡、在夜晚睜著大眼，等待著。

大部分的時候，我都會避免下班後就回家，對一些像「今天過得如何」這種簡單的問題感到戰戰兢兢。所以我會把車停在鬧區，在大學大道上沿著點亮的行道樹走，獨自一人從附近的路人身上獲得安慰。有天晚上，我經過一個金屬報紙箱，看到布羅克的名字出現在右上角。我抽出一份報紙，跑向我的車。我打開微弱的燈光，翻開頁面，找到一篇史丹佛學生的投書。她說，為什麼在布羅克的案子中對被害人的酒精攝取有這麼多的聚焦和譴責？我的眼淚滑落臉頰，掉落在報紙上，發出柔軟的聲音。她提出問題、表達反對，就像一隻伸出的手，想要減輕我一直扛在身上的重量。我把報紙對摺兩次，塞進皮包好好保存。

每次我在外面待得比較晚，就會收到媽媽的簡訊：「你不回家，媽媽睡不著。」真是新奇，從小到大我都沒有門禁時間，但現在爸媽會問我在哪裡、我好嗎、跟誰在一起、什麼時候要回家，我的成人生活被限縮得愈來愈小。

有一天，我上班時接到一通電話：「未驗出精液。」我心中的一顆石頭放下了，沒有陰莖進入。「謝謝你！」我說，同事就在我旁邊。「也祝你有個美好的一天！」由於沒有陰莖進入，他的五項罪名只剩三項，強暴的告訴被撤銷，性侵的告訴還在。但當我想到新聞會怎麼報導這件事，喜悅的心情頓時消失殆盡。大家會說：「看吧，他們錯了，其他的告訴也遲早會被否決的。」、「為什麼被害人不用為誣告付出代價？」、「他被檢察官追殺，可惜名譽已經毀了。」、「真受不了，無辜的人成為代罪羔羊。」、「她什麼時候要道歉？」

聽證會的日期訂在二〇一五年六月八日，這場初步聽證會像一場沒有陪審團的小型審判，要裁定是否有足夠證據進行完整審判。蒂芬妮將會因此在期末考週缺席，所以需要提前考試。她本來打算跟教授說是「家庭事務」，但她去找了教授們六次，崩潰了三次，他們擁抱她、注視她，輕拍安撫。「好丟臉喔，」她告訴我，「我好累。」為了請假，我也得告訴老闆。我十分景仰她，但我還是很緊張，以後我就會被不一樣的眼光看待了。我想起那些留言者對我的形容：散漫、不負責任、魯莽。

在玻璃隔間裡，我坐在她對面，掙扎著該從何說起。「你有聽過史丹佛的游泳選手性侵案嗎……是我。」她嘴巴微張。我沒辦法吐出超過八到十二個字，接著我的喉嚨開始發痛。我低頭看著桌子，眼睛發熱。她溫柔地問了幾個問題，但我一直搖頭，屏著呼吸，直到她的聲音漸漸停止。我在等她開口講點別的，也許她會問我時程安排，但我一抬頭卻看見她的眼淚滑落臉頰。我有點震驚，心裡有些東西醒了過來，也變得柔軟。我沒有被責難，我也不蠢。這件事令人難過，她很難過，我很驚訝。五月五號那天，艾拉蕾通知我們得重新安排聽證會的時間，因為辯護律師無法出席，開庭日期最晚可能會延到九月。我沒想過會有這種事，我的公司很小，我該怎麼解釋這種不尋常的缺席？大家都以為我要在六月請假，但現在我得告訴他們要改在七月或八月或九月請假，蒂芬妮也得另外通知秋季學期的教授。「我會再跟你聯絡接下來的開庭日，」艾拉蕾說，「有什麼事情都可以打給我。」後來我們得知，聽證會的日期還會更晚。這就是這個體制不可思議的事情之一，結構若有似無，永遠不按計畫行事。

這種雙重身分、假裝一切都很順利的生活我要過多久？我的工作進度落後，辦公桌上的東西愈疊愈高。我趕不上，也無法一直讓那堆東西堆著。有時候我會坐在位子上盯著螢幕，什麼也不做。每天早上我都得花費比別人更多的力氣才能讓手腳開始運作。你可以把我想成一具人骨，在這副軀殼裡塞進內臟，然後用皮膚包起來。我昂首闊步迎向外面的世界，說：「哈囉！我很好，謝謝。你好嗎？今天我會把東西交給你。對啊！太好笑了，哈哈，再見。」撐到回家後，我再度崩潰，滾到牆角。

家鄉不再是家鄉，這裡變成了地獄。我開車會避開法院和史丹佛校區，對自己害怕那些客觀上安全的地方感到荒唐。我沒辦法不去看網路上的留言，現在我已經對溫暖的留言無感了，惡毒的話卻愈來愈大聲。我總是告訴自己下次不會再看了，後來就跟自己說再看一兩則吧。它們就像螞蟻一樣從縫隙爬進來，本來只看到一隻，接著就發現有一排，爬滿了我的碗、餐具盒和沒收好的湯匙。它們是沒有臉孔的小黑點，成群，在不知不覺中產生影響，沒完沒了，總是在提醒我，我消滅不了它們，消滅不了自己跟這些螞蟻。

盧卡斯即將搬到洛杉磯進行MBA課程的暑期實習，他提議我去跟他一起住。我想到在威尼斯海灘（Venice Beach，位於洛杉磯市西區）的沙灘慢跑和拉麵宵夜，但我想證明，我有辦法繼續走下去。

我家客廳裡有一幅媽媽裱框的畫像，是詩人巴勃羅．聶魯達（Pablo Neruda）。我一直以為那是我的曾祖父，不然為什麼牆上要掛一位老人的畫像呢？藝術與寫作一直是我人生中最讓我感到安穩的根基，安奶奶總說我是拿著鉛筆出生的。每當我心煩意亂、無聊、傷心，我就畫畫。爸媽讓我直接在我房間的牆上畫畫，畫摔角選手爬出煙囪、畫有著長長手臂的茄子。當我在物理考試遇到不會寫的題目，我就畫一個聳肩的人，說「我就是不知道」，把考試時間拿來在他的眼袋畫上陰影。大學時，我的書架上堆滿了魯米（Rumi）、吳爾芙（Woolf）、蒂蒂安（Didion）、溫德爾・貝里（Wendell Berry）、瑪麗・奧利弗（Mary Oliver）、吉本芭娜娜、米蘭達・裘麗（Miranda July）、李昌來、卡洛斯・卜婁杉（Carlos Bulosan）的著作；我睡在圖書館，也學習製作版畫，晚上待在印畫室刻亞麻油氈板、在滾筒上沾油墨、弄髒圍裙，再看著太陽升起。當我寫作和畫畫，世界就慢了下來，我便忘卻在那之外的一切。

在成長過程中，媽媽有幾次拋下我們到作家會館住了好幾週。我記得很清楚，因為爸爸每天都弄罐頭豆子、雞肉和飯給我們吃，我們都希望媽媽趕快回家。最後，我們開車越過陌生的山丘，抵達一間開在森林裡的藝廊。裡面的大人都穿著飄逸的衣服、塗著口紅，餅乾上有小小顆讓我想吐的亮橘色魚卵。媽媽跟我們說她早上都在寫作，下午會去爬山，還有臭蟲停在她的襪子上。我心想，你怎麼可以為了吸血蟲和魚子醬丟下我們呢？有次我問她為什麼要離開，她說：「我想要去做我自己。」這個回答實在讓人無法爭論。

在帕羅奧圖，我開始明顯感到自己無法再以既有的模式生活了，例如我是誰，或是我以為自己會成為的樣貌。我想要到一個我可以展現創造力的地方、一個我可以消失的角落，所以我選了美國最小的一州，盡可能遠離加州，去跟素未謀面的人一起生活。童書寫作課額滿了，但沒關係，我要離職去參加一個叫做「從光線到墨水」的版畫工作坊，在四千多公里遠的羅德島設計學院度過夏天。那位入學辦公室的小姐名叫喬伊，就跟那位護士一樣，我把這當作一個好預兆。爸媽問了一些跟往常一樣的問題：「安全呢」、「你確定嗎」、「你回來之後有什麼打算」，但他們可以理解。現在我有足夠的存款可以支付學費、住宿和機票，我想審判應該會在年底結束，我的積蓄可以讓我過到那個時候。當我在申請表單寫下自己的名字、簽好支票、黏好土黃色信封，我躺在地毯上，這關過去了。爸爸走過來偷看我的狀況，我說：「我好快樂。」

離開之前，我想去找一個人。克萊兒是我的密友，臉上有雀斑和小小的鼻環，即將前往法國一年當互惠交換生。過去幾週我們坐在她的車裡吃冰淇淋、聽法語錄音帶。我一直在等待適當的時機，但也許根本就不會有什麼適當的時機，我只知道快沒機會了，現在就得告訴她。她曾經歷過類似的事情，那時她才十八歲。當時報了警，也做了性侵採證，但即便後來所有被害人該採取的行動她都做了，她的案子還是走不下去。我在我的房間裡告訴了她，她立刻靠過來用雙臂將我圍繞。奇怪的是，我一點也不用多說些什麼，她都懂。她拉回身子，直直地看著我說：「你的機會來了。」

幾個月以來，我都把這個案子視為壓在身上的重擔，很想要擺脫。我感到很挫折，為什麼我要做這樣的事，我沒有時間。但在她眼裡，這是一個機會，這是她四年前就想做的事，不料卻遭遇許多不耐煩和冷眼旁觀，被當局者弄得筋疲力盡後又被丟在一旁，最後她只能選擇退出，強迫自己淡忘。她曾經很努力地想要進入我現在的局面，我則是在無意間重啟了這條路。「你就是要做這件事情的人。」我想起了十八歲的她，想起了那個男生所做的事，我知道自己該做什麼了，現在我了解它的意義了。

4

我的新家是一棟深綠色房屋裡的黃色小房間，我跟一位插畫家和一位油畫家同住，把房間租給我的那位舞者整個夏天都不在家。這裡位在普羅維頓斯（Providence）的西區，一個月四百美金，有很大的後院和一隻名叫「貓王」的貓。那位舞者為我準備了枕頭、乾淨的床單、柔軟的毛織毯以及裡面有小衣魚的抽屜。抵達的那天早上，我突然忘記自己在哪裡，於是驚慌了起來，直到我注意到奶油黃的牆壁和壓在窗戶上的樹葉。家裡只有我一個人，我便到處看看。廚房裡有黑白相間的瓷磚地和一幅很大的叢林油畫；有剛摘下來的番茄和紅蘿蔔，交錯的根上還帶著泥塊；木架上放滿香料，有一罐蜂蜜、綠色熱水壺，和鱷魚模型。我隨著細長的光線走向丹寧沙發和一張芥末黃的燈芯絨椅子；翻開的報紙裡有玩到一半的填字遊戲，旁邊有幾幅小小的山丘畫作和桃色毛線。我已經喜歡上這兩位不在家的室友了。

從這裡走到學校大約三公里多，羅德島的熱很濃烈，不像西岸的陽光只會在你的額頭上輕吻。路上會經過鐵圍籬，人行道上的雜草有如黑色火焰，堆在街上的舊家具就像被拖到沙灘上的海獅。有人坐在酒類專賣店和自助洗衣店外的椅子上，路邊有亂丟的白色菸蒂。轉角處有個推車，我會拿一張皺皺的一元紙鈔交換一杯保麗龍裝的椰子雪酪。

接近校園，街道開始上坡，那裡的人行道很平整，樹木都張開雙臂，提供了大片的灰色樹蔭。地上的草長得很旺盛，不是那種東一塊西一塊、葉片尖端發黃彎曲、乾枯的加州草地。我看見男生女生把頭髮染成紅鶴的粉紅色，他們穿拼接服飾、抽菸、戴羽毛耳環。低頭看看身上的舊運動服，「我看起來一定很呆。」我心想，摸了一下為了讓自己亮麗一點而戴的便宜珍珠耳環。

教室在一棟磚造的小建築裡，要往上走兩段樓梯。我看見偌大的單格玻璃窗，軟木牆面上有繁星般的小洞，是張貼作品以供評比的痕跡；我看見晾畫架，那裡很快就會放上我們的作品。這是一個專門用來創造的空間。

我的老師有很厚的鬍子，戴圓框眼鏡，穿一件長到腳踝的圍裙。他讓我們一個個自我介紹，告訴大家為什麼會來到這裡。這裡的十個學生讓我想起小精靈，每個都有精巧的手藝，有的會吹製玻璃，有的會紡織，有的會打造無踏板單車。除了我，其他人都是大學生，多半是利用暑假來補不足的學分。「那你呢？」他說。「我剛搬到這裡，為了這堂課，我從加州來，剛離職。我喜歡版畫，在大學有修過課，主要是凸板。」老師說：「好！真令人興奮！」他要我們把名字寫在膠帶上，選好抽屜後貼上去。我用大寫字母寫名字，CHANEL MILLER，準備要在抽屜裡放滿全新作品了。

他發下一張清單，上面列了所有我們需要購買和這裡會提供的用品：單面描圖片、醋酸、紅色剝膜片、筆刀、點網或毛玻璃、親水版材、松香、酸水、Rives BFK 版畫紙、寒冷紗、絹網、脫脂劑、感光乳劑、刮槽、瑞士卡達水溶性蠟筆、吸水紙等。下課後，我在美術用品店的走道上拿起商品看標價，我之前並沒有把這些用品列入預算。

下一堂課，他帶我們走進暗房，教我們使用放大機，如何裝上底片匣、用轉盤選擇適合的鏡頭、將曝光試條的乳劑面向上、底片顯影、停影、定影、水洗。他教我們將透明底片放在感光凹版的中心，再放到感光機中真空曝光、去除版材油脂，上松香、浸在硝酸中腐蝕版材、把邊緣磨成斜邊、將版放在壓印機上、調製油墨、浸泡畫紙、拍乾、調整壓力。最後要轉動壓印機，把剛印好的畫拿起來，小心地放上晾畫架。經過數小時的示範之後，一幅版畫誕生了。

我聚精會神地看，在同學後面踮起腳尖，拚命做筆記。到了最後，我根本不清楚發生了什麼事，我在四十五個步驟之前就跟丟了。大家開始草擬自己的想法，我坐在凳子上看著剛才寫下的潦草小字，好像幾排死掉的螞蟻。下課時間終於來到，我連忙跑下樓梯離開這棟建築。

第三堂課的時候，我跟別人的差距又更大了，也不敢問「什麼是寒冷紗？」這類的問題。我一個人吃午餐，一個人吃晚餐。我已經毀了一個版，因為我把它帶進一個有陽光的房間。每個同學都很熟練，從一處走到另一處準備材料，都知道自己在做什麼。我緊緊跟著他們，想看他們在做些什麼。課堂結束後我去了入學辦公室，我想我弄錯了，我需要的不是這門課。現在才換太晚了。我點點頭。

我點開手機裡的Google地圖，發現有一條淺藍色的東西，是河流。我走啊走，找到了它，再沿著它走啊走，最後啪的一聲倒在一塊草地上哭泣。我不知道自己在做什麼，連面前這條河的名字都不知道。我搬到了一個面積像一小片披薩的州，學習過時的印刷技術，離熟人好遠好遠。這是什麼鬼主意，為什麼我覺得自己做得到？艾蜜莉跟著我來，提醒我，我是個哪都去不了、什麼事都做不好的被害人。這樣的生活太美好了，這種樂趣和創造是留給別人的。

但才一個月前，老闆要幫我加薪，某件事讓我搖了搖頭；男友說要給我一個房間，某件事讓我搖了搖頭。大老遠跑來這裡似乎不合邏輯、昂貴又莫名其妙。但我還是來了，因為當初有那樣的想法，我現在才會坐在這裡流汗。這是我人生中唯一真心選擇的事情，除了我，沒有人說我做得到；這也代表，除了我以外沒有人可以說我做不到。我要相信自己，全心全意地相信一次。小時候，我從來沒問過別人我是不是藝術家，我只是把桌面清出一個空間來放紙。我拿起東西慢慢走回家，為明天做準備。我開始在假日進教室，我告訴自己我不笨，並開始問問題。老師總會抽出時間來幫我，鼓勵我製作更大的畫，於是我的作品很快就像一張桌子那麼大了。我在教自己要請人幫忙，結果美麗的事就發生了。

有天晚上，我聽見室友跟她們的朋友在客廳討論要去打保齡球。我坐著不動，不敢走出浴室，也不敢在這麼多人面前介紹自己。我在等她們離開，這樣我就可以慢慢洗澡，待會再把櫛瓜切片，在靜悄悄的房屋裡煎。然後我聽見了敲門聲。

我等了一下才開門，假裝自己在忙。室友問：「你想去打保齡球嗎？」我沒有其他安排，我當然沒有。我出於本能地想拒絕她的邀約，擔心她找我是因為憐憫或覺得有義務，就像收銀人員問需不需要幫你把購物袋提到車上一樣。但就在我禮貌性搖頭之前，圍在桌子邊的那些人插了話：「之後我們還要去麥當勞吃冰淇淋喔！你想在計分螢幕上用什麼暱稱？別忘了襪子喔。」所以我點點頭，把襪子放進包包，跟著他們走出去。

我並不想家，因為我還沒準備好要回家，但我感到了漂泊在外、在這個世界上沒有容身之處的不安。這次的邀約和其他幾次拯救了我：我們在雷雨警報發布後開車到池塘邊，躺在破舊的浴巾上；我搭上安琪的蔓越莓色貨車，座椅不見了，我就坐在壓扁的甘藍菜紙箱上；我們用掛起的床單和投影機看《紫雨》（*Purple Rain*）；我們一起吃櫻桃派，聽 dubstep 混音的《歡樂單身派對》（*Seinfeld*）片頭曲。在他們的夏天裡，我扮演的是一個小角色，我的出現幾乎不會收錄在她們的記憶卷軸裡，但我無法想像沒有她們的日子，也永遠忘不了被當成一份子的感覺。

我在 Craigslist 分類廣告網站買了一張書桌，一對好心的夫妻幫我送過來。那位太太打給我，說他們在屋外，「我們可以幫你搬進去，但如果你不希望我們進去的話我也理解，你知道的，這個網站的人嘛。我只是不想——」那位先生說：「不然她要怎麼搬進去？」我了解那位太太的意思，即便只是讓陌生人把家具交給你的簡單交易，也會有風險。每次透過網路跟別人見面，我們都要評估被襲擊、強暴和死亡等等的可能，我們都知道。但對那位先生來說可不是這麼回事，就是張桌子罷了。

我一天平均走路近十公里，走去公園、電影院、書店，想找一片新天地。無論我去哪裡，同樣的事情都不斷發生。一開始是一位老先生，他點頭說：「早安，美女。」我轉頭看他在跟誰說話，結果發現是我。我感到困惑，但就在我還沒決定要不要說些什麼的時候，我就說：「早安。」對老人要有禮貌。有位禿頭男人說：「嘿，美女，你確實很漂亮。」他的笑容慢慢擴展開來，彷彿臉上的拉鍊被拉開，我回他：「謝謝！」這些話充斥在我的路程當中，陌生男人問我：「你好嗎？」我回答：「很好，你好嗎？」這種情況就像樹上的鳥一樣常見。這些話不太重要，我幾乎沒什麼感覺，就像刺進厚厚輪胎的圖釘。有時候我會罵自己太友善，太快就以微笑回應。若有人對我按喇叭，我會出於本能地揮手，我內建的模式就是以他們問候我的方式做出回應。但我發現，我並不認識那個按喇叭的男人，也幾乎不認識普羅維頓斯的人，所以下次就不用揮手了。我告訴自己：不揮手、不說謝謝、不說早安。

我經過一台車，裡面坐了三個男人，他們盯著我的腿看，用舌頭和嘴唇發出聲音，還比著手勢，這通常都是用來叫小貓的，我走遠時感覺那六隻眼睛在撫摸我的小腿肚。我不知道他們說話讓我比較困擾還是不說話，彈舌好還是品頭論足好，我真的不想要有任何聲音。有一次，幾個男人聚集在狹窄的人行道上，我從他們的肚子間鑽過去時，他們也絲毫沒有往旁邊移動。

我開始避開某幾條路。如果去程時有人跟我說話，回程時我就會走另一條路，結果變成在好幾個地方迂迴繞路。我學會把頭壓低，避免跟人眼神交會，也假裝別人看不見我。我沒有邊散步邊抬頭欣賞樹木，而是邁著堅定的步伐或緊盯自己的雙腳。有一次，有個男人跟在我旁邊說：「我可以跟你一起走嗎？」我開始加快腳步。「讓我跟你一起走吧。」當他跟我的步伐同步，我搖搖頭，抓著後背包的背帶，等他知難而退。有的人會因為我的不回應而不太高興，有個人就說：「我只是想讓你今天有個美好的開始。」但是當我的肢體語言表達出我不想要被看、不想要有人跟我說話，那些讚美的話對我來說就不是讚美了。當那些話被拋過來，或是以只有我一個人聽得見的聲音低語，感覺就不像是祝福了，每一句話都變成了：「這個我喜歡，我想要。」但我心想：「可是我不想，我不想。」

想像你走在路上吃著三明治，有人說：「哇，看起來很美味耶，我可以咬一口嗎？」你應該會覺得為什麼我要讓你吃吧，這是我的三明治耶。你繼續吃，往前走，他們說：「什麼？你不想回答嗎？沒必要生氣，我只是想讚美一下你的三明治。」假設這種事情一天發生三次，陌生人在路上把你攔下來，說你的食物看起來有多好吃，可不可以讓他們吃一點，要是遇到有人從車裡大喊他們好想吃你的三明治呢？「讓我吃一點！」他們興奮地大叫，一邊按著喇叭開過去，難道你每次都要說「抱歉，沒辦法喔，謝謝」嗎？你認為自己有義務一再解釋這是你的午餐，所以不想分給他們，而且你們並不認識、你也沒有虧欠他們，而且他們的問題有點不合理嗎？你只是想要走在路上靜靜享用三明治而已。也許用三明治比喻女性的身體有點適得其反，但你了解我的意思嗎？

我開始會在經過一群男人身旁時，小心地拿出手機錄影，我把其中一個影片傳給盧卡斯。「這種事有多常發生？」他問。「每天。」我說。他問我需不需要一台車，說他會幫我付租金。我說我喜歡走路，這樣才能好好把事物都收進眼簾，而且我時間很多，一點也不趕。走路其實是我唯一要做的事情。

某天下午我從學校走回家，一輛廂型車經過，按了喇叭。我已經對這種戲碼很熟悉了，所以連頭都沒有轉，但引擎聲並沒有就此消失。我聽見輪子在柏油路上緩緩轉動的聲音，他迴轉過來停在我旁邊。他搖下車窗，「跟我說話。」他說。我立刻過馬路，並在走路的同時開始拍攝。他年約五十歲，戴著帽子壓住亂髮，脖子又粗又鬆垮。「來跟我說話，」他說，「我很寂寞。」

「不要。」我說。

「為什麼不要？」他說。

「我又不認識你。」我說，對他的問題感到啼笑皆非。

「一下就好，我很寂寞。」

「不要。」我搖搖頭，低頭看自己的腳。我沒有再多說什麼，太惱怒了。你很寂寞干我什麼事？「拜託。」他說。我加快腳步，他依然對著我喊。我假裝轉進一間房子，等他緩緩駛離後再跑回我真正的住處，放下所有的百葉窗。我把影片傳給盧卡斯，他立刻打給我。

「我要你去租車，」他說，「錢我會出，不要推託，如果他們有開的話今天就去，好嗎？」

「好，」我說，「我會去。」

「謝謝，」他說，「還有以後別再傳這種影片了，我看不下去，這些人讓我太生氣了。」

我說好，他繼續工作，我坐在床上。我感覺自己好像做錯了什麼，傳影片給他讓他生氣了。他的意思好像是：如果他們會在你走路的時候騷擾你，為什麼你還要走路？這聽起來一點也不像解決之道，他們在強迫我把自己關進車子，但我並不想放棄走在人行道上。

我回電給盧卡斯。「不公平，」我說，「我只是想從學校走回家，我又沒有做錯什麼，我應該有權這麼做的，你就可以到處走。拒收我的影片也不公平，你都可以取消訂閱，我卻沒有這樣的選項，不能決定要不要經歷這些。我只是要讓你知道我的感受，這跟我做什麼無關、跟我的穿著和行為無關，它一直在發生，騷擾一直發生。我沒有錢租車，就算我有，我還是喜歡走路，我想要繼續走路。」我哭了起來。

他語帶屈服，「我在這裡感覺好無力，我不希望有事情發生。」我知道「發生」是什麼意思。他聽起來很痛苦，被困在這個國家的另一邊。有天晚上，我告訴他我在畫室待得比較晚，接著就有錢轉進了我的帳戶。「讓你叫車，」他說，「安全到家。」他在為我著想，我知道，我同意我不會在晚上一個人走回家。但即使是叫車，我也不會輸入真正的地址，所以駕駛不會知道我到底住在哪裡。安全其實只是一種假象。

走在街上就像有人朝你丟炸彈，我忙著研究線路，發狂拆除每個引爆裝置。每次我都不知道哪條線會引發爆炸，我試著搞定，弄得滿頭大汗。女性從小就被教導要有技巧，隨時保持雙手的靈活度和警覺心。處理一連串的炸彈、婉拒給人電話號碼、把別人的手從牛仔褲的扣子上移開、拒絕一杯酒，都是她的責任。**當女性被侵犯，她會被問到的第一個問題（之一）就是「你有拒絕他嗎？」。這個問題已經預設了一個肯定的標準答案：表達不同意是她該做的，她應該要拆除扔到她身上的炸彈。**但為什麼他們就可以碰我們，而我們要用肢體擊退他們呢？為什麼要把門開著，再要求我們大力甩上呢？

有一天，我試著在走路時戴耳機看書，想讓自己看起來沉浸其中，很忙很忙很忙。我成功地走了一．六公里。走在橋上時，有個人停下來說：「嘿，你看起來很有領導者的架勢，我喜歡。我從來沒見過女生一邊走路一邊看書。」我笑了出來，仰天大笑。我知道你在打什麼主意，老天爺！我逃不了！你到底要什麼？我能怎麼辦？我停下來，扯掉耳機，走到他的窗邊，投降。那個人問我在讀什麼，我告訴他；他問我叫什麼名字，我告訴他；他問我要去哪裡，我告訴他；他問我有沒有興趣參加他要去演講的座談會，我說沒有；他問我晚點有沒有空，我說沒有；然後我擔心告訴他太多資訊，所以騙他我再三天就要搬回加州。他給我一張名片，我接過來，謝謝他，之後便把名片丟掉。

我做到了，我去搭理他了，可以不要再浪費精力進行這種單向的對話了嗎？有次我在咖啡店看到廣告傳單，上面印了一隻飛撲的小貓，設計傳單的團體希望可以遏止男生對女生吹口哨的行為。上面附了假名片，號碼是「〇八〇〇─不要再跟我說話」，讓有需要的人可以拿去給吹口哨的人。可見別人也有這種感覺，而且到了需要印傳單的程度。

盧卡斯在那個夏天有一天的假日，飛越了整個國家來找我。我告訴他我走去學校的路線，給他看我流汗的程度有多誇張；我帶他去版畫館，告訴他我學到的每一個步驟；晚上，我們在河邊打開漢堡的包裝紙。我很得意可以跟人分享我的世界，一個我自己創造的世界。

他離開後，我頓時感到日子裡有一股痛苦的空虛感，就像桃子失去它最堅硬的果核，而我變成了周圍軟綿綿的果肉。我忘了有人為我著想、有人買現打冰沙給我、打死房間裡的蜈蚣、用紙幫我搧風、用冰涼的小毛巾幫我擦手的感覺。我忘了放鬆地走在陽光下、安心地睡覺、不用無時無刻地防衛是什麼感覺。最重要的是，跟他走在一起的時候，路上都不會有人跟我說話；他的存在讓他們都沉默了。

男性有著其他男性不會跨越的界線，有一個心照不宣並受到尊重的空間，我想像有一條盧卡斯形狀的粗線畫在他的周圍。男人會找我說話，彷彿我們之間沒有界線存在，每天我都被迫要以最快的速度重新畫線。為什麼我沒有與生俱來的界線呢？

我繼續每天到畫室報到。我花了更多錢在美術用品上，沒錢外食，執行著吃微波披薩和生菜的計畫。有時候我弄了幾個小時，印出來的畫不是濁濁的就是暈開或有斑塊，於是我重新來過。我不會去注意時間，我翻閱筆記，直到再也不需要看筆記。

有天我在黃昏左右離開畫室，但太陽下沉得比我預期還快。我走過亮著粉紅霓虹燈的酒類專賣店，離家只剩幾個路口，一個開著銀色轎車的男人停了下來。我心想，不要是現在，我不想要這樣。我聽見他搖下車窗，「讓我載你一程吧！」他笑的樣子好像自己駕著一輛黃金遊覽馬車，而不是顏色像口香糖紙的銀色雪佛蘭小車。他很興奮，彷彿我們是久別重逢的朋友，見到我很驚喜。他的笑容大到我無法置信，簡直自信十足。我開始錄影，朝他的車跨了三大步，彎腰把頭伸進他的車窗。你可以聽見我在影片裡問：「你說什麼？」讓他再說一遍作為證據。他回答：「上車，我載你一程！」

「**上你的車你他媽瘋了嗎我為什麼要這麼做！**」我說，聲音飄忽又尖銳，自己都快認不出來。「去你的！」我說。我還記得那笑容消失得有多快，就像滴在滾燙路面上的一滴水，以及他是多麼迅速地轉動方向盤加速離開。「很好！」我心想，但我的手腳開始顫抖，全身都是腎上腺素，我搖搖晃晃地走向斑馬線。我看著停在路上的車，試著迎上駕駛的視線。如果他開回來，你們會幫我嗎？你們有看見我嗎？當紅綠燈的小人亮起，我開始奔跑，隨著後背包打在背上的節奏喘氣。

我沒有把這個影片傳給盧卡斯。我跟自己約定，以後要記得早點離開畫室，我想省六塊美金的車錢。這真的滿可笑的，要在六塊錢或安全之間做選擇。我知道我不該自己一個人在晚上對一個男人大吼；最重要的是，我感覺有某種眼光在看我：這不是為自己挺身而出，這不算什麼勇敢。如果被我的檢察官知道了她會訓斥我的；辯方會說她瘋了，她行為不當、飆罵髒話、挑釁男性。她不要理他就好，為什麼她會自己一個人走路？她讓自己陷入危險，自找麻煩。

說來說去都是她。我從來沒聽過有人問為什麼他要停下來、為什麼他認為我會上車、如果我上車了他會做什麼。當他們如此自由地大聲嚷嚷、用舌頭發出聲音，不需要擔心會遭遇些什麼的同時，我背負著多少期望，要我容忍、要我概括承受和不予理會？想走路很固執嗎？這個要求很過分嗎？那個厚輪胎現在布滿了圖釘和孔洞，我感覺它開始變形，無法平衡，開始洩氣了。它沒辦法這樣運作下去。

某個舒適宜人的夜晚，我離家很遠，在賽耶街上的咖啡店。我準備要離開，坐在外面的長凳上等車。一位老先生在我旁邊坐下，轉頭說：「要來片甜椒嗎？」他戴著眼鏡，身穿一件柔軟的棉襯衫，口袋裡有個小記事本，看起來滿足又愜意。他一隻手拿著小刀，另一隻手拿著一片綠色彩椒，大腿上有一條手帕，剩下的彩椒就放在上面。我看著他手裡的那片，他會不會在裡面下毒？他會不會是個變態，拿彩椒摩擦陰莖之後想要看我吃下去？他會不會拿小刀往我身上劃？這位瘦小的老先生耐心地拿著給我的彩椒，就在這個時候，我心想：「不管了。」眼前是一位帶著軟呢帽的和藹先生，在溫暖的夜裡坐在長凳上吃彩椒。你可以小心謹慎，但也不用每次都這樣害怕，讓自己享受一小片蔬菜吧。我接過來，一口吃下，謝謝他。

✦ ✦ ✦

每天晚上，當天光不再，當雪酪推車的鈴聲愈走愈遠、貓王蜷成一個完美的圓圈，我便開始失眠。我會像海星一樣展開四肢躺在被毯上，「太熱了沒辦法睡。」我在小小的綠色文字框裡跟盧卡斯說。隔天，一個包裹就出現在我的門前。他幫我訂了一台很不錯的電扇，不是那種便宜的、裝在金屬網籠裡的螺旋槳葉片，而是有定時設定和發光按鈕的，上面還貼著一張字條：「你的頭號粉絲。」但溫度並不是我無法闔眼的原因，我是因為知道布羅克很快就會在法庭上看著我才睡不著的。在法庭上，我的匿名狀態和伴隨的保護將被迫喪失，但我想繼續當一個他不認識的人，我想坐在一道屏風後面，想要戴墨鏡。不知道我該不該剪頭髮，或拿包包遮住頭。我出現在法庭的那天將會是我失去保護的那天。

大學時的某個星期五晚上，再幾週就是畢業典禮，我走路去朋友家，途中有兩輛警車疾駛而過，我沒有多想。在埃拉維斯塔（Isla Vista）聽見警笛是很常見的，這是個在海岸峭壁上的城鎮，居民年紀都在十八到二十二歲，每條街上都是破舊的木造房屋、被丟在草坪上的腳踏車、總是擠滿人的陽台，和從回收葡萄酒盒裡長出的蘭花。天氣好的日子，你會看到穿泳衣的漂亮女生把橡皮筏舉在頭上準備去玩水，就像麵包屑底下的螞蟻；男生會騎著腳踏車，單手夾著衝浪板，潛水衣的拉鍊半開，像極了香蕉。埃拉維斯塔就像個網絡，到處都有沙發可以借宿，朋友在四面八方，只要過個馬路就有。這是一個未經馴化、充滿陽光，我們稱之為家的城鎮。

我走到她住的公寓時，警笛聲愈來愈多，遍地開花，像火山爆發。當我走進門，我的五個朋友都在靜靜地聽。我們收到了加州大學聖塔芭芭拉分校的緊急電子郵件：

埃拉維斯塔發生槍擊，兩位遭逮捕，調查進行中，就這樣，以逗號做結尾的一行字。大家開始傳訊息：說不定跟幫派有關、搶案、毒品交易出事了、飛車射殺、不是啦是槍戰、炸彈、鞭炮、喝醉的駕駛。他是波斯人、不是亞洲人？有兩個人、一個人、在車裡、黑色的。好像有人死了、一個人、可能有三個、說不定一個都沒有只是個討厭的惡作劇。

有個影片被轉發，有人說是個男生，那個男生，我們圍到手機旁，看到了他。他坐在駕駛座上，臉上都是夕陽的橘光。「嗨，我艾略特・羅傑（Elliot Rodger）……我是不知道你們這些女生為什麼不喜歡我，但我要為此懲罰你們。我要到埃拉維斯塔的街上殺死每一個我遇到的人……我會享受殺光你們的快感……」恐慌爆發，其中一位朋友尖叫著說把影片關掉，還有一位在地上抽搐大哭，彷彿肚子被人用繩子猛拉。他繼續說話，汙染了我們的空氣。我搖搖頭，拒絕再聽下去。他是來埃拉維斯塔殺女生的，我們就是埃拉維斯塔的女生，但我們不可能是他在影片裡說的人。「你們不讓我過快樂的日子，我就不讓你們有日子可過，這樣才公平。我恨你們所有人。」我們不讓你過快樂的日子？你他媽恨誰？我氣瘋了。我抓起手機走出房間，把它放在浴室的洗手台上，再走出去，堅定地把浴室門給關上。我覺得他被我關在裡面了，影片還在播放，他對著黑暗說話，沒有人在聽。

下一封電子郵件要我們待在室內，我們把門拴上，關起百葉窗，「離窗戶遠一點。」我們的手機不斷發出聲響，克萊兒的室友中槍了。一切都支離破碎。

凌晨三點，我們盯著電視新聞，聽見「大規模謀殺」，「七」這個數字以大大的白色字體顯示在螢幕底部。把死者算在一起似乎不太對，他殺的不是七個人，是一個又一個又一個又一

個又一個又一個又一個。每一個都是完整的生命，每一個都有名字。

早晨的陽光沒有出現，空氣也停滯下來。像今天這樣的天氣，霧從海上移入，蓋過海面和岸邊，吞噬掉這裡的小房子。我們眨眨眼，筋疲力盡，想知道是否已經可以安全離開。我們跪在沙發上，小心翼翼地撥開百葉窗。

我接到一通十一碼的來電，是我媽媽從北京打來的，她正在那邊拜訪親戚。她看見新聞，「我只是想要聽到你的聲音。」我們的手機接連震動，都是家人早上醒來看到新聞打來的，我們退到角落，「我在這，我也愛你，我們不知道，奶奶打來了。」謠言說有人會模仿這類犯罪，有些人在歌頌艾略特的行動，擁戴他為領袖，說他是「最高尚的紳士」。

當我們總算走出大門，外面是一片死寂。大家在街上集體行動，成群結隊，氣氛變得肅靜，沒有人在閒晃、划滑板，也沒有震耳欲聾的音樂從房子裡傳出。記者會預計在下午四點舉行，在開始之前，我們分別去沖澡，換上乾淨的衣服，接著再度齊聚在公寓，我們安全的家，拒絕獨處。

艾略特住在一間棕色公寓，距離甜點店只有一個路口，我經常去那裡買水果軟糖，準備在圖書館度過漫漫長夜時吃。星期五晚上，他在公寓裡殺了三個人，是兩位中國室友和一位來找她們的朋友。他總共刺了一百四十二刀，血跡沾滿玄關，屍體被拖行並蓋上浴巾。他帶著刀跟手槍坐上他的黑色ＢＭＷ，開到阿爾法菲姊妹會（Alpha Phi）用力敲門。沒有人應門，他射殺了外面的三個女生，其中兩位在草地上失血死亡。他快速駛離，朝一間餐廳的窗戶開槍，一個男生倒地後死在裡面。他在最熱鬧的德爾普拉亞街撞車，車頭受損，接著往自己的太陽穴開槍。

警察發現他時，他的頭部爆裂，血濺到了路邊。救護車大塞車，學生跪在流血的學生旁邊，彈殼和大玻璃窗的碎片散落在路上；警方在他的車裡發現五百四十八發他來不及用的子彈。有六位同學離我們而去，艾略特是第七位。我不把遇害者的名字寫在這裡，因為名字是神聖的，我不希望他所做的事情是大家對她們唯一的了解。

被性侵後一個月，我離開辦公室，沒辦法專心。我走過鋪著地毯的走廊，打開儲物間，蹲在路由器和滑輪壞掉的椅子後面。我打給金警探。「我只是在想，」我說，「我知道這聽起來有點怪，但你認為布羅克會再傷害我嗎？」我解釋道：「我以前的學校有個很憤怒的男生，後來發生了槍擊案。」我不知道該怎麼問這個問題，他也不知道該怎麼回答。「這沒辦法知道，」警官說，「但希望不會，我們也在努力掌握當中。」

是啊，當然，我心想。真是瘋了，我到底想聽到什麼？你永遠都不會出事？我沒有再提起這件事，但要對抗一個我從沒見過的人實在很奇怪，我一點也不了解他是誰，也不知道他有什麼能耐。

我忘不了艾略特在那一百三十七頁的宣言裡所寫的一句開場白：「這個故事敘述了我本人艾略特．羅傑是怎麼變成……這個悲劇是可以避免的……但人性迫使我這麼做。」原來他的凶殘也有起承轉合。他說得好像自己不是有意要做這些事的，他是迫於無奈，是女性造成他的痛苦，讓他別無選擇，所以只好執行他的「報應日」計畫。他在影片裡說：「我被迫要忍受寂寞、被拒絕的感受和滿足不了的欲望，都是因為從來沒有女生喜歡我。」他攻擊別人是有正當理由的，而且覺得自己很可憐。

「我要懲罰所有女性，她們的罪名是不讓我有性生活。」在艾略特的世界裡有個潛規則，叫做女人應該要跟他發生性關係，我們的存在就是為了要接受他，這是規定，是我們的使命。性是他的權利、我們的責任。在他的世界裡拒絕跟他發生性行為是違反他的規定，代價是死亡。當性侵案登上頭條，每篇報導都放了布羅克微笑的照片，「他被公開羞辱，她卻可以躲起來，這不公平。」留言者這麼說。我怎麼會想要羞辱他呢，我已經知道後果了不是嗎？

幾個月過去，我愈來愈擔心。他離開了校園，我離開職場，我們都跟社會脫了節，漫無目的地漂泊。空洞的日子啊！你變了、你忘記吃東西、你不知道該如何入睡，你離自己好遠。要是他在我抑鬱消沉的這段期間變得滿懷憤恨呢？我詢問過他有沒有接受心理治療，但沒有人可以回答我。「大學時期每個人都在體驗性愛、玩樂和有趣的事物，」艾略特說，「那幾年我只能在寂寞中自生自滅，你們要我這樣痛苦一輩子是不公平的，現在我要讓你們所有人都痛苦。」每個人都想要找一個人來怪罪，我跟布羅克都有痛苦，他的痛苦又會引發什麼樣的暴力行為呢？如果他傷害任何人，我會良心不安的。對此我經常克制不住地苦思，要是他對史丹佛不滿，在校園展開報復怎麼辦？要是他打從心底認為自己的人生毀了而自殺怎麼辦？「你們應該要被消滅，而我會送你們上路。你們對我毫不留情，我也不對你們手下留情。」無論他做什麼我都覺得自己有責任，即便我知道這並不是我能控制的。

我想要他負起責任並得到懲罰，但我也希望他的狀況可以獲得改善。我並不是為了毀掉他而打這場仗的，我的目的是讓他跟我站在同一邊。我希望他可以了解以及承認他的行為所造成的傷害，並且脫胎換骨。如果他真的認為他的前途已毀，沒有什麼好失去的了，那接下來可能發生的事情將令人害怕。

我腦中的情節愈來愈多。我用木板把窗戶都封死，我檢查後院，從樹叢下看有沒有人站在那裡；我討厭距離俄亥俄州這麼近，他可能會來找我，可能會搭火車；我關掉定位功能、刪掉社群軟體；我查閱槍枝法規，艾略特合法購買了三支半自動手槍和裝滿子彈的彈匣，就像買葡萄柚一樣簡單。我快失去理智了，萬一聽證會是個陷阱，我想像法院外面發生槍戰，場面混亂，有人低身躲在車門後面、碎裂的窗戶、法警在飛奔、中槍者血流如注。我不知道這算合理還是瘋狂，我只知道瘋狂的事情是有可能發生的。我在黃色的房間裡靜靜躺著，留意任何一個聲音，我的燈永遠亮著，讓自己被光線包圍。睡覺不再代表休息，而是我的防守弱點。早上六點，當樹木的一團黑影終於變成一片一片的葉子，我才感到安心。陽光把我的思緒沖走，我便可以小睡一下。

在每天只睡一兩個小時的情況下，我幾乎無法起床上課。我沒有時間為自己帶午餐，也不願意在學校花錢，所以就在傍晚回家前挨餓八個小時。我在藝廊用紙巾拿一堆免費的葡萄和鷹嘴豆泥脆片，隨時都筋疲力盡，愈來愈不健康。我想吃媽媽的料理，想要盧卡斯抱著我睡覺。

我把電扇上的紙條貼在床的上方，像個陽春的捕夢網。我貼了一張爸媽年輕時在水族館藍色巨型魚缸前手牽手的照片，還有一張我跟妹妹還是小嬰兒時一起在小鴨床單上沒穿衣服的照片。這些就是夜晚時在我頭上保護我的小小護身符。

就在其中一個夜晚，我躺了幾個小時後把被毯推到一邊，拿起鉛筆。我畫了發現我的那兩台腳踏車，一筆一筆地劃下車輪的輻條，讓它們躍然紙上。我在警方報告裡看過他們的名字：

卡爾斐德列克・亞恩特（Carl-Fredrik Arndt）
彼得・拉爾斯・強森（Peter Lars Jonsson）

我畫了光滑的腳踏車手把、小小的踏板和不夠圓滑對稱的輪子。我把畫黏在枕頭邊的牆上，把它壓平。這是保衛的象徵，請求救援。我回到被毯裡，吸了一口氣。有這樣的人在，我就可以休息了。我閉上眼睛，緩緩地睡著了。

期末評比的前一個晚上，我把畫作疊在一起；這疊代表著無數小時的嘗試再嘗試，最後終獲成功。我做了給教授和助教的感謝卡，設了三個鬧鐘，把最喜歡的紅色洋裝拿出來放好。我躺上床，希望能睡上這一晚。六個小時過去了，我一點睡意也沒有，所以決定就醒著到八點出門，卻在早上七點時模糊了意識，睡得不省人事，連鬧鐘都沒有聽到。等我醒來，已經是下午一點了。

我沒有陷入慌張忙亂，只湧上一股深沉的哀傷。評比已經快要結束了，我錯過了同學的作品發表和整個夏天的最後篇章，但我還是叫了一輛車，穿上我的紅色洋裝。我在車上清眼屎，還把所有比錯過藝術評比更糟的事情都想過一遍。這件事情多麼渺小，但我難過是因為我連這麼小的事情都做不到。我會跟教授道歉，讓他了解我缺席並不是因為覺得這件事不重要。

我走進去時，最後一位同學正在發表他的作品，每個人都看著我。我沒有什麼藉口，也不想假裝自己有。我在最後面找了個座位，希望自己可以隱形。我不覺得我的作品有什麼好發表的了，但教授比出要我上場的手勢，充滿歡迎。我背對大家，開始一張一張把作品釘起來，大家都安靜坐著。「這一點也不重要，」我對自己說，「這些很快就都沒有意義了。」我轉身面對他們，開始介紹每一張作品。

我迎來一片寂靜，接著教授說話了，他在大鬍子底下露出一個溫暖的微笑，並說這些作品很棒。同學指向我畫的一隻雙頭公雞，他們誇獎我的想像力、惡趣味和異想天開；他們問我從哪裡獲得靈感，運用了哪些技巧，也很欣賞我的用色。我在他們發表意見時坐下來，自己也感到很驚奇，而且我看起來一定很累，但看到我所有作品一字排開，那些在掙扎之餘美麗又奇怪的創作，我滿心歡喜。

下課後我買了一捲新膠帶，雖然我很快就會搬離這裡，但還是站在椅子上把作品全部掛在房裡，弄了一個自己的專屬藝廊。我從一個什麼都不會、坐在河邊哭哭啼啼的人，變成了一個作品豐富的版畫創作者。這些證明了，當我的頭腦因為焦慮而枯竭，心並沒有閒著，我慶幸自己能有這個機會。我看見了自己堅決要活下來的那一部分。

為了慶祝，一個我在課堂上交到的朋友約我去一場街頭派對，那裡會有雪花冰和跳舞活動。我提早抵達，後來朋友跟另一個女生一起來，她是一位雕刻家，兩個人剛喝了點威士忌，眨眼的速度有點慢。我犒賞自己一杯鳳梨伏特加，看著孩子們抓螢火蟲、用糖果吸管喝冰淇淋汽水。我們在臨時搭起的搖滾區周圍跳來跳去，我把夾克袖子綁在頭上當作垂垂的兔子耳朵。幾個男生走了過來，身上有一股過時的橡木青苔和柴燒古龍香水味，其中一人問我們是不是藝術學院的學生，不知道他是不是從綁在我頭上的衣服猜到的。「只有這個夏天。」我說。「你是本地人嗎？」他問。「不，加州人。」我說，「你呢？」但他的朋友們已經要離開了，正在奮力用手勢表示想走。「如果我留在這裡，待會你會跟我上床嗎？」這個話題轉得太硬了吧，從一個比花生還小的閒聊話題變成這個直白的問題。「不會。」我說，眼睛連一下也沒眨。他一個字也沒說就朝朋友跑過去，我則是站在原地，袖子從頭上垂了下來。我們三個人氣得怒髮沖冠，他的朋友剛才也問了同樣的問題。真的嗎？他為什麼問這個問題？他朋友也這樣問你嗎？那個抹髮膠的？

我們決定就此結束，一起走回我朋友的公寓，好想吃奶油吐司、喝冰水。我們邊走邊分享各種與男性的荒唐遭遇，他們說了什麼又做了什麼。「有次在咖啡店的一個男生」、「有次我朋友的哥哥」、「有次我哲學課的教授」、「有次……」。

「小姐們要去哪裡呀？」一輛黑色的野馬汽車在紅燈前發出隆隆聲，車裡窩著三個體型壯碩的男生。「你們要不要來夜店？」夜店！我感覺身體在脫水，伏特加跟小鳳梨塊在我體內流竄，腦袋裡都是「有次」的故事，我突然覺得要容忍這些根本是騙局。街道幾乎空無一人，我們距離酒吧還有幾個路口，只有黑色窗戶的房子和靜止的長途巴士。我走到空蕩蕩的馬路中間，握起拳頭，仰天尖叫。

我不顧一切地放聲尖叫，朋友都傻住了，開始大笑。那幾個男人也開始不高興，不安地東張西望，在紅燈下動彈不得。他們開始在我的尖叫聲中咒罵「瘋婆子！瘋婆子！」。但我不在乎，我才不在乎他們光亮的野馬汽車、頭上的短髮和想載我們的愚蠢想法。就算我們真的想去夜店，也不可能擠得進那台小車。我不想跟你上床，我不想去夜店，我不想要你走在我旁邊，聽你用那糾纏我、強迫我、讓我想聾掉、想原地消失的語氣問我要去哪裡和我過得怎樣。那個刺滿圖釘的輪胎爆炸了，釘子叮叮咚咚下雨般落到他們的車上。路燈亮了，「追過去！」我朋友說，我們開始奔跑。

我們三個女生在一輛黑色轎車後方狂奔，朋友在下一個紅綠燈追上他們，用力拍打車尾燈。「離我的車遠一點！敢砸我的車看我怎麼收拾你！」他們氣炸了，這些女人開始有威脅性了，太超過了。我還在大吼，腎上腺素賁張，「你們這些蠢豬！」但當我往車窗望去，我看見其中一個男生怒瞪我的眼神。

這突然不再是什麼遊戲了，我瞬間切換到防禦模式。停止，停止。我們退了下來，他們加速離開。目擊者，如果他們回來的話我們需要目擊者。我轉頭察看，有個戴眼鏡的年輕人距離我們大約十公尺，看起來很錯愕，手插在口袋裡，好像我們會轉而攻擊他。我偷偷慶幸他在那裡。我摸著額頭，上氣不接下氣，我們的胸口仍在起伏。

那天晚上，雖然原訂計畫是八月還要待在那裡，但我認為該離開了。我不想回家，哪都可以但就是不要回家，那裡是強暴孳生和記憶腐朽的地方，我要繼續這條逃避的路線。

盧卡斯實習結束那天，他搭上飛機，租了一台車來找我。他幫我一起打包，輕輕捲起我的作品，我的整個人生都在這台藍色的交通工具裡了。我們會開車到費城，聽證會前我會跟他一起待在那裡。他在車裡等待，讓我花點時間跟這裡道別。我站在黃色的房間裡，我的避難所、我的專屬空間，回憶那些熱得令人窒息的夜晚和每天晚上爬滿牆壁，又在早晨消失不見的恐懼。我把電扇留了下來，立在房間中央，希望它能為下一個人帶來涼風與寧靜。

5

聽證會的日期訂在九月二十七日，我有三個星期的時間。在那之前的八個月裡，我從來沒有把完整的故事大聲說出來過，我其實愈來愈沒準備，焦慮感愈來愈嚴重。我好像站在懸崖邊緣，手裡只有衛生紙和樹枝，卻被告知要造出讓我跟妹妹能安全降落地上的東西。

艾拉蕾已經跟我約好，會打電話來幫我做準備。我待在費城的那一個月裡，盧卡斯問過我很多次：「你有問題要問她嗎？」「有。」我說。「那你想要寫下來嗎？」「現在不想。」我說，「我不想談這件事，以後再說。」通話那天，他交給我一張他打好的問題清單，以大綱條列並分好類：聽證會與審判、時程、與第三方溝通、可能的最終結果、費用結算、證人、聲援香奈兒？我用鉛筆潦草寫下幾個字，歪歪斜斜地消失在角落。我也有想問的問題，但全都沒有明確答案，像是：我可以空腹吃鎮靜劑嗎、我以後還能找到工作嗎、他的精神狀態穩定嗎、我是不是瘋了。

我們預計在下午五點通話，我找盧卡斯一起幫忙吸收資訊。五點時我的手機響了，但打來的是蒂芬妮。她正在走回家的路上，想找個人陪她。她告訴我她看到一部紀錄片說信天翁一輩子只會有一個伴侶，真不可思議。盧卡斯拍拍我的手臂，指著時鐘低聲說：「該打電話了。」

我搖搖頭。

「掛掉啦，時間到了。」他重複動作。

我看著他。「小蒂我待會打給你好嗎？謝了。」

我站起來。「你說什麼？」

「該打電話了。」他說。

「你覺得我不知道要在五點鐘打電話嗎？」

他靜止不動。

「你、你覺得，你覺得我不會他媽的看時間嗎？我看不到爐子上他媽的時鐘嗎？你有權決定我可不可以在什麼時候跟我妹說話嗎？喔，那天晚上是誰在我身邊的啊？你嗎？不是？是誰？喔，是她啊？沒錯。你知道她經歷了什麼鬼嗎？我會接她的每一通電話，**她的每一通電話**。你想幫我是嗎？**你覺得坐在這裡就是他媽的在幫我嗎？**」

我的怒氣爆發，又快又毒辣。我的音量愈來愈大，好像有人拿著遙控器穩定地調高音量。他退開，嚇得站在另一頭看著我，我讓他害怕，也讓自己害怕。我說出來的話就像止不住的血流，停不下來，「這種感受你怎麼會懂，你又能做什麼？」我把手機摔在台面上，我們都聽見了破碎的聲音。

螢幕不是裂開，是粉碎，玻璃噴到了凳子和地板上。我感覺自己受到羞辱，於是對他吼叫、趕他出去。他拿出他的手機給我，我說：「滾！」他沉默了一下說：「你要找我的話我就在樓下。」門在他身後喀嚓關上。我發著抖跑去抽屜拿襪子，套在手上把螢幕粉碎的手機裝進夾鏈袋。我帶著他的清單把自己關在浴室，在浴墊上抱著膝蓋。夾鏈袋開始發亮，艾拉蕾打來了。我的手像襪子玩偶一樣在碎玻璃上滑了又滑，這樣的螢幕沒辦法接起電話。**可惡可惡可惡**。「喂？是！很好！你好嗎！」

通話結束後我躺了下來，襪子還在手上，我已經不認得現在的自己了。反覆無常、易怒，遇到敏感話題就會爆炸。我很快就會獨自飛往加州，盧卡斯則會繼續他的學業。我想像我們之間有一道愈來愈寬的鴻溝，我會漸漸崩壞，我們的感情也會垮掉。要是我回來後變得更不堪一擊、破壞力更強怎麼辦。

我十歲的時候參加過一個隔宿營隊，地點在一座長滿糖松的小山頂上。爸爸讓我帶他大學用過的羽絨睡袋，但它其實破了一個小洞。我醒來時，頭髮上有好多白色的小小鵝絨，到處都是，好像下過雪一樣。我沒有請營隊老師幫我修補，而是決定要等那天上美勞課時再拿膠帶。我撕下一段長長的膠帶，大約十五公分，用指尖拿著。美勞課後要去游泳，所以我把膠帶藏起來，讓它從一張長凳上垂下來，離背包、別人的腿和水都遠遠的。到了晚上，我小心地帶著這張飄來飄去的膠帶走上山丘，但它已經變得又濕又髒，沒辦法如我所願黏好。案發後的這幾個月，我就像帶著這條膠帶一樣，打算自己把所有事情都黏補起來，但這樣是不夠的，你需要把事情說出來，要把洞封起來、讓自己溫暖起來，不要再清理那些羽絨了。隔天，我同意接受心理治療。

我拖了這麼久才去似乎有點奇怪，畢竟我爸爸就是一位治療師。因為我還是極力否認這個案件對我帶來的影響，直到事實已經擺在眼前，我才願意跟它對話。

小時候，我對心理治療的理解就是在「帶小孩上班日」那天我都不能去，爸爸要忙著幫助離婚、婚姻有問題和酗酒的人。我以前以為爸爸是專看頭部外傷的醫生，如果你撞到頭，他就會給你ＯＫ繃，諸如此類。我也很好奇他為什麼都知道很多解決方法，他是不是有一本祕密手冊？「我不會告訴他們答案，我是引導他們。」

我們以前會在星期天早上到爸爸的辦公室待一下，我會幫他擦木頭書架上的灰塵，幫榕樹澆水，在人造庭園耙沙子，把他的黃色隔線筆記本疊好，餵魚。我喜歡藍綠色和粉紅色小石頭、銀色條紋小魚和鼓起的橘色臉頰。接著我就可以領取工資。如果有人靠在他的沙發上，就會有零錢從口袋掉出來，所以我會把手伸進坐墊縫隙，挖出一分錢的硬幣和口香糖。

我希望自己是一條魚，這樣就可以聽那些陌生人放心地跟我爸講祕密。他們可以在這一個小時裡安心地揭露內心世界和哭泣，說些在日常生活中不會說的話，等時間到了，他們會再振作起來，往忙碌的世界出發。

但在我的想像裡，會去他辦公室的人都跟我不一樣；他們是穿西裝打領帶的成年人，以及提著大包包、生性挑剔的女人，而我是那個餵魚的，從來不是坐在沙發上的。我打電話到「女性反性侵」組織（Women Organized Against Rape）跟一位治療師做了預約。那是一棟很高的建築，我在登記表單上潦草簽下難以辨識的姓名，不管在哪裡我都怕會被追蹤。黛比有一頭波浪棕髮和藍眼睛，這裡有乳白色的沙發、一群開花的小小仙人掌、樹枝圖案的掛毯，她的邊桌上有一些紙條。非常安靜，很放鬆，我會在這裡好起來的。

我得讓她認識艾蜜莉，得帶她到艾蜜莉被發現的那棵樹下。這是我第一次把手電筒交給一個人並對她說：「跟我來。」她跟著我，撥開樹枝，我把光照在艾蜜莉身上，治療師跟我一起察看。我告訴她我們有三個星期的時間可以讓艾蜜莉恢復，讓她做好準備。

向她訴說的過程非常慘烈，但之後我感覺輕盈了，好像我把一些重量留在那棟大樓裡，所以走在街上變得容易了。我買了一本紅色的小筆記本，寫下：「把故事說出來的感覺好多了。」我記得爸爸會在好市多買大包裝的面紙和廁所衛生紙，我跟蒂芬妮就會在購物車裡把它們堆成一個軟墊寶座。他買這麼多大概是因為那些人會不停哭泣，把東西給哭出來，就跟我一樣。

當治療師問我是否有發現強暴也影響了我生活的其他部分，我出於本能地搖搖頭。「重點就是，我把它跟我的生活完全分開，我這麼做是有原因的。」她沒有回應，我們兩個在沉默中坐了一陣子。有時候我在想這番話是不是會對辯方有利，若他問：「所以你一點都沒有受到影響嗎？」我想要回答「沒有」。我把手壓在屁股底下，「也許吧，我有注意到一點。憤怒，我有注意到。平常變得更緊張了吧我想，我幾乎每天都穿這件。」我舉起手臂，盧卡斯夾克的黑色袖子比我的手還長，看起來像空心壽司。我訴說時才發現，性侵已經從外部進入到核心了。

我開始大肆抱怨別人對我說過最難聽的話，以及我從留言裡記下的批判。「他們認為，他們告訴我，我不該……」我說了一堆。她說：「請問有人當面跟你說過這些話嗎？」我抿著嘴唇想了一下，然後搖搖頭。「沒有，一次也沒有。」我從來沒想過，原來我把網路上陌生人的意見和現實中的人看得同等重要，這真是醍醐灌頂。我從來沒有真的從別人口中聽過那些傷人的話；當我把這件事告訴別人，他們會先陷入沉默，面露哀傷，接著就是眼淚與擁抱。我開始會分辨真實生活和網路上的遭遇了。我會在洗碗的時候和睡覺前在腦中重複這樣的真言：

我沒有做錯。
我很堅強。
我有話語權。
我說真話。

✦ · ✦

艾拉蕾打來，九月二十七日的聽證會取消了，改為十月五日。我在第一時間就說「沒問題」，也沒有先看一眼我的行事曆，這讓我有點哀傷。過去的一個月裡，我沒有任何安排，治療只佔每個星期的一小部分。隨便選一天吧，我已經為你把時間排開了。「太好了，」她說，「可以請你跟妹妹說改期了嗎？」我通常都是第一個被通知的，我也是要負責通知蒂芬妮的人。我拿著手機坐在床上，對一個正常的生活來說，改期意味著動亂與崩塌，她已經重新排好最近一次的期末考，她現在有六門課和兩份工作，我好怕打這通電話。「對不起。」我說。

接著是一陣好長的沉默。「可是我已經重新安排所有事情了，」她說，「我沒辦法一直找理由。」我聽見了她聲音裡的緊繃，壓力在蔓延，變成了「我沒辦法，我沒辦法」，也聽見所有事情都塞滿她的腦袋，變成「可是我已經」。

「他們會理解的。」我說，「我來跟他們說，我會幫你安排。你可以辭掉其中一份工作，我會幫你讀資料，我們會把事情都搞定的。」但她說不要不要，她自己可以搞定。我聽得出來她在退縮，愈來愈安靜。「我沒事，」她說，「我不想再講了，我得掛了。」

「我會補償你。」我說，她同時掛上電話。

我知道她曾經有幾次到教室外的走廊上踱步，沒辦法讓自己平靜下來回到教室；我知道她曾經推掉朋友的約，去警察局指認可能的嫌疑犯；她也放棄過演唱會門票、錯過生日會和補考。知道這些最讓我痛心，我的人生為她的人生蒙上了一層陰影，彷彿我的人生更為重要；不近人情的司法體制把人生的片段一片片拔除。一分鐘後妹妹回電了，「我只是想確認你知道我不是在生你的氣，是這個狀況的問題。我不是故意吼你的，我會有辦法的，好嗎？」我眨眨濕潤的眼睛，含著淚水，點點頭，我都懂。我知道挫折感無從宣洩是什麼感覺，是如何影響著我們，讓我們傷害彼此，也讓所有人感到迷茫。

我已經為十月五日做好了準備。搭飛機的前一天晚上我已經把小行李箱裝好放在門邊了，我在紅色筆記本裡寫了很多安定技巧和鼓勵的話：「你比曾經傷害你的人更有力量」、「感受與反應並不是糟糕的事」、「即使你還感覺不到，你也比你以為的還要堅強」。我也準備了在飛機上穿的柔軟長褲和乾淨襪子。我穿著法蘭絨睡衣站在廚房裡用剪刀修剪盆景樹，這是我買來裝飾盧卡斯的公寓的。我的手機在晚上十一點響起。

「很抱歉，聽證會延期了。」我的檢察官說，「明天別上飛機。」我拿著手機不發一語，看著門口的行李箱，怒氣脹滿。我想像自己把行李箱拖回房間，拉開拉鍊讓它吐氣；想像自己花時間把衣服放回抽屜，把化妝品拿回浴室，再到床上蜷起身子，醒來迎接無所事事的一天，繼續等待要打包的通知。為上法院做準備已經成為我唯一的生活目標，而現在我的動力全消。她說他們會支付我第一次飛回去的費用，所以要我等時間到了再買機票。我付不起這筆錢。

「我要回家。」我說，我告訴她我會一直待在帕羅奧圖直到聽證會開始。「好吧，」她說，「我再告訴你最新消息，記得告訴你妹妹暫時取消了。」那天晚上我沒有打給蒂芬妮，我要再等幾天，等收到最後的確認後再重新安排她的人生。我不想再製造她的麻煩。

✦ · ✦

我爸媽的房子是一間沐浴在陽光下的庇護所，一層樓，舊木屋，兩個磚造煙囪，建於七〇年代，漆成了煙燻鮭魚粉，有一條龜裂的水泥車道。前院有火山石、小香蕉樹，還有爸爸種的大棕櫚葉跟薰衣草。我們的門上有一排小釘子可以掛聖誕燈飾，我們一年到頭都掛著。但當我走出車外，我討厭這裡的街坊、討厭陽光，時光彷彿沒有流逝，綠色的葉子也從未改變。我討厭那些棕櫚樹，太有活力了。我想念費城凌亂的街道，大家的生活交織在一起，擁擠的電梯、揮到我腿上的購物袋，還有公車的煙霧，跟清真熟食推車用軟綿綿餐盒裝的紅色雞肉和白色抹醬。這裡的街道是空的，公園是空的，家裡也是空的，我討厭這樣。

我去找外公，他就住在附近。他不知道性侵的事，媽媽說要是他知道的話會傷心過度。他在我四歲的時候來到美國幫忙照顧我跟小蒂，有次我看見他在我房間用兩隻手把我的枕頭壓扁。「不好。」他說。接下來我們就出現在店裡，他壓遍了所有枕頭後終於找到一個比較結實的，讓我的脖子可以有更好的支撐。他說「Chanel」的發音聽起來就像「小鳥」，他以前都用手拿食物把我跟妹妹當成小鳥一樣地餵，每當我回到帕羅奧圖，我的第一餐就是他做的菜。

我坐在鋪了中文報紙的茶几前，用免費的日曆當餐墊。我吃了幾碗，然後幫他翻譯信件。手機響了，聽證會如期舉行。艾拉蕾說如果我有空的話可以過去看看。於是我把吃完的碗扔進水槽，擁抱他，衝向我的車。

法庭很小，比我預期的小很多，陰暗狹窄又有霉味。自然光高高地從天花板上發霉的方窗照射進來。角落有面枯萎的旗幟，從不飄揚，只是掛著，永遠維持著皺摺。這裡的一切都停滯沉悶，空氣彷彿已經存放了好幾年。我會從後方的門進入，像新娘一樣走在走道上。我走向證人席的時候大家都會盯著我的背看，我不喜歡這樣暴露弱點的時刻，我比較想要從大家的前方出現，像給人驚喜那樣。法官會坐在我的左手邊，居高臨下，是這個鳥巢裡的大鳥。檢察官會站在我面前的發言台上，我會直接面對她。

「你會坐在這裡，來感受一下。布羅克會坐在那裡。」她指向一張在我的席位附近的椅子。我點點頭，但這一切都難以想像，這些座位很快就會出現許多人影。她向我說明幾個重點：我要先進行證人宣誓；發言務必大聲清楚；我不能以點頭作為回應，要說出可供聽辨的「是」；若要提出抗議，我要等待法官批准後才能再度發言；僅針對問題直接回答；可以哭，但請避免過度情緒化；我的倡導專員會坐在證人席旁的椅子上，但作證時她不能跟我說話；我會被要求指認布羅克；他們在法庭上會使用我的名，以「無名香奈兒」作為我的全名；別把辯護律師的質問當作是在針對你，他提的問題可以讓她了解他的視角，從中為審判做準備；你必須講述事實。

我都聽見了，但我大部分的注意力都在布羅克和他的律師要坐的椅子上。我感覺喉嚨很緊，好像只要我再多眨幾次眼他們就會憑空出現。她說即使他的辯護律師在跟我說話我也不用看著他，我可以望向旁聽席，固定看著一位朋友。但我知道，我不會有朋友來。

克萊兒人在法國；蒂芬妮是相關證人，所以不能進來；媽媽會來法院，但我不讓她進來看，因為我知道我會為了保護她而轉移注意力。我怕我會因為不想讓她受傷而有所保留，無法揭露所有真相。我會自己一個人面對。

艾拉蕾交給我一個牛皮紙文件夾，裝滿了我在醫院和警察局的訊問逐字稿。「你不用把這當成考試來準備，」她說，「只是要喚醒一下你的記憶。」法庭記錄員進來向我介紹自己；她短髮，帶著一副銳利眼鏡，走路的樣子很從容，彷彿這裡由她管理。她會坐在法官旁邊的辦公桌前。「別怕，」她微笑說，並把眼鏡拉下讓我看見她的眼睛，「如果你覺得緊張就看著我。」她對我眨了一下眼睛。

有些東西我並不陌生。十八歲時我修了一門富爾貝克教授的口語表演課。每次表演之前，我們會到現場確認燈光、舞台，測試麥克風。日常生活中的我很害羞，但台上的我就不一樣了。當我站上去，我就變成了另一個人。

大一時，有個同學跟我說她睡覺醒來發現有個男的正在跟她性交，她在半夢半醒之間失去了第一次。她說這就是她那幾週都沒去上課的原因，但沒關係，她聳聳肩。不到一個星期，我寫了一首名為《好女孩》的口語詩（spoken word）：「我厭倦了當一個乖巧的人、一個好人，在這樣的生活裡，一個晚上不戴維持器就算叛逆。我想要激怒別人、樹立敵人、變得有點墮落，我想要比賤女人更賤，我想要跟像屎一樣的男人上床。」唸到這裡，大家會隨著這首詩的高漲情緒拍手大笑，被引發笑點的字句逗樂，直到我唸出這句：「敬那位把鳥塞進我朋友身體裡的鳥人。」瞬間沉默。

「你是不是因為鳥比尺還要短而感到自卑，所以把她灌醉灌暈好讓你可以得寸進尺？因為你搖來晃去的鳥覺得你的手長太醜，你的香腸鳥需要同伴，所以你讓她落單，放進你的鳥。你玷汙了她，她墮落了，但你才是比孩童戲水池還要沒深度的人，我可憐你缺乏自尊心，可憐你——」我滔滔不絕地講，用眼神和每一位觀眾接觸。

「我會讓你抱著你的鳥蛋痛哭，罵我尖酸刻薄，我就是要用這種方式痛擊你花生米大的鳥，再給它最後一擊……開槍打爆它。」觀眾都瘋了，用力跺腳呼喊。當我以《好女孩》參加尬詩擂台（poetry slam），評審舉起了十分的牌子。我爸媽目瞪口呆，但非常贊同。每次表演這首詩我都希望那個人在看。

寫詩和表演很簡單，因為那時我在跟初戀男友交往，心中很有安全感而充滿力量，性對我來說是美好的，而這首詩是為朋友寫的，不是為我，我可以運用花俏的文字遊戲和語速，用言語痛擊一個混蛋來博得滿堂彩。現在，我就是那個在昏迷中被性侵的人，我卻開不了口。在空蕩的法庭裡，我坐在麥克風前面，只是點點頭，想起了年輕的自己。那個大膽、在台上步伐豪邁的人，不曉得她去了哪裡。

蒂芬妮在聽證會前一天晚上開車回到家，在帕羅奧圖待不到二十四小時就要再趕回去上課。她不認識艾拉蕾也沒有去過法院，很奇怪，我跟她都在同樣的程序中飽受折磨，卻沒有人關照她或幫她準備。我認為出庭作證對她來說更加煎熬，因為她都記得，她要在布羅克的目光下描述他所做的事情。除此之外，她還有學校的作業，隔天早上還要去上課，彷彿從沒經歷過法院的這一天。

「我們該穿什麼呢？」她說。我們在Google搜尋「女性法庭衣著」，看到身材高眺的女生手插著腰，一頭長捲髮，腿細得像竹竿，穿著鉛筆裙和尖頭高跟鞋的圖片。「我們怎麼可能穿成這樣。」天黑了，我們在連鎖百貨公司光亮的白色地板上徘徊。我傳訊息給倡導專員詢問意見，「舒適、有禮貌的衣服。」懂了。妹妹穿了一件上面有小小兵的大襯衫走出試衣間，沒穿褲子。「如果我穿這件他們會怎樣？」「認真點，蒂芬妮。」我說，接著我穿上一件有鑽石裝飾的七分褲、遮陽帽，和一件有「祝福」字樣的上衣。

打烊的廣播響起，我們結束遊戲，往商業休閒服飾區走去，手臂因為拿了愈來愈多的大地色系針織衫而變得沉重。她換了一件紅褐色圓領衫，衣襬前短後長。「你是要去作證，還是要在小孩的義大利麵募款餐會上致詞？」我們換上花朵有扣襯衫，變成了品味過時的祕書。「可惡，珍妮，你幫我傳真W9表格了嗎？」最後我終於找到了，那是一件顏色像過期牛奶的針織衫，柔軟又沉靜，艾蜜莉的新制服。我看起來像是會借你鉛筆的人。妹妹點頭贊同。

天黑了，該去讀逐字稿了。我們帶著各自的文件坐在餐桌兩端，我聽見爸爸對媽媽說：「女兒們都在這你應該很開心吧？」我是真的很感激能有這臨時的家庭團聚；然而，讓我們聚在這裡的原因正一步步逼近。我們在沉重的靜默中閱讀，偶爾發出一點翻頁的聲音。我跟蒂芬妮不能針對案件討論，這是我們很早就知道的其中一項重要規定。如果我們的認知太過相近，就會被指控串謀。不過，她在這裡對我來說就是一份禮物，讓我願意再去經歷一次那個晚上。

當我研讀著這些紀錄，那些感覺便開始一點一滴出現。閱讀每一行字就像待在一間慢慢注水的房間裡，水面不斷上升上升，只剩下一個剛好能呼吸的空隙，在水面和天花板之間的一層空氣。就在我以為要沉下去時，水停下來了，我知道我不會再被淹沒了。那些都是過去，性侵只在這些紙張裡，水面開始下降了。

我保持專注，打字做筆記，把我的認知照順序記下來。我讓細節深深印在腦海裡，直到我能夠將那晚從決定要參加派對的那一刻，到離開醫院的那一刻，從頭到尾和從尾到頭在十五分鐘內陳述完畢。「我好緊張。」妹妹說。「沒關係的。」我說。

「如果你緊張的話，可以看著那位法庭記錄員，她有特別對我眨眼。他們不會要你記得每一件事，都十個月了！我們只要說實話就好了，很簡單。大家一定會覺得，哇，她真是個天使，但那傢伙陰沉得跟什麼一樣。而且我們花了七十塊買衣服，所以更要讓這筆錢花得有代價啊。不用害怕，我們沒什麼好隱瞞的。」

我說的都是真的，我感覺得到。現在她露出笑容了。我讓她繼續看筆記，我走回房間，開始掉眼淚。有件事我沒有說，「我也很緊張，不曉得到時候會發生什麼事。」

那道塑膠安檢門是個傳送口，通往一個陌生的世界。安全人員護送媽媽、蒂芬妮和我到小小的被害人密室，裡面有一張像是用耳屎雕刻出來的髒兮兮黃色沙發。金屬桌腳的書桌上疊了破損的過期雜誌，沒蓋蓋子的乾掉麥克筆裝在不乾淨的袋子裡，一堆布滿灰塵的家暴手冊，護貝的紅色海報上以黃色粗體字寫著：「在少年觸法審理程序中，應公平對待被害人，尊重其隱私及尊嚴，使其免於恐嚇、騷擾和虐待。」這裡還有遭遺落的小孩塗鴉，上面畫了一顆心，一團擁擠的字寫著：「因為我很害怕。」媽媽在這個髒亂空間裡顯得不太自在，似乎想做點什麼，所以去附近的咖啡店幫我們買熱牛奶、餅乾和切好的香瓜。

安妮正在路上，她是茱莉亞的媽媽，她說她會在法庭旁聽，是我現場唯一的支持者。這個學期茱莉亞在國外，我後來得知，她回到史丹佛後只要夜晚走過兄弟會，就會恐慌症發作，狀況持續了兩年。

我們在等待時，我的倡導專員布莉來了，我發現她剪了頭髮。跟她聊聊新髮型很開心，彷彿我們就跟朋友沒兩樣，不是基督教女青年會派她來跟我並肩作戰的。她發現我有些不安的動作，她告訴我可以把腳底用力壓向地面，這是一種安定技巧。她從包包裡拿出一個玩具，是一隻亮藍色的臘腸狗娃娃，它的毛就像橡膠做的義大利麵。「讓你帶個東西抓著應該會有點幫助。」她說。我把它拉長、甩來甩去。妹妹則是得到一個軟骷髏頭。

等他們準備好，艾拉蕾就會來帶我進去。一個小時過去了，原本冒煙的牛奶也冷卻了。敲門聲響起，妹妹捏了我的手。我在走廊上跟著布莉和艾拉蕾，我宣誓的時候要舉左手還是右手？要是我什麼都不記得怎麼辦？我的褲子拉鍊拉上了嗎？我看起來還好嗎？我開始踱步，呼吸變得大聲，我知道自己發出了噪音，也對無法掩蓋我的慌張感到難為情，但我想，沉重的呼吸總比昏過去好。「你看一下。」她說。我從門上的方窗掃視裡面，看見旁聽席上少少的人，以及他的後腦勺。我僵住了，視線停留在他裸露的脖子上。我想要好好抓住我最後可以躲著的機會，但艾拉蕾把門拉開了，除了走進去之外，沒有別的辦法了。

「現在傳喚第一位證人，無名香奈兒。」我走進去時大家紛紛轉頭，我不知道該看哪裡。我把藍色臘腸狗拿到左手，舉起右手來宣誓。我說：「我願意。」我以為我第一次說這三個字的時候是在自己的婚禮上，而不是審理強暴案的法庭上。我感覺大家認真地注視我，不知道他們會不會因為我是亞洲人而感到驚訝，不知道我看起來像女孩還是女人，不知道我是不是看起來很普通，沒有他們以為的漂亮，為什麼他不選一個漂亮點的，停，你在想什麼，安靜點。我走向證人席，我想要一直走下去，但當我碰觸到椅背，便坐下來面向前方，我上場了。

他們要我放輕鬆，我不太理解那是什麼意思。我試著抬起椅子往前挪，慢慢前進了三四公分，每個人都在看。艾拉蕾提醒我說話要清楚大聲，我用顫抖的手調整細細的麥克風架，讓它對準自己。我聽見有人在清喉嚨。布莉坐在我右邊的椅子上，跟我一同面對旁聽席。來聽的人很少，但這幾個人就足以讓我焦慮，我好奇他們是誰，又為什麼會來這裡。我發現金警探就在艾拉蕾旁邊，是張熟悉的臉孔，我感到有點安慰。

在我左邊的視線邊緣，布羅克是一團影子。我把視線放在艾拉蕾的臉上，讓她周圍的東西都模糊不見。她站在發言台後面對我微笑，那是鼓勵孩子跨出第一步的母親臉上也有的笑容，而我也盡力微笑回應。

「麻煩告訴我們你的名字並拼出來。」

「香奈兒，」我回答，「香水的香，能奈的奈，女兒的兒。」這種感覺就像一刀剪下一大把頭髮，瞬間失去，無法逆轉。我的名字不再是我的了，它成了一個得仰賴法庭裡所有人保護的祕密。我沒有時間多加思索，我們繼續講到我的年齡、學歷和居住地。我說到傍晚時分的阿拉斯特拉德羅保護區、蒂芬妮和茱莉亞、墨西哥餐廳、我的雞肉餅、因為太辣而喝水、回家、爸爸的晚餐。「除了快炒、花椰菜和墨西哥餅以外，那天你還有吃其他東西嗎？」「沒有。」我回答並停頓了一下，「嗯，那天、那天剩下的我就不記得了。」十個月前的那天我應該有吃午餐，但我吃了什麼呢？

她問我為什麼會去史丹佛，我說我去兄弟會的派對跟茱莉亞碰面。「那天晚上就是這樣，但如果她們說去吃冷凍優格吧，我也會——那是在史丹佛國際社旁邊的另一個派對，我也會去。我並沒有去兄弟會派對的動機。」有個男人的聲音從我左邊冒出來。「庭上，我要聲請刪除最後大約三分之二或四分之三的回答。這個問題一開始就回答完了。」

我望過去。那位辯護律師坐在椅子上，國字臉、白髮、黑西裝，身體前傾看著他的筆記，發言時彷彿把我當空氣。法官回應他：「好，我會刪除回答的最後兩句，非針對問題所做的回答。」我看著我的話像小鳥一樣在天上中槍墜落，我沒想到他有權可以不動一根手指就消除我的證詞。最讓我不舒服的是，他竟然對冷凍優格那句話提出抗議。要是我們講到了重點，又會發生什麼事呢？

艾拉蕾繼續問我有關去兄弟會的決定，他也一次又一次地削掉我的句子。「好，同意刪除。」我像一隻戴了電擊項圈的狗，遙控器在辯方手裡，每次開口我就被電擊，再帶著困惑轉頭看他。我開始小心翼翼不要越線，希望我的回答不會被刪掉。他在教我要對自由發言感到恐懼。

艾拉蕾把問題分割，好讓我可以多表達一些。「你是否想去參加兄弟會的派對？」「不。」我說，不敢再多說一個字。「為什麼呢？」闡述的機會來了。「我有什麼理由要去兄弟會派對？」我對自己的惱怒感到驚訝。「我沒有去兄弟會派對和認識任何人的動機。」要完整表達一件事究竟有多難？我們總算找到一個不錯的節奏，讓話語一來一往。沒多久，那天晚上的每一個細節都生動了起來。法庭消失了，我開始看見廚房裡磨損的油氈地板、黑色邊框的時鐘、藍黃細紋的壁紙。當我被問到喝了什麼東西，我便看見玻璃瓶裡的紅褐色液體和木質料理台上的馬克杯。當被問到是哪一種威士忌，我便瞇起眼睛，彷彿可以調整記憶的焦距好閱讀標示。走下樓、一疊疊紅色杯子、大木桌、灑出來的果汁、萬頭攢動的地下室、人群從玻璃滑門湧向後方、蹲在樹林裡、避免濺到鞋子上、回到水泥露台柔和的喧譁聲中，一幕一幕又一幕。

我對這種嚴肅的提問方式感到很震驚，彷彿回憶每一個微不足道的細節、把隨意喝酒的模糊地帶整理成飲酒時序表、記錄從這一口到下一口的時間都是很正常的。時間以分鐘為單位被剖析、距離以公尺為單位、飲料以毫升為單位；開車到那裡要多久（七分鐘）、我們幾點抵達（十一點十五分）、我跟誰一起、我們在哪裡下車、我們有沒有去其他派對、有多少人在那裡（六十人，二十分鐘後變成一百人）、我們在室外距離多遠的地方上廁所（十四公尺）。我肯定的答案近乎是笑話，怎麼有人能這麼確定呢？她斷奏式的提問和我腦袋持續不斷的思考讓我筋疲力盡，沒注意到我們正往我最後的記憶一步步靠近。我看見我手裡拿著啤酒，微笑著，肩膀放鬆地搖曳。我看見蒂芬妮，旁邊有她的一兩位朋友，我一直注視著她們，想著我好懷念大學，但又不是真的懷念，就算我能回去，一切也都不一樣了。我看見蒂芬妮在這片美好之中跑來跑去，為這個我也參與其中的夜晚感到高興。

「接下來發生了什麼事？」

我腦海中的小電影停止了，音樂彷彿不曾存在，入口處燈光下的人群也消失了。黑暗，只有黑暗。我看著她，一陣無聲的恐慌，一個眨眼，我沒有答案。她本來托著我的肚子讓我在水面踢水，現在她放手了，看著我滑進水裡。「我在醫院醒來。」當我說完這幾個字，我的頭往前點，思緒散落一地。她繼續問我，但我沒有回答。在逐字稿裡，法庭記錄員只打了：（搖頭）。

我聽見一個聲音，長長的哭嚎，尖銳的喘氣聲，一陣一陣。聲音愈來愈大，我停不下來。我希望有人來握住我的肩膀，但我想到沒有人會走過來。一堆陌生人坐著不動，而我對著空氣大哭。我犯了一個嚴重的錯誤，把我愛的人留在這扇門外。我雙手摀著臉，閉緊雙眼。只要我看不見別人，他們也就看不見我。

法官：「你需要先休庭嗎？」

檢察官：「是的。」

法官：「我們暫時休庭，我將退席。謝謝。」

檢察官：「噢，這裡有杯子。」

紊亂的腳步聲在靜默中響起，彷彿在說：「關掉吧，她失聯了。」我想像停留在我身上的所有視線都斷開，像線一樣被喀嚓剪斷。我聽見法官走下他的席位，聽見檢察官的高跟鞋離我愈來愈近、我席位上的保麗龍杯注入水的聲音。我還是摀著臉，藍色臘腸狗被我壓在臉頰上。布莉扶我站起來，帶我走出法庭大門，穿過走廊走進廁所。

廁所的門關上，終於安靜了下來。「太難了。」我說，聲音好小好微弱。事情不應該是這樣的。剛才大家面前的那個我讓我感到丟臉，她把自己喝到全身癱軟，現在又在麥克風前哭哭啼啼。

艾拉蕾觸碰到了脆弱的核心，那裡很模糊，正在跳動，是那天晚上到隔天早晨之間遺失的記憶。她會繼續繞著這個核心，知道該何時切入以及如何切入，因為若是太過突然，我就會情緒失控，一次又一次，我很肯定。我想像她漸漸挫折的樣子，「這隊友真弱。」我的信心愈來愈低落。

「你很棒。」布莉說。我望著她，她在微笑，笑裡沒有同情，但有一種近似欽佩的東西。她拿著一疊擦手紙，看起來滿懷希望，剛才的事情彷彿鼓舞了她，走到這一步對她來說是有某種意義的。但我只感到疲累，臉頰上有脫妝的灰黑色痕跡。也許在這種狀況下，這已是很棒的模樣。

我很驚訝我的腳會自己行走，讓我跟在布莉身後進入法庭大門。她在我右手邊入座，我們好像剛從某個神祕俱樂部回來，而我很棒。這句話就跟她的存在一樣真實。

我們再度開始，艾拉蕾回到我站在露台的最後記憶，繼續碰觸那個脆弱的核心。「可以請你敘述你剛醒來時的感覺嗎？」她凝視著我。我沒辦法描述那樣的感覺，我不知道有多少經歷過這些的被害人可以做到。我認為那時我還在甦醒的過程當中，但我知道我得給出確切的答案才能繼續往下，所以我試著去做。

我邊哭邊敘述血跡、內衣、不見了，我的表情扭曲，胸口上下起伏。我的回答伴隨著呼吸聲，我覺得自己好醜，把自己弄得一團糟；但在這些底下，我聽見了快速打字的聲音，法庭記錄員的雙手正在帶著我走，按鍵正在邁出小小的步伐，往前跑，我們正在前進。「你需要喘口氣嗎？深呼吸。好。可以請你描述，是只有一根松針嗎，你的頭髮裡有多少松針？」推進再推進，每一個細節，每一個感覺。「護士是否有檢查你的生殖器？檢查是否具有一定的侵入性？」

我在這裡停頓了下來，靜靜坐著，用手抹抹臉。我講太多會讓大家都不舒服，但她問了，為什麼我要對別人在我身上做的事情感到羞愧呢？「她們塞了一個塑膠鴨嘴器進來，」我說，「在肛門裡塞了棉花棒。她們把我的陰道塗成藍色，我想是要看有沒有擦傷。她們讓我把腿張開，對我拍照，照我赤裸的樣子。所以，是的。」

我感覺輕盈了一點。我將事實理直氣壯地陳述了出來，在那一刻掌握了力量，讓在場男性坐立不安，紛紛往下看。我想對麥克風再說一次「肛門」。我已經不在意我的坐姿了，我的頭髮也從髮夾脫落，筋疲力盡。我們應該快結束了。

「香奈兒，我要請你看一下證物，並告訴我你是否認得照片裡的東西。」照片？這起性侵對我來說一直是由別人的敘述所構築起來的場景。她在桌上的幾張大照片裡找了找，我瞥見了我裸露的手腕和腳踝，照片被摺了起來。她拿起一張照片向我走來，當時的場景被框在四方形裡，遞了過來，我下意識地往後躲。

整張照片都是明亮的紅褐色，呈現出密集交織的感覺。我仔細看了一下，發現那是數不清的松針，裡面有一件小小皺皺的白色布料和一個藍色手機殼，是我掉在現場的兩樣小東西。所以這就是我被發現的地方。

在那一刻之前，我都盡量保持人在現場但情緒抽離的狀態，盡量把左手邊的金髮男生當成陌生人。那個在醫院感到困惑的早晨和頭髮裡難清的松針，是我僅知的事實，但現在一幕幕都串起來了，我黑色的記憶片段充滿了這個明亮的紅褐色。陌生人會在那張照片裡看見白色布料，而我看見的是我的內褲，若你看得夠仔細，就會看見褪色的小黑圓點和褲口鬆脫的線。被害人就是你。這代表我曾經在某個時間點出現在那裡，而那個穿著西裝、坐在離我沒幾公尺遠的人，他的手曾經在我赤裸的髖部游移，那時我被他的重量壓得動彈不得，頭髮拖在地上，他的手壓在我露出的乳頭上，他的嘴在我的脖子上張開。他正在打開我的腿，用手指鑽進我身體。這事實太過巨大，擴展得太快了，恐慌來襲。我看著那張照片，現在完全意識到了他的存在。

艾拉蕾將照片拿走，換了另外一張。這張是我手機螢幕截圖的放大照片，上面有九通妹妹打的未接來電。下一張，盧卡斯的訊息截圖：「叫蒂芬妮照顧你，拜託，我很擔心你，寶貝。」這是他們慌張的證據。我的手臂緊緊夾著，臉上的淚已乾，下巴在顫抖。「香奈兒，」我聽見我的名字，「你是否曾經想跟法庭上的誰約炮？」我抬頭直直地看著他，在他低頭看大腿的時候望著他的頭頂。他是真實的，真的是他。我想確定他有在聽，把你的頭抬起來！

「沒有。」

這兩個字激起了一陣沉默的漣漪。我的思緒變得清晰，所有的疑問都消失無蹤。「法庭上有哪個人是你可能約過炮的對象嗎？」他不願看我的樣子清楚地表示我們兩個都知道這個問題的答案。

「沒有。」

舌尖上的這兩個字感覺像是養分，是一種新的滋味。我希望這兩個字像種子一樣掉進他的耳朵，在他的腸子裡發芽長大，推向他的肺、他的心，從裡到外讓他窒息，直到將他征服，從他的鈕扣襯衫爆發出來。

檢察官露出微笑並對我點頭，在她的發言台上用文件輕敲桌面。「我沒有話要問了。」她說。我完成了第一部分，疲勞似乎把我的恐懼都趕走了。我已經學會要對辯護人感到害怕，也聽說他很有名望、很傑出，是數一數二的律師；但我在等他整理文件時，卻發現他其實年紀滿大的，也許已經是個爺爺了。我想像他低手丟棒球的樣子。看著他起身，我才感覺到些許不安，他的臉自然地下垂成皺眉的表情，這時我才想起，他是來把我大卸八塊的。

「早安，香奈兒。」他微笑說，但我認為真正的微笑應該要持續一秒以上，而他的笑容消失得太快了。儘管如此，我還是以溫暖的笑容回應，為他示範微笑的樣子。「我要問你一些問題，主要是根據你剛才被問過的問題，在此說明一下。」他說。他有種輕鬆的感覺，彷彿這是友善的對話，我們正在一起散步。但這虛偽的禮貌跟沒來由的客套讓我不太高興。

他一樣從墨西哥餐廳開始問起。現在回想起來，要是我知道會有這麼多關於墨西哥餐廳的問題，我那天就不會去了。「你在回家前去了一間墨西哥餐廳吃晚餐，對嗎？你就是在那裡吃了一個墨西哥餅？你沒有喝東西，沒有喝水、可樂或任何東西？」他從筆記抬起頭，用類似斜眼的方式看我，接著點點頭再度回到他的筆記，似乎在確認些什麼。他的質問方式令人意外，有很長的停頓，他會慢慢來回翻記事本，在上面寫字，讓我們等待。我原以為這會是一場連珠砲般的反詰問，但他似乎花很多時間仔細推敲我的每一個字，並加以評估。我在這些長時間的沉默中感到愈來愈不自在，我繼續盯著他看。

他的問題跟檢察官的問題如出一轍，重複著所有我們講過的事情，像這樣：快炒，你剛才說，威士忌，自己拿，花椰菜？誰準備的，用什麼喝，你就是在那裡，四小杯，半小時？是嗎？酒？整個過程？跟你妹妹，相信你，幾小杯，香檳，我相信，所以是多少，她是不是也，攝取，大概？派對？之前？你說？她沒有？你們兩個是不是？多少？在什麼時候？你說什麼？史丹佛？同時？大約？或是跟她？跟誰？你什麼時候？你看見？不是什麼厲害的攻勢，卻在我身上戳了好多小洞。我繼續讓他在每次抬頭時都可以看見我在看他，讓他知道我會跟他一起走過每一步，即使他讓這件事變得愈來愈困難。他的問題跟事情的順序愈來愈不一樣，跟艾拉蕾的不同，讓我很難在腦海裡產生畫面，並看圖說故事。「你喝下倒在第一排跟第二排之間的紅色杯子裡的酒時，那是在你去外面上廁所之前還是之後？」「你提到那天去史丹佛和卡帕阿爾法時，穿的是一件米色針織外套，對嗎？那是一件針織衫？」他是在問我針織外套算不算針織衫嗎？他認真地檢視這些無關緊要的問題，好像它們具有某種重要性，弄得我七上八下。他問我有沒有在派對上唱歌，考我大塑膠瓶裝的酒類容量是多少。「在你的證詞裡，我想你描述的動作是站在一張放在桌上的椅子，自己跳舞？」聽到這個問題，我露出微笑，想像桌椅疊在一起，我的頭擦過天花板的樣子。「放在桌上的椅子？」我說。「是啊，」他說，「我弄錯了嗎？」他看著我，表情嚴肅。「站在椅子上，」我說，「地板上的。」我等他記下來。「其他人都站在桌子上。」

「好，」他說，「所以你就站在一張椅子上？你在醫院的時候，沒發現身上有受傷，對吧？」我差點就要說「對」，但我發現我並沒有那樣說過。為什麼他講得好像我有說過一樣呢？他天衣無縫地從疊起來的桌椅轉換到身上的傷，用同樣的語氣和步調，我突然想著自己是不是搞錯了，對他簡單的問題太過鬆懈。我用乾掉的血跡回答他，但他很快就反駁了這點，認為是打點滴造成的。「除此之外，你沒注意到身上有任何傷吧？」他把肯定句偽裝成問題，你沒注意到，你沒注意到，他在逼我。「還有脖子上的抓傷。」我說。他馬上回咬：「那是你唯一注意到的傷，對吧？」「對。」我說。他得到他想要的了。我感覺他把答案推到我面前，把它包裝成我會同意的樣子，讓這一切順利進行下去。

一段記憶接著浮現，是我站在家裡浴室的鏡子前，轉身脫下長褲時露出了屁股上的紅印。當下我很快就穿回褲子，然後洗手，彷彿有紅印沾到手上。這幾個月我都沒想起這件事，現在它自己浮現了，記憶鬆綁。但我該怎麼解釋呢？我壓抑的記憶冒出來了？我已經說了「對」，為自己沒有受傷提供了證詞，並留下永遠的紀錄。同時我正被 shotgun 灌酒法的問題弄得七葷八素，像是「如果有人用鑰匙在啤酒罐上打洞，他是用真的鑰匙嗎，是鑰匙圈上的鑰匙嗎？」。

結束來得很突然。他坐下來，我自由了。我自由了嗎？我望向艾拉蕾，彷彿在問她，如果我現在走出去，是不是沒有人會攔我？我一見她點頭便迅速離開。我回到被害人密室時，發現兩件事情。首先，臘腸狗亂纏在一起，我驚覺自己差點把這位小小朋友給弄死，於是輕輕把它整理好。接著，我看見我雙手大拇指跟食指之間的皮膚上有又深又紅的彎月形印子，一路延伸到手腕；雖然我的上半身保持不動，但為了宣洩緊繃的情緒，我的指甲嵌進了皮膚，刺進手心和前臂的肉裡。這個在法庭上出現的習慣從沒消失過，現在每當我努力思考或處於壓力之下，我的手就會不自覺緊縮起來，把自己給抓痛。到了晚上，手和前臂都會發疼，我會幻想把那裡的皮給剝開，把裡面又熱又黏的痛苦都挖出來，直到手臂和手指變得又軟又空。

我結束了，但妹妹還沒。她朋友伊麗莎白已經抵達，會進法庭看她。蒂芬妮打算整場都看著她，即使在艾拉蕾提問時也一樣。她不覺得有需要以目光壓制辯護人，把這當作一種自救和重拾自我的方法，她只想要撐過去。我很愛她這點，總是知道自己要什麼，讓自己被正面的力量包圍。想像她們安住在對方的凝視中，並忽視所有說話的人，我感到很溫馨。

當她們兩個走回來，我第一個注意到的是她們的眼神變得呆滯、毫無反應，這讓我明白了一切。我想起去接茱莉亞的那天晚上，我看見她拿著筆記站在那裡，茫然又消沉。蒂芬妮該開車回學校了，我告訴她，「我跟你一起去。」我擔心我們分開後會出事，好像我們是無法正確癒合的傷口。我本來沒有計畫去南加州，也不確定要怎麼回來，我只知道我必須坐上副駕駛座。我跟媽媽說，我一回來就會去找她跟爸爸。

很少有什麼事會讓我跟蒂芬妮笑不出來。我跟第一任男友爭吵的時候，蒂芬妮就會在她房裡大聲播放肥皂劇的配樂，所以只要我們一停下來，就會在很有戲的鋼琴音樂中互看對方。但此時在車裡，我們兩個都想不到辦法來提振陰鬱的情緒。

那天晚上，直到我躺在妹妹沒有床架、放在地上的床墊上，聽著洗衣機的運轉聲時，才終於能休息。獲得這一刻的寧靜讓我感到很滿足。我拿出我的紅色小筆記本，用手機照亮頁面，寫下：「我感覺已經贏了。」這是對自己的一個小小肯定。我完成了一項不可能的任務：出現在大家面前。那些看著我在證人席上哭泣的人也許會認為我很脆弱，但我相信這是我開始擁有力量的無聲起點。我做了自己從沒想過做得到的事，雖然無意間被推上場，離終點還很遠，但我還活著。我們在彼此身旁，進入夢鄉。

隔天早上我起床後看見頭條：「史丹佛性侵案女子出庭作證。」我急迫地點進連結。艾蜜莉被形容為「作證時情緒激動」。根據報導，艾蜜莉跟她妹妹「喝下了那三個男生給她們的啤酒」後，在醫院醒來。「艾拉蕾為艾蜜莉製造壓力，二度問她是否記得在兩個事件之間發生了什麼事。艾蜜莉回答『不記得』並開始哭泣。」哭泣從來都不是這麼渺小的一個詞，所有事情都被壓扁、被簡化了。

有篇報導提到了我念的大學、我在費城的男朋友，並在文中寫了八次蒂芬妮的名字。他們跟她、也跟我一起坐在法庭裡，卻這麼隨便地暴露我們的資訊，我無法理解。

「艾蜜莉形容她的酒醉程度是『醉到我不認為自己喝醉了』。」我看著逐字稿，數了數那些問題：檢察官問了兩百二十個問題，辯護人問了一百零二個。那天早上我坐著回答了三百二十二個問題，而這就是他們選來引述的重要句子？我往下滑到留言區：「我的女兒還小，我希望她們可以在大學和往後的人生都做出正確的決定。」

輿論風向不會改變，沒什麼好慶祝的。我感覺自己的出現換來了懲罰。被持續檢視讓人很累，我一直害怕的評論成真了。我的自尊迅速消失，被批評和嘲弄的聲音給取代。現在我知道自己做得到，也知道會付出多少代價。如果我的目標是讓傷口癒合、往前走，那就不該用這種方式繼續下去。癒合需要隱私，需要耐心和滋養，癒合需要在柔軟的黑暗地底種下種子。記者的降臨就像劃破土壤的鏟子，種子被赤裸裸地挖出來，回到地表，留下我跪在土裡挖洞，把破碎的種子深深埋下，用手輕拍泥土。但以後只會有更多的鏟子、更多的干擾和逼近的開庭日。這種情況愈常出現，我就愈沒有力氣挖土；相信有東西會生長茁壯的信念愈來愈微弱。

那個星期我不再說話，沒有在我的紅色筆記本寫字。我睡了很久，摺了蒂芬妮的衣服、幫她掛好項鍊、丟棄乾掉的睫毛膏、把弄皺的紙張壓平。我不會讓這個案子摧毀我們兩個。我計畫回到費城，回歸我自己，不當那個孤零零穿著單調衣服、除了哭還是哭的艾蜜莉。

當我在夜晚獨自一人，感到胸口有千斤重的時候，我就會打開警方報告閱讀：

> 強森追上特納，用掃堂腿將特納絆倒。特納跌到地上並試圖起身，強森說他看起來像要起身再度逃跑，便將他制伏在地上。強森跨坐在特納身上，壓住他的手臂，亞恩特壓住他的腿……他告訴特納，在弄清楚發生什麼事之前，他不會讓他站起來，而且他想確定被害人沒事。

我提醒自己這不只是一場加害人與被害人之間的對抗，這裡面還有第三個元素存在，也就是那兩位瑞典人。他們代表的是看見、採取行動、選擇做些什麼並改變故事的人。

值得一提的是，強森在陳述當中幾度感到非常難過，並在描述事件的同時開始哭泣，他必須停下來做幾次深呼吸才能再度開始陳述。他說目擊這件事並參與其中對他來說並不好受，但他只是對現場的情況做出反應，並沒有想太多。

我們需要喚起大眾的直覺，這是在一瞬間辨別是非的能力，也是去面對、而非漠視的清楚意識。我後來得知，他們在去追布羅克之前有先來察看我，我們通常會以體格來論男子氣概，但那一開始在我身旁彎下的膝蓋就跟用掃堂腿將人制伏在地一樣有威力。男子氣概就展現在脆弱之中，在那哭泣的時刻。

聽證會上，兩位瑞典人都出庭作證。我發現案發那天晚上，他們把他固定在地上，對他說：「你在搞什麼？她沒有意識。」

「你覺得這樣是對的嗎？」

「你在笑什麼？」

「跟她說對不起。」

我不認為我能走過這一切是出於意志力或樂觀態度，因為這些我都沒有。復原需要幾個星期，接著憂鬱會籠罩。但那年十月，瑞典人讓我見識到了這種不一樣的聲音。我要教自己像他們一樣說話，這樣有天我就能對攻擊我的人說：你在搞什麼？

6

盧卡斯住在費城中央市胡桃街某一棟的十六樓，我喜歡這些建築上一格格的光線所堆疊出來的方塊、路上排水孔竄出的溫暖蒸氣、灌香腸的義大利熟食雜貨店、肉販沾滿紅色指印的工作服、湯裡跟拳頭一樣大的猶太丸子、博物館乳白色的大理石地板、小書店、在河邊活力四射、成群慢跑的精瘦大學生、販售野花的阿米什人（Amish）。我們走在路上，盧卡斯指著那幾條大街說：「栗樹街、胡桃街，他們應該要找一條小路取名叫腰果。」他介紹大B先生給我認識，他每天都坐在公園裡下西洋棋；他也帶我去買他最喜歡的烤牛肉三明治；他給我一張他學校裡我能參加的社團清單，帶著我到處炫耀、認識他的朋友。「他在讓我適應這裡呢，」我心想，「他在告訴我，他希望我留下來。」我喜歡想像這裡成為我這一年的家，但我並沒有記下公園的名字或公車路線，覺得熟悉一個很快就會被奪走的世界對我來說毫無意義。

寒假快到了，盧卡斯提議我們一起去個溫暖的地方，也許是印尼。我叫他跟同學一起去，在開庭日期確定之前我不能離開，而且我要省錢。「如果我們去了又得回來，那我們就回來。」他說。我想像我們在泥土路上騎著電動腳踏車，身上映著香蕉樹斑駁的光影，收到開庭通知，白日夢的溫度瞬間消失。

有很長一段時間，我告訴自己快樂的事都沒我的份。我開始稱那些我想做的事情為「方糖點子」，法院案件就是一鍋熱水，會迅速把日常的所有表象都溶解掉。回家的那個月裡我應徵了幾份行政工作，但他們回覆的時候我已經在費城了。

案發到現在已經快一年了，但我發現自己根本還在起點。情侶的週年紀念是慶祝在一起的一年，生日代表的是又長了一歲，性侵案的週年則是原地踏步的一年。這場審判，我們要全部重來。

創傷不會照著日程表走，似乎跟時間沒有關聯。某些日子裡，它跟我的距離就像星星那般遙遠，但在其他日子裡卻將我整個人吞噬。

我以為法律程序會是一場接一場高潮迭起的法庭戲，沒有人提醒我會有漫長的等待和開庭之間虛無飄渺的幾個月，以及它會向你索取一切，接著又音訊全無。這好像很不可思議，在這一年裡我只有一天到法庭作證，但前後幾天的生活卻分崩離析。我花了九個月的時間去消化、幾週的時間做準備、一天的時間作證，和所有的時間修復自己，而我們卻還沒進入最重要的部分。

我總算收到了一個消息，但跟我預期的並不一樣。我的倡導專員打電話告訴我她錄取了一份在大學做諮商師的工作，而且要搬家了，會有一位新的倡導專員指派給我，是她信任的人。她是打來跟我說再見的，她說她很以我為榮，以後也會繼續支持我。掛了電話，一股哀傷襲來，提醒我人們是會在人生中繼續前進的，這就是大家會做的事，這是本來就會發生的事。

我的檢察官也被調到了新部門，她打來告訴我這件事時，我的心思飄離了對話，直到我聽見她說她要求保留我的案件，確保她可以把這個案子辦完。我安靜地聽，不敢想像要是她沒有堅持繼續跟我一起怎麼辦，這樣我就會被交給一位新檢察官和新倡導專員了。

如果她們都離開了，我想我應該很難認真投入。我為什麼還要繼續呢？事到如今，我做這件事是為了誰呢？我嗎？如果是為了我，那為什麼我會獨自一人坐在床上，沒工作，又待在一個人生地不熟的城市呢？我們戰鬥是為了結案，是為了正義。這不是為了我，而是以我為代價，讓大家走到終點。

盧卡斯買了二〇一六年一月一日的機票。去印尼對我來說還是很抽象，離我太遙遠了，但機票本身倒讓我有了一點點的希望。被害人也是會去印尼的，被害人也會曬太陽。他不斷提醒我，好好生活是我應得的。

每天早上當盧卡斯去上課，我都感覺得到他的唇吻在我額頭上。接著我會聽到關門聲，代表接下來的八到十小時會是一片沉默。我會起床，盯著鏡子裡的自己，同時刷牙十分鐘，然後裹著被子坐在沙發上、穿上褲子、再把褲子脫掉，爬回床上。我偶爾會聽見盧卡斯的室友在用廚房水槽，或打開電視。這樣我就更有理由把自己深深埋進床裡，不發出一點聲音，抹去自己的存在。下午我會到頂樓看書，看著大家在隔壁棟的陽台抽菸休息。有時候我會在盧卡斯回來前十分鐘套上乾淨的衣服，暗示我今天有出門做些什麼，但通常都不是這麼回事。

這樣消磨時間或許顯得很懶散，但這些日子過起來的感覺並不像星期天下午。我擱在心裡很久沒碰的東西被喚醒了，一月時我藏起來的罐子已經打開，破裂了，裡面的東西跑出來了。還記得上班的那段日子，我總是在倒數還有多久可以回到床上，現在我不用上班了，可以躺在床上不受打擾，但這樣的自由其實很空虛。

每週我會跟治療師見面一小時，那是個管制區，讓我可以談談心裡的想法。但除了那個小時之外，我傾向不說話，或只說簡單的對話。如果盧卡斯提起案子，我就會被惹毛。「你為什麼會問我這個？」我將我們的對話限縮在日常生活的範疇裡，像是要去哪裡吃飯、該不該慢跑到河邊。我想要簡單的決定，和能掌控的狀況。

有時候，克萊兒會從法國跟我視訊，我的白天就是她的晚上，所以她都小聲說話，以免把她好不容易哄睡著的孩子吵醒。她戴著鮮豔的粉紅色耳機，住在一間沒有窗戶的臥室裡，我叫她「地牢裡的DJ」。她跟我說她學開手排車，小寶寶拉肚子滴到襪子裡，還有小孩跟他們的絲質睡衣。我跟她說了我對律師的恐懼，還有費城令人放鬆的涼爽夜晚。如果我心情很糟，我就跟她說我心情很糟。她沒有說「真的嗎？」或是「難以想像」、「你一定很難過」、「真不尋常」，她只是點點頭，接納我的心情。奇怪的是，這竟然讓我感覺被拉了回來。她也經歷過這些情緒，世上能有一個人完全了解我的一切，還會告訴我有趣的事情，沒有改變對待我的方式，即使她在千里之外，也令我感到安慰。

有天早上，我躺在床上，發現地毯上有一團我的頭髮，接著我又注意到一根頭髮圈在沙發椅腳。我把它撿起來，然後看見地上有些灰塵，在每一面牆的底部都有。沒多久我就跪在地上拿著一卷紙巾擦遍公寓的每一寸。我把餐具抽屜裡的塑膠叉勺和醬油包都丟光，把店家的外帶菜單按字母順序排列，再把幾袋垃圾放進走廊盡頭的金屬垃圾滑道，就像聖誕老公公把布袋投入煙囪那樣。這讓我很有滿足感。盧卡斯回到家時，我的臉又紅又亮，他看得目瞪口呆，所有東西都被擦得閃閃發亮，還帶有柑橘香味。「哇，你不用做這些的。」他說。「我要。」我說。這是我幾週以來所做的第一件事。

隔天，沒有盤子要洗，也沒有檯面要擦，我得拿些盤子來用才行。小時候，我會在回家時看見媽媽坐在餐桌上，旁邊有十二位阿姨一起包水餃，她們的手在空中動來動去，捏出了一堆堆像山一樣高的美味麵食。我從來沒參與過，只是在一碗又一碗的水餃端出來時，待在房間寫作業。現在我已經走去中國城又回來了，手上掛著塑膠袋，裝著探出頭的綠色細香蔥和密封的粉紅色絞肉。我通常不會去碰生肉，因為接觸濕潤的動物體會讓我不安，但我把細香蔥切成細小的綠色圓圈，灑在肉上面，用手指沾水抹在每一片圓扁麵皮的邊緣，抓起一小團肉放在中央，接著把它們封進柔軟的囊袋。我沒有生產線規模的人手，但我坐著哼歌，靠在流理檯上包了超過兩百個水餃。我的孤獨化成了可以吃的東西、有養分的東西，是沾辣椒和醬油會很美味的東西。我要餵飽的不是只有我一個，而是兩個人，這讓我有很充足的動力。每天我會撕下一張白紙，寫下食譜，塞進包包後出門採買所需的蔬菜、肉品和香料。我們吃快炒的時候，盧卡斯說他要去參加三天的英式橄欖球錦標賽，「三天而已。」他說。「整整三天？」我說，並把甜椒在盤子裡移來移去。連續不間斷的七十二小時會馬上把我擊倒，我需要被帶離我的腦袋，咖啡店是不夠的。

我在網路上找到一份二十元剪髮的折價券，他離開那天我便穿過工地，上樓走進這個空間，裡面有竹子、塑膠洗衣籃和兩側堆著橘子的小佛像。「稍微修短一點就好。」我說出這句話，比「我來這裡是因為我需要跟人說話，我希望你輕輕碰觸我的頭」還要容易。我想念起媽媽柔軟的手和被她照顧的感受。我把頭往後仰，那位小姐留著黑色劉海、穿著橘色圍裙，她把我的頭放進溫熱的水流當中，我的頭髮變得又濕又重，充滿薰衣草的味道。我問了一些有關她的問題，她的每一個回答都讓我多離開自己的世界一點，像是她的煩惱、感情狀態、懷孕、養的兔子，其中一隻剛好就叫蒂芬妮。她猜我是泰國人，我說我是半個中國人。「我是從加州來的，對，海灘很棒，但海水其實滿冷的。」這天平安度過。

第二天：我從來沒修過眉毛，所以來到一間小小的沙龍。鏡子邊緣有人造櫻花裝飾，櫃台上有個小小的發光噴泉。我跟一排女生一起坐在牆邊的椅子上，「抱歉久等了。」我說沒關係，這是真的，反正我也沒地方去。輪到我的時候，我又在另一位小姐柔軟的手中休息沉澱。

第三天：做指甲，十五塊錢。這天是雨天，我掃過牆上五顏六色的玻璃球，選了橘色。我的大手被握在她靈巧的手指之間，看起來就像黯淡的煎餅。外頭的人行道又濕又暗，我待在明亮的沙龍店裡十分溫暖。我旁邊的女生是來慶祝的，因為她剛得到一份大型連鎖餐廳的工作。「一切都順利起來了。」她說。

盧卡斯回來了，我的頭髮好柔順，指甲是三角錐的顏色。我回歸到自己制訂的節奏和例行公事。有天下午，我坐在洗衣機旁的地板上，試著弄清楚漂白水該倒進哪一個槽裡，我突然停下來，「我在做什麼？」

我變成了一隻小清潔魚，他則是大鯨魚。我們都從對方身上得到了快樂與好處，但差別在於他在他的環境中是個雄偉的生物，我卻小得像隻鱂魚；他正在攻讀碩士學位，而我從烘衣機裡拿出棉絮。

盧卡斯曾經提過學校裡的喜劇社團，社長是他的英式橄欖球隊友文斯。某天晚上盧卡斯正要出門時，他找我一起去。第一次開會的時候，大約有十五個男生和兩個女生圍著一張圓桌坐，每個人都抛出了自己的想法，修改有關教宗即將來訪和起司潛艇堡的笑話，氣氛十分融洽。我穿著黑色雪衣，緊張又沉默，椅子微微靠在他的椅子後面，靜靜觀察。

第二次會議後，我跟盧卡斯一起過橋走回家，遇到一位他的隊友。「你們剛才去哪裡啊？」他問。「喜劇社。」盧卡斯回他。「我們可能會參加試鏡。」我說。「不錯耶！」那位朋友說，「等等，你？」他轉過來歪著頭看我，好像我剛告訴他我要上月球。我下意識地聳聳肩，馬上再加一個微微的搖頭，把這個想法抹去。他點點頭，似乎是在表示「對嘛」。這很細微，但他的腳趾頭越線了。他不知道我有一條規矩：我能做什麼是由我決定的。每次只要我被低估，我就會心想，你把我的安靜當成軟弱了。如果你無法想像我站在台上，我就站給你看。

隔天早上，盧卡斯一出門我就起床了。我坐在沙發上，寫出所有我對商學院不了解的事情，那些我靜靜聆聽的對話。我誤以為阿里巴巴是《阿拉丁》裡的一個角色；原來私募基金（PE, private equity）的意思並不是體育課（PE, physical education）；而之前盧卡斯問我知不知道微型金融，我回答：「知道，就是很小的金融。」我反覆思考自己的「同居人」新角色，這個對另一半的代稱，還有同居人像貓一樣望著窗外等待主人回家的樣子。我發現他們所謂的簽約獎金比我的實際薪水還要高；我把斯庫爾基爾河（Schuylkill River）困難的發音方式仔細記下；我在浴室大聲朗誦，把每個字都唸得清清楚楚，直到我能背出十分鐘的素材。

試鏡那天，我一個人走去校區，穿過那座橋，一路上都在悄悄跟自己說話。盧卡斯有畫一張地圖給我，我提早了一個小時抵達亨茨曼大樓，關在廁間裡背誦我的主題笑話。等時間差不多了，我便搭電扶梯往下，在一扇扇門中找尋我要的門牌號碼。社團的兩位社長文斯和麗茲坐在裡面，雙手交握，我關上門，把背包放在地上。我把記憶裡的東西緩緩說出，看著他們有時瞪大的眼睛和不時爆出的笑聲。他們展露大大的微笑，「謝謝，我們會再跟你聯絡。」我點點頭離開，心想：「沒選上也沒關係的。」

兩天後，我的收件匣上方出現了那封電子郵件，入選名單出爐了。我快速掃視那些名字，一堆堆混在一起的字母，希望可以找到我的名字。我在最底下看見了它，我跟另一位女生和八位男生一起入選，是唯一的校外人士，而且他們把我的表演放在壓軸。我的心跳快停了，我記得自己握著拳頭大口吸氣，兩隻腳在空中做出跑步的樣子，在椅子上旋轉，我想開口告訴別人，但想起身旁沒人，便再度轉向螢幕。「看看他們把我放在哪裡。」如果他們給我的挑戰是讓演出圓滿落幕，那他們一定是相信我做得到。我的不安如火焰般竄起，但這是我九個月以來第一次沒有因焦慮而萎縮並停止運轉，它讓我充滿了開始的動力。

我們在河流附近的一間公寓裡排練，有的人下課後遲遲趕到，有的人剛面試完，還穿著襯衫和領帶。我總是提早到，準備好題材，洗過澡，背包裡除了喜劇筆記以外什麼都沒有，因為這對我來說並不是順便做的好玩事情。我們輪流拿著遙控器當麥克風，用笨拙的方式表演，再不斷修改、重複演練，最後把每個人的段子都記熟。我們在晚上的這幾小時裡活在一個荒謬的世界，把人生所有的艱難困苦都轉化成表演題材。我預期可能會出現低俗的強暴笑話，也準備好掩飾不安，我知道自己不打算表達不舒服，因為不想被當成一個敏感的人。不過強暴笑話從來沒出現過，我們反而聊到了沒有毛的貓，還跟文斯說在七月看見六月甲蟲（金龜子科的甲蟲俗名）並不好笑。

有天晚上，我們不小心超過了午夜，大家一起離開，在低溫中慢慢步行，一邊討論剛才做得不好的地方。每到一個路口，我們就有一兩個人離隊回家，我慢慢才發覺我是住最遠的。我們人愈來愈少，我的步伐也愈來愈孤單。我記得以前夏令營有一首歌，唱的同時朋友們會揮動手臂一個個飛走，最後剩下我一個人，「只剩一隻短頸鷲，一隻短頸鷲，停在一棵死樹上。」

我開始盤算：我要在最後一個人離開的時候馬上站到路燈的光線底下，打給盧卡斯請他來接我。但要是他已經睡了怎麼辦？那我用跑的。我望向即將走過的街道，看路燈是否都還亮著，路上是否還有人可以當目擊者。店家都關門了，我掃視人行道，評估著要走哪條路才不用穿過公園。如果我需要求助，我可以再跑兩條街到藥妝店去，那裡應該會有人。但我彷彿已經聽到有人問：這麼晚她一個人在做什麼？為什麼她不找人陪她？她是哪裡人啊？喜劇？難道她很有趣嗎？她喝了多少啤酒？她要講什麼笑話？她男朋友呢？有通話紀錄嗎？她穿什麼衣服？這些聲音在聽證會後變得愈來愈大聲，在我腦中無止境播放，我十分惱火，沒發現最後一個同伴已經停下腳步。

「我要往那個方向，」他說，「你確定走回家沒問題嗎？我可以跟你一起。」我看著他，感到有點訝異。我一度在想我是不是已在無意間表露無遺，沒注意到自己扭曲又苦惱的表情。我好奇他是不是其實很想回家，但礙於禮貌只好問問。可是他耐心等待，聳起肩膀問我，「樂意之至。」他說。就這樣，我腦中的聲音消失了，連忙躲回陰暗處，我們兩個便踏著普通的人行道，在這平凡的街上，在這平凡的費城夜晚。

有很多類似這樣的微妙時刻，我會停下來看著對方的眼睛，試著告訴他：「真希望你知道這對我有多重要。」一個小小的手勢、記得我的名字，或是問我需不需要小小的協助，都讓平常麻木的我感到溫暖。這裡的大樓管理員安東尼總會補滿五樓的熱可可販賣機，因為他知道我會在晚上喝兩杯；那位在超市工作、總是綁著橢圓形包頭和戴著小小圓眼鏡的韓國媽媽，會在我進去時抬頭微笑說：「嗨，香奈兒，一切都好嗎？好幾天沒見到你了。」我會在大廳鴉雀無聲的時候帶著兩支椰子冰棒，穿著我的室內拖鞋搭電梯下樓，跟那三位在大樓櫃台二十四小時輪班的小姐艾莉西亞、卡蒂加與裘達聊上幾個小時。她們總會叫盧卡斯帶我出去吃晚餐，若是看到我提太多家用品，她們也會對他大吼。即便有人指責她們沒處理好外送餐點、有人將包裹晚到怪到她們頭上，還有個酒醉男人跟其中一位說比較喜歡她長頭髮的樣子，問她為什麼要剪掉，她們也保持冷靜。我看著她們即使有資格生氣，依然心平氣和地回應，收肩挺胸；我記下這個技巧，好在作證時派上用場。最後，還有我的喜劇團員，他們都會確保我在晚上安全到家。這些就像地球上的小育兒袋，讓我能夠重新生長。**他們叫我香奈兒，而不是布羅克·特納的被害人，也不是盧卡斯的女朋友，就是香奈兒。**

演出那天，我緊張到吃不下飯，深深陷入自己的思緒當中，無法跟人說話。我告訴超市的每個人和大樓員工，說我要在氦氣喜劇俱樂部（Helium Comedy Club）表演，他們祝我好運，還要我把表演錄下來給他們看。我們會在晚上七點和十點表演兩場，門票已經售出幾百張了，現場將會座無虛席。我在抉擇穿著的時候，剛好看到那件我曾經穿去法庭的燕麥色針織衫。我穿上它，再搭一件牛仔褲。我一直在試圖把艾蜜莉掩埋起來，想要忘掉她、壓制她；現在我想告訴自己，在法庭上哭泣跟在台上展現幽默的是同一個人，這兩者都是我。

我們十個人聚在狹窄的演員休息室裡，讓這裡看起來像是精神病患的病房，我們喃喃自語、對牆壁說話、縮在牆角激動低語。我們聽見人潮填滿現場的聲音，屋子嗡嗡作響。演出時刻終於來到，主持人文斯走出休息室，一旦踏出去你就無法回頭。

每當有人往舞台走去並關上身後的門，我們就會安靜聆聽，等待外頭的笑聲準時穿透牆壁。每個人走回來時都鬆了口氣，肩膀放鬆，半帶著微笑，我們便會跟他們擊掌。

我開始發現，每個上台的人都會被一陣朋友獻上的鬼吼鬼叫歡迎。盧卡斯要第二場才會出現，那誰會大喊我的名字呢？沒有人。又是那種感覺，孤單地坐在證人席上的感覺。「他們放在最後的女生是誰啊？真掃興。」

接著我看見那天在橋上遇見的男生，他目瞪口呆地看著我說：「等等，你？」我看見辯方律師挑起眉頭，草草記下我說的話；我看見記者在法庭裡露出無聊的表情；我看見了透進羽絨毯的光線和在我窩在那裡面的時光，日子是那麼孤獨，我以為自己就要消失不見。我回憶起這些痛苦，在胸口急速發作。

接著我看見自己在洗澡，我的表演橋段就貼在玻璃上，我記著台詞，活潑地把它們說出來，我是多麼想要上台；我聽見了前一個人段子裡的最後部分，掌聲響起；我聽見我的名字，我走上舞台。

全場黑暗，燈光明亮耀眼，掌聲在沉默中響起。我望向觀眾，一片黑影。在沉默當中，我的腦袋清晰了起來。我再度隻身出現在麥克風前，但這次我會說話，他們會聽，沒有抗議。當我開始說話，我聽見自己的聲音領著上百人前往我想要他們去的地方，並讓他們在一瞬間爆出笑聲。我的腦袋出現短暫的空白。我費勁地假裝冷靜，內心卻笑得像個小孩。我得等聲音消散，但我一點也不急。我獨自站在台上，感覺自己完整無缺。這種感覺就像把整間的人握在手裡，我可以將他們旋轉、舉起又放下。在接下來的十分鐘裡，你們要聽我的，我們會一起開懷大笑。

表演結束後，大家都走向觀眾接受朋友的祝賀。我在後台猶豫了一下，喝著水。「就去吧。」我告訴自己。於是我試探性地走了出去。

好幾個月以來，有很多專業人士向我寒暄，他們帶著平靜的聲音和同情的眼神跟我說話。身邊的人總是向我遞衛生紙、輕輕拍我，彷彿我很容易就會破碎。現在我在人群中移動，我看見大家的臉都亮了起來，我瞬間變成了《飢餓遊戲》的女主角，一群女生蜂擁而上，推舉我為領導人。這次，沒有人可憐我，只有崇拜。「哇，你好厲害。」有人說。「我好厲害。」我在腦中重複。

第二場表演結束後，我跑出去找盧卡斯。他抱起我轉圈，「我都認不出是你了。」他說。我宛如新生，蛻下那層膽怯的自己，數百人見證了我的蛻變。我聽見有人問盧卡斯：「你是她的男朋友？」

我的治療師曾經告訴我要「捧起那個受傷的自己」。我在離開人群時想起了她，覺得她一定會以我為榮。

隔天我醒來時，盧卡斯已經去上課了，午後的陽光已經不再刺眼。當我躺在床上，我漸漸意識到我沒有喜劇社會議要開了，沒有排練、沒有真言可以在腦中循環播放。下一場表演的試鏡要等到春天，這整件事就像一場夢。昨天晚上有如一頓七道菜的晚餐，而現在我盯著空盤子看，舔著麵包屑。悲傷在一瞬間襲來，好像我的胸口被開了個洞。我想起了我所處的現實，那個我逃脫不了的現實，接著再度睡去。

幾個小時後我睜開眼睛，盧卡斯坐在床上，握著我的肩膀輕輕搖晃，他的眼神在發亮。「大家都在討論你呢，」他說，「你知道今天在學校有多少人來找我嗎？你看這些電子郵件，我根本不認識這些人呢！你看他們說了什麼。」但我看見他發現情況不對，我的眼睛紅紅的，心思已經被拖往深處，他立刻把我拉進懷裡，摸著我的頭髮輕輕搖晃，試著把我帶回來。

隔天我打給媽媽，沒有說話，只是哭泣。她開始跟我說故事：當她還小，文化大革命開始的時候，圖書館被關閉，書頁都被扯下當廁所衛生紙用，於是她去尋找零散的書頁，用自己的方式建構故事。她看著她的媽媽在中國鄉下生孩子，也見過沒能熬過去的年輕婦女。她在大學修讀文學，成為校刊總編輯。她跟我說她在美國的第一份調酒師工作，她在那裡學了第一個髒話，當地人都叫她「蘇絲黃」（Suzie Wong），是個小說裡的人物。她告訴我她怎麼跟爸爸在新年派對上認識、在午夜親吻、後來結婚。爸爸教她開車、他們在粉紅色的屋子裡養育兩個女兒和兩隻邊境牧羊犬。對我來說平凡無奇的事情，在她眼中未必如此。她的人生中有太多地方可以讓事情變得從此不同，但她就是走到這了，我的存在也算是一個奇蹟。當她還年輕，忙著創作故事的時候，從沒想過生活中會充滿游泳池和喝冰咖啡的女兒，沒想過加州的海邊會長滿野生罌粟花。

聽她告訴我這些，我明白了些什麼：你必須堅持下去，看你的人生會出現些什麼，因為那通常都是你想像不到的。問題並不是你能不能撐過去，而是當你撐過去之後會發生什麼美麗的事情。我無法不相信她，因為她就是個活生生的例子。接著她說：「好事和壞事都是天地萬物交織的結果，你要等待好事發生。」

冬天快要來到，我很感謝黏在灰色石頭上紅紅黃黃的樹葉，感謝那位喝掉我的玉米餅湯的英式橄欖球選手，也感謝那些約我喝咖啡的學生。我加入了說故事社、去看變裝秀、參加巧克力主題的派對。我讓自己忙於撰寫故事，並張貼在校園裡。有時我會跟盧卡斯一起去上課，在那裡畫畫。但我一直有這樣的感覺：這不是我真正的生活，現實在等我回到法庭。精神上我總是感到與世隔絕，我只是能夠選擇生活環境而已。

我接到艾拉蕾的電話，她說審判要等到「明年的某個時候」才會開始。蒂芬妮打來哭訴，「我做不到。」我是在她大三的冬季學期被強暴的，審判可能會在她大四的春季學期；每個學期她的課業都愈來愈重，為了準時畢業，她禁不起這些變動。傷害沒有一刻停歇。

某天，我獨自前往一場說故事社的活動，有位名叫伊莉莎白的女生提到了一個名為「起義」（Rise）的團隊，是提倡公民權利的非營利組織，正在草擬性侵倖存者的權利法案，內容包含免費的鑑識醫學檢測和性侵採證盒的保存。我感覺心臟快跳出來，皮膚也緊繃起來。結束後我去找她，我說得語無倫次，性侵採證盒、太侵入性、等了這麼久、不公不義。我停不下來，就像被打開的水龍頭，這也是我第一次想要討論這件事。她非常樂見這些意見，也很興奮。

「你知道好多喔。」我騙她我以前是倡導專員，對此我原諒自己。我太過緊張，不敢和她再度聯繫，怕會讓自己曝光，但這是我第一次感到有了新希望。

在法律程序當中，我感覺自己總是跟不上。不要搞砸、要學習法庭術語、多加留意、遵守規則；我想要進入狀況，證明我可以達到他們對我的期望。我從沒想過這個體制本身可能是有問題的，是可以改變或改善的。被害人可以要求更多，我們值得更好的對待。這代表我所經歷的艱辛並不會白費，是可以帶來啟發的。身處體制當中會為我帶來洞見，遇到愈多狀況，就愈能看到問題。我可以將痛苦化為想法，開始為被害人設想不一樣的未來。

有次我走在校園裡，看見報紙頭版的統計數字：每四位女性中有一人，還是五位女性中有一人？我不記得了，反正就是太多了，在校園裡有太多的女性被性侵。但吸引我的是報紙上的圖，整面頭版印了好幾排代表女性的圖案，廁所標示上的那種，她們全是灰的，但五個裡面有一個印成了紅色。

我看見這些紅色小人在呼吸，有點像幻覺。我的整個人生都被性侵的重量壓得喘不過氣，若你把這種傷害乘上紅色小人的數量，結果會非常驚人。這些人都在哪裡呢？我在校園四處觀望，女生戴著耳機在走路，黑色緊身褲、藍綠後背包。如果我們可以被漆成紅色，我們就會在這塊廣場上看到很多紅色的身體。我想要在大家面前搖晃這份報紙。這不正常，這是一種傳染病，是危機。看見這樣的頭條你怎麼還能繼續走路呢？我們對這樣的嚴重性已經麻木了，故事太熟悉了，但對我來說這並不是什麼老掉牙的故事。

有個詞浮現在我腦中：「又一個」。我記得在得知學校的第三起自殺案後，大家搖頭默默接受，「真不敢相信又一個人自殺了。」衝擊的威力減弱了，不再是轟然巨響，而是一種傷痛。如果連孩子臥軌都能變成一種常態，那任何事都可以。

這已經不再是我跟性侵者之間的對抗了，這是一場以人性為訴求的對抗。我必須好好抓緊我的故事，想想該怎麼讓自己被聽見。如果我沒辦法突破，那我就會是個統計數字，另一個格子裡的紅色小人。

✦ ✦ ✦

印尼之旅即將來到。時間是費城的十二月，冰冷的空氣正在啃食我的耳朵邊緣，我們走在路上，盧卡斯提起水肺潛水。「我不會用水肺潛水。」我說。「我也不會，」他說，「但我們很快就會了。」

一週後，我背著沉重的氣瓶站在室內泳池邊，模糊的面鏡吸在我的臉上，炎熱的空氣中帶著氯的味道。水肺潛水的第一個要點就是要持續呼吸，這聽起來是很自然而然的事，但我想起了恐慌發作的感覺，就像在用打結的吸管呼吸，那時可沒那麼簡單。「別忘了要呼吸。」

回到水面之前，潛水者要在水深六米處停留三分鐘讓身體減壓，稱為安全停留。上升太快可能會讓氣泡在血液中形成，我把它想成某種讓人很痛的香檳在血管中流動，讓你生病。潛完水必須等待四十八小時才能搭飛機，因為氣壓下降可能會讓你的血液充滿氣泡，因而致命。

這些規則讓我十分著迷，身體規定了你該做些什麼。我已經養成了忽視身體的習慣，經常忘記吃飯，被性侵後我甚至拒絕看它。現在我的身體在說，你得聽我的，你要尊重我的需求，我們要一起合作，否則你會受傷。

教練向我們介紹備用二級頭，是每一套裝備上都有的備用調節器，可以讓潛水者的同伴在緊急狀況下用來呼吸。教練指向我，「假裝你沒氣了，跟盧卡斯比暗號。」我點點頭，跟盧卡斯一起潛到水裡。我把手放在喉嚨前面來回切動，比出「我沒氣了」的暗號，把調節器拿掉並用手指輕觸嘴巴，告訴他我需要他的供氣。他用手臂大大划了兩次水，來到我身邊，把接在裝備上的備用二級頭拿給我，我將它放進嘴裡，我的肺便能安心地隨著吸氣擴張。模擬完成。我們坐在池底，用同一個金屬的肺呼吸。突然間我的眼睛溫熱起來，因眼淚而模糊。我心想：「這就是過去幾個月的感覺。」

我們在一月初來到印尼的特拉望安島（Gili Trawangan），是一座花生形狀的島嶼。我們坐在長型木船上，太陽舔舐著我們的脖子，臉上的防曬油都糊掉了。我站起來，繫好腰上沉重的帶子，暫歇在船緣，接著把雙腿往天空高高舉起，往後翻進大海，盧卡斯也在我旁邊下水。

我將浮力調整裝置裡的空氣慢慢釋出，讓裝備洩氣，緩緩下沉。下潛時我的耳朵發出了聲音，耳膜劇烈搏動，面鏡也愈來愈緊。我告訴自己要有耐心，讓身體自行調整，同時愈潛愈深。

一切都安靜了下來。我睜開眼睛，在一個充滿螢光藍的空間徘徊，彷彿太陽已經像茶包那樣浸在海裡，在水中散布著溫和的光線。我聽不見思緒，只聽得見呼吸聲，它就像一股平靜的風充滿腦袋。給予，獲得，來來，去去；我的呼吸讓人舒緩下來，我在繫著金色光帶的一片藍色中飄浮。

魚群就像彩色紙片湧到我身邊，自由地快速游動。這裡有偌大的石頭、麵條狀的鮮豔海葵；又細又長的白鰭鯊在沙上潛游，長長的海草慵懶地擺動。我讓路給一條馬鈴薯形狀的魚，牠有大大的綠色嘴唇，從我身邊笨拙地匆忙游過，好像面試要遲到了。鏘鏘鏘。教練用一根金屬敲了敲他的氣瓶，指著一隻正在擺動頭部的鰻魚，好像牠正在爭辯，不敢相信你剛才所說的話。鏘鏘鏘。有隻螃蟹在梳牠的小鬍子。鏘鏘鏘。一隻睡眼惺忪的魚正在咀嚼一塊軟綿綿的海藻蛋糕。我看著這些生物過著牠們的生活，一點也沒察覺到我的存在。在這個沒有言語的世界，不被關注的渺小感竟是如此令人解脫。

這裡沒有雪、沒有走廊、沒有建築、沒有水泥、沒有鞋子、沒有紙本作業、沒有電子郵件。沒有鈴響、大吼、按筆的聲音和機器的嗶嗶聲。這些都沒有意義。整個世界都被靜音了，噪音被遺忘，只為了讓我的呼吸聲被聽見。我感覺自己跟海水融為一體，我只不過是一顆有兩隻眼睛的跳動心臟。

我想像那位辯護律師穿著西裝在水中載浮載沉，眼鏡滑落，額頭曬傷，領帶像海草一樣呈現波浪狀，一隻光亮的鞋子緩緩沉到海底。他會拚命亂踢，而我在水下安全地待著，穿過一群粉紅色和黃色的魚，沒有聲音，你碰不到我。

我往深處游。當有壓力的念頭出現，我就吐一口長長的氣釋放，讓魚迅速地吃掉它，釋放溶解。我在水下二十米，是六座游泳池的深度。一小時悄然流逝，接著是兩小時。我遠離了痛苦，那種使我盲目、讓我想要沒入虛空之中、讓我想要消失的痛苦。如果眼前的美麗與奇特就是你身處的世界，你怎麼會想要離開呢？螢光山丘和浴缸大的蚌類就在水面之下，感覺這裡有深藏已久的祕密，我只需套上深潛裝備，克服一開始的不適，提醒自己要呼吸。

冬天來到，夏天依然存在。當我回到帕羅奧圖，回去面對法庭蒼白的牆壁、法律文件和媒體頭條，聽見鞋跟踩在磁磚上的回音，我也聽見了鏘鏘鏘的聲音。我會記得這個世界也同樣存在，我可以存在其中，這兩個世界都一樣真實。

7

我往橢圓形窗戶望去，看著加州那鋪了黃色地毯的山丘和黑色矮樹。真希望這架飛機是公車，這樣我就可以坐過站，睡著後在檀香山醒來。降落時，我看著公路上一點一點連成虛線的車輛愈來愈大，灰色的海灣在我們下方逐漸擴展，機腹掠過水面，直到一切細節顯露出來，變得大聲又清晰，我又再次渺小。

我要來打人生中最艱難的一仗，但帕羅奧圖的大家都不知道我回來。我用肩膀推開爸媽家的門，搖搖晃晃地拉著行李箱進去，輪子在地毯上慢了下來，我將燕麥色針織衫用塑膠衣架掛在衣櫃裡，把牙刷放在陶瓷做的小船上。

我還沒收到通知要在哪一天作證，我寫信給我的新倡導專員梅爾絲，我還沒見過她。她回信說下週會選陪審團，從三月十四日開始，可能會在三月十六日結束，而我可能要在十七或十八日出庭作證，但二十一或二十二日最有可能。這樣該怎麼規劃？艾拉蕾告訴我，所需的時間就是這麼長，三週或更久。我該怎麼分配我的精力，我還要忍受多少，要是我撐不下去呢？我覺得我不該在法院待太久，就如同你不該待在一個充滿廢氣的車庫。腦細胞都死光了。

蒂芬妮的冬季學期期末考在選陪審團的那天開始，她會在最後一場考試結束後收拾簡單的行李，開過黑暗的山丘，來法院度過她的大四春假，盧卡斯會在他作證的前一天飛來。結束後他們就會回去，開始畢業前的最後一個春季學期，而我會留下來等待裁決。

審判前兩週有個「審前準備會議」，由法官、檢察官和被告參加，以確認審判的準備程度。他們開會時，被害人不在現場，她正躺在床上，把乾酪條撕成細絲。沒有審前準備會議會為她舉辦，證人們不會聚在小房間裡精神喊話、把手疊在一起大喊隊呼。其他證人出庭時我不能參加，這代表接下來的幾週我會在家漫無目的地等待。我後來得知共有十八人出庭作證，但我對大部分的人一無所知。我們就像馬匹，戴著眼罩站在一排分隔欄位裡面，不知身邊還有其他馬匹。當你聽見聲響，感覺到鞭打，你就全力衝刺。

我對法庭上為數不多的親友感到緊張。布羅克的父母、哥哥和姊姊都會去，他那幾排座位會坐得滿滿的，我這邊則是小貓兩三隻。艾拉蕾以一種報告壞消息的方式告訴我，他的奶奶也會到場。我並不知道陪審團會默默做一些記錄。兩位瑞典人都會前往作證，以及警探麥克．金、史丹佛主任傑夫．泰勒、警官布萊登．蕭、性犯罪應變小組的護士克莉絲汀．賽特朗、茱莉亞、柯琳、蒂芬妮和盧卡斯。為我作證的人都不能在法庭旁觀，只有金警探可以。媽媽和安奶奶會在我跟蒂芬妮作證時來看，如果爸爸的工作有空檔，也會開車過來。安妮會每天到法院坐上八小時，直到開庭結束。她是所有變動當中唯一不變的常數，她冷靜、敏銳，是個母親，是個戰士。

當我看著那些空位，我得提醒自己還是有很多人關心我的。我想說明，香奈兒的社交生活很健康，朋友也很多，但身為無名艾蜜莉是很寂寞的，這個世界小多了，交友圈萎縮成少少幾個知心朋友。我跟這位強暴犯相處的時間竟比跟朋友還要長，不知道為什麼會變成這樣。

外面很溫暖，有白色花朵掉落，讓我想起清理打洞機時會掉出的白色紙片。我穿起黑色羽絨外套，就像一件垂到腳踝的睡袋，隔絕外界的成分居多，保暖的成分沒那麼多。有天晚上，幾個高中的老朋友要吃西班牙料理，我穿了一件長到地板的雪地軍裝外套過去，被他們取笑了一番，但我不以為意。我小心地把話題從我身上輕輕轉移，若要說我有學到什麼的話，那就是以「工作」為藉口可以讓你躲掉很多東西，這可不是好現象。「為什麼你在家啊？」「工作。」「我好一陣子沒見到你了。」「工作。」「我們下週一起吃午餐吧。」「沒辦法，」我說，「工作。」「你看起來很累。」「工作。」我說。「真的，」他們說，「我懂。」我想說的其實是「審判」。當他們說「最近好嗎」，我想說「害怕死了」。有個人說：「你變好瘦！」我想說：「這倒不見得是好事。」他們離去時以為我們已經更新了彼此的近況，但我暗自明白他們其實一無所知。

我開始擔心我會在超市用推車撞到認識的人，或是在慢跑時巧遇某人。很快地，我的世界縮小到只剩我的房間：我十六歲時買的小花床包、只能用遙控器啟動但遙控器早已找不到的天花板吊扇、我的棕色地毯和貼紙剝落的書桌。我需要讓腦袋清淨一下。

有天晚上，我穿著舊運動鞋和舊帽T偷偷溜出家裡。我沿著阿爾瑪街慢跑，兩條腿把我帶到了幾公里外有警衛看守的鐵道。我讓自己隱身在路燈的光線範圍外，在人行道上休息，皮膚發熱、抽動；我的呼吸沉重，手肘放在膝上，沒讓警衛看到。我喘氣凝視，觀察等待。

警衛站起來，金屬遮陽板下的圓燈閃起紅光，兩根細長的立桿慢慢下降到水平位置阻擋來車。我聽見遠處傳來的鏗鏘聲，亂響一通的鈴聲，就像一頭沿著鐵軌衝來的牛。尖銳刺耳的警示聲劃破空中，白光刺入，銀色車頭飛馳到了平交道。長長的銀色車身上繫著一條黃色窗戶，模糊成川流的乘客頭顱，搖搖晃晃，閱讀或閉眼，一閃而過，頭頭頭頭，接著消失。一片寂靜。剩下的是有如敲擊鍋碗瓢盆的聲音，長桿抖動歪斜，升起，指向天空，宣布這場秀結束了。警衛在夾板上記錄，回到塑膠椅坐好，紅燈瞬間熄滅，平交道又恢復了黑暗與平靜。

我坐著，頭髮被吹到了另一邊。死亡曾經嗅著我的氣息，將我震回生命裡。高中時，死亡曾經是我們的同學，它一直都在，不斷回來將我們帶離短暫的人生。我開始看見黑洞，每個孩子頭上都有一個水窪大小的橢圓黑洞。在那底下，生命的顏色、質地和日常的一切都閃閃發亮。我祈求的不是讓黑洞消失，而是讓我們所有人都有機會能在它底下先長大成人，去經歷那些在我爸的工作室裡談論的事情：婚姻、離婚、心碎、房貸，因為那些也都是人生。

現在我有時也會感覺想要爬進那個洞。某些夜裡，我躺在床上望著在我頭上盤旋的洞，這樣會不會簡單一點？我清點了自己的人生：我二十三歲、被強暴、沒工作，唯一的成就，就是以一具無名身體登上地方報紙。當我往未來望去，我什麼都看不見。我想停下來了。

但當我坐在路邊，看著那個讓孩子們消失在一片紅燈和鈴響的地方，我對自己說了一句我希望也能對他們說的話：「你必須留下來。」我告訴自己，現在只是我被吞噬之前的漫長人生裡的一個時間點。我知道我很快就會被羞辱、被撕裂，我對即將來到的詆毀感到害怕；但我也知道，我還是會選擇人行道的冰冷水泥、不願將就的心跳、肚子皺褶裡的汗水，和洗太多次都變薄了的帽T。我還是會站起來、轉身，再慢跑回家，因為這是我唯一知道該怎麼做的事情。

我跟艾拉蕾又回到了空蕩的法庭。我像隻訓練有素的動物踏進我的欄圈，掃視一排排附坐墊的位子，就像一間悲傷的小小電影放映廳。那裡很快就會坐滿性侵犯的家人。那位對我眨眼的法庭記錄員沒有出現，我問起她時，艾拉蕾說這次會由另一位做記錄，我點頭表示理所當然，但壓抑著自己的悲傷，我少少的支持者又少了一位。

過去的十五個月裡好多事情都改變了，但在法庭上，一切都停滯了。奇怪的是，時間並沒有移動，只是變濃了。我們一再地回到那天晚上，從問題衍生出更多問題，像分裂的根。

這次我在想，不曉得被害人出現哪些行為是可以接受的。要用什麼語氣說話呢？她提醒我不要生氣。我發現，若你生氣，你會語帶防備；若你平鋪直述，你便沒血沒淚；過度樂觀，你會很可疑；若你哭泣，這叫太過激動。情緒太多會讓你顯得不可靠，但沒有情緒會讓你顯得不為所動。我到底該如何從中取得平衡呢？「沉著，」我告訴自己，「有所控制。」但聽證會的時候我失去控制了，到時候又一樣該怎麼辦？艾拉蕾提醒我，陪審團知道這對我來說很難。「做你自己就好。」她說。「哪一個自己呢？」我想這樣回答。

她說辯護律師會用一些理論來質問我，並提醒我這就是他的工作。如果他想讓我偏離既定方向，記得要回來。我想像自己是一隻驢子，辯護律師拿著紅蘿蔔，別跟著紅蘿蔔走。如果不知道答案就說不知道，要誠實。這場預習簡短又枯燥，她沒有提到任何細節，也沒有預告她會讓我看哪些證據。回想起來，不知道她當時是不是刻意避免太早引發我的情緒，要將這些都保留到陪審團面前。

布羅克唯一做過的陳述就是在他被捕的當天晚上，他在那天晚上承認指姦我，並且否認逃跑。他即將首度出庭作證，我期望艾拉蕾會對我說「別煩惱他的事」，畢竟他最初的詢問已被錄音，他不能收回那些話。但後來他發現我不記得案發當下的事，所以艾拉蕾說：「他會開始編故事。」我盯著她看了一會兒，想對她說這不公平，真相呢？這整件事的真相呢？他不能就這樣走進來說他想說的話。

一開始，我以為這件事很簡單。起初我聽到布羅克請了一位有名又高薪的律師時心想：「喔，不。」然後我又想：「所以呢？」就算是他也不能改變事實。我的看法是這樣：我方要讓陪審團相信天上那個又大又黃的東西是太陽，而他那邊則是要讓陪審團相信那是蛋黃。即使是最優秀的律師也無法改變這件事實：那是個巨大的炙熱星體，而不是荒謬的漂浮雞蛋。但當時我還不了解這個體制，若你付的錢夠多、說了特定的話，若你花夠長的時間把真相削弱淡化，太陽就會開始長得像一顆蛋。這不僅是可能而已，而是一直在發生。

我步出法庭，發現有張紙貼在門邊，寫著「加州人民訴布羅克・艾倫・特納案」（People of the State of California v. Brock Allen Turner），我心想：「什麼人民？」全加州大概只有三個人知道我在這裡吧。他一個人要抵抗整個州，我卻感覺他的人數比較多，真是奇怪。艾拉蕾交給我裝著逐字稿的牛皮紙文件夾，這疊已經厚得跟電話簿一樣了。我在過去十五個月裡所說的每個字都被錄音，並打成逐字稿，我會帶著另外三個我坐在證人席上：醫院的我、警察局的我和初步聽證會上的我，這四位所說的話都得兜在一起。她說我不需要一個字一個字記住這些，「了解就可以了。」她說。我知道記住跟了解的差異，了解代表要有深刻的感覺。那不是一疊紙張，而是那個夜晚；我用雙手接住了它的重量。你可能會以為我要開始準備了，會在蒙太奇片段裡看見我充滿幹勁地翻過頁面、瀏覽問題、與地方檢察官演練，但其實你會看見我在量販店裡推著紅色推車，那是個讓我冷靜下來的地方，一個以走道建立秩序的地方。是不是該換個不同味道的體香劑了？我蹲在洗髮精那排，試聞時不小心把洗髮精擠到鼻尖上。該買個平底鍋嗎？我需不需要戴帽子？我幫爸媽買了一支乾濕兩用拖把，並為自己買了木蘭花香的蠟燭和餅乾麵團，我會在睡前把半包生麵團給吃掉。審判會在二〇一六年三月十四日舉行，星期一。

星期一

這輩子我聽過許多人對「陪審團義務」發出嘆息。有十二個人得脫離他們的生活，法院是他們最不想待的地方，但他們也是世界上我最需要的十二個人，因為他們的投票結果必須全體一致。當我聽到此事，還以為自己聽錯了。「你的意思是匿名投票[1]嗎？」應該不會有別的可能了，我需要完整的十二張票才能贏。在我讀過的報導裡面，我從來沒見過連續十二則正面留言。

若有陪審員候選人曾經被強暴過，那他或她就會立刻被排除在外。我後來才知道，他們被問到這個問題時，就有好幾位女性起身離開。這個陪審團裡將不會有倖存者。

1 全體一致（unanimous）與匿名（anonymous）發音類似。

後來檢察官告訴我，性侵案的陪審團並不歡迎女性，因為她們會抗拒對被害人產生同理心，並堅信「被害人一定有問題，因為這種事情絕不會發生在我身上」。我想起了那些留言「我女兒絕不會……」的母親，這讓我很難過，因為這種言論並不會讓她的女兒更安全；若她的女兒被性侵，這只會讓她少一位可以傾訴的對象。

我的朋友雅典娜剛回到帕羅奧圖的家，我們從六年級開始就是朋友——她是越裔美國人，大學畢業後她去了夏威夷的萵苣農場工作。我到機場接她，她告訴我睡在帳篷裡的感覺、搭便車到海上，還有在夏威夷大島上看到澄澈的星空。我們回到我家，當話題從那些島嶼回到我的小房間，她問我都在做些什麼。

在告訴別人之前，總會有個時刻讓我感覺像在懸崖邊凝視著水面。我做了幾次最後的深呼吸，甩甩手臂，跟自己說我可以的。我告訴她那個游泳的性侵犯，還有我就是那個被害人，我感覺就像自由落體，準備接受衝擊。畢業後我們曾經一起去過一間有現場演奏的酒吧，她在一片嘈雜中告訴我她被強暴了。「是在上大學後沒多久。」她大喊讓我聽見，「我沒跟多少人說過，我只覺得你應該要知道。」我說：「開什麼玩笑，真是個混蛋。」那時候我會做的只有憤怒，我不懂同理、不懂安慰，也不懂要多加思索，不知道該如何用更好的方式對她，現在我感到很抱歉。她靠過來抱著我，就像克萊兒做的那樣，彷彿她在一瞬間就知道了我這一年是怎麼過的。我們坐在地上擁抱彼此。墜落墜落，突然間我被接住了。我說我需要她來，她說：「告訴我時間。」

星期二

陪審團的評選持續中，艾拉蕾沒有聯絡我。沒有蒂芬妮和盧卡斯在我身邊當護身符，我還是不想碰那份逐字稿。我去剪了頭髮，只是稍微修一下。我把車開去洗車廠，那裡有免費的爆米花和檸檬汁，還可以靜靜看著我的車滑過充滿肥皂泡和拖把頭的怪獸。我在 Craigslist 分類廣告網站找工作，在求職信上寫了三句話。我騎腳踏車去買墨西哥捲餅，喝了一罐過期的可樂，戴著自行車安全帽坐在公園長凳上。我拍了一張捲餅的照片並貼在網路上，得到三十二個讚。這是跟自己開的一個玩笑，對這個世界耍點花招。大家以為我在享受午後時光，但實際上我即將面對一個強暴犯。我們都把故事隱藏起來，這真令人毛骨悚然。假裝是多麼地簡單啊，我們藏起一座冰山，只露出一角。

爸爸在晚餐時告訴我他以我為榮，「我真的很以你為榮，親愛的，真的。」當他這麼說，我沒有回應，一點也聽不進去。我差點就要被惹毛，對他毫無道理的意見不以為然。以什麼為榮？他的自豪和我要面對的現實差距太大，讓我感到很難堪。他沒看見我穿著睡衣褲在家裡到處晃嗎？我被性侵了，這可不會讓我得獎。半裸著被丟在地上還有什麼自尊可言？我露出微笑，但什麼也沒說。

星期三

這是陪審團評選的最後一天，盧卡斯會在晚上抵達。我提早到機場，並不介意開車繞圈。他跑向車子，西裝袋掛在肩上。他握著拳快速繞圈要我搖下窗戶，接著坐上駕駛座親我；一位穿著醒目黃色背心指揮交通的小姐大吼要我們往前開。「一下就好，小姐。」

艾拉蕾說她第一次見到盧卡斯時鬆了口氣，我很好奇那是什麼意思。我感覺我男朋友會讓布羅克被扣分，而不是加分。我想像法庭的牆壁打開，盧卡斯穿著西裝輕快地走進來，向鼓掌的觀眾揮手。「這是一位二十六歲、充滿魅力並在職的商業人士！他平時喜歡木作、潛水和英式橄欖球。他帶她去印尼玩，兩人住在賓州的一棟高樓裡。他計畫以雙方合意的性交向她求愛。」

接著聚光燈會轉向，錐狀光束籠罩在布羅克身上。「他才剛滿二十，夢想成為奧運選手！她從未見過他，但他游得比魚還要快，喜歡撒旦威士忌。他計畫在野外鋪滿松針的地上向她求愛。」接下來是我，穿著一件花洋裝，開心地微笑。「她生性不羈，富同情心，有點傻，但不是那種會輕言放棄的女孩！但真是如此嗎？讓我們來看看！」伸縮喇叭響起，燈光點點。「交給你了，法官大人！」

這一年來，只要提起案子，盧卡斯就會看見我尖叫、崩解、奪門而出、在被子裡哭、洗澡時哭。每一次，當我終於緩和下來，他就會出門跑步，晚上也好，下雨也罷，我看著他消失在黑暗之中，奔跑著。我以為他臉皮比較厚，而我也被自己的情緒消耗得從沒停下來想過這對他造成了多大影響。不知道他心裡是不是也有某種未爆彈，例如憤怒，所以他才奮力奔跑。那天晚上，我看著他為隔天的出庭做準備，他擦亮鞋子和燙衣服的嚴肅態度讓我停下所有動作，嬉鬧心情瞬間消失。

星期四

我起床時，盧卡斯已經梳好頭髮，鬍子也刮乾淨了。他今天要出庭作證，我則是明天。我打算開車載他到法院，再到服飾店買西裝褲。蒂芬妮會在晚上回來，等他們兩個都在家，我才會打開紙袋將逐字稿一口氣讀完。我知道我應該要早點開始讀，但你不能一次只讀一點，不能每天都讓自己進出那樣的情境，我沒有能力控制它引發的驚濤駭浪與焦慮。只讀一部分就像在水裡滴染劑；你沒辦法讓染劑停止擴散，一天就這樣毀了，所以我希望一氣呵成。

我套上牛仔褲，找著襪子。手機提示音響起，艾拉蕾傳來訊息。「可能還會剩一點多餘時間，請準備好過來。」我慢慢沉到地上，恐慌就像瓦斯爐一樣發出滴答聲，就要點燃起火。「我還沒準備好，我沒有褲子，我做不到，我還剩幾個小時？」我用手指梳過頭皮，「我還得洗頭髮。」我開始把抽屜裡的衣服丟出來。我坐在地上，臉頰濕濕的，頻頻眨眼，雙腳來回踢掉褲子。事情在我腦袋裡愈演愈烈，計算著需要多少時間才能準備好。如果我今天出庭的話，就沒有人會去看我了，我的倡導專員要明天才會來，「我又要自己一個人了，我做不到。」

盧卡斯走進來，看見我穿著內褲亂踢，亂糟糟的衣服就像在地板上活不了多久的海洋生物。「發生什麼事？」他說。「我得準備好，」我說，「我今天就要去，但連一件褲子都沒有。這件夾克太皺了。」我變回七歲小孩，又小又無助，想起了以前要去上學的早上，難過得停不下來。「我沒有衣服可以穿。」

「跟她說你希望明天再去。」他說。我看著他，覺得他瘋了。「不行，」我說，「那是安排好的。你不了解這些事情，我沒有控制權。你怎麼不幫我準備出門，我還要讀那些東西，時間不夠了。」我感到惱火，直到聽見他大聲又堅定地說：「沒有人可以強迫你做任何事情。你不去他們也沒辦法進行，如果他們必須等，他們就會等。你說了算，跟她說你要明天才能去。」

我露著腿，一頭亂髮地坐著。我連捍衛自己都沒想過，不知道除了盲目遵從以外還有別的做法。我已經被制約要接受每一次的日程變動、每一個問題，無論多麼令我難過、多麼私密或多麼突然，我忘記我是可以有界線的。我擬了訊息：嗨艾拉蕾。嘿艾拉蕾！我是不是可以。如果可以的話我會比較放心。哈囉希望一切順利。我希望我媽媽和奶奶可以。抱歉。我今天沒辦法去。早安。可以的話我希望按原計畫明天過去。

她說沒關係，如果進行得太快她會想辦法拖延。真簡單，我只要開口就好。「好點了嗎？」他說。「好點了。」離盧卡斯出庭的時間還有一小時，所以我們開到王者大道上的美食超市。我坐著曬太陽，穿著牛仔褲、皺夾克和一雙破鞋，沉浸在寬慰之中，我把這天要回來了。我載他到法院，看著他走進大門後我才開走。他結束後會傳訊息告訴我。

我走進服飾店。「有什麼需要幫忙的嗎？」店員說。「超多。」我想這麼回答。三小時過去了，還沒有盧卡斯的消息。我買了灰色直筒褲和便宜的黑色平底鞋。終於，收到了要去接他的訊息。「進行得如何？」我問他。他說他們連反詰問都還沒進行，明天會繼續。今天一早原以為會有多餘時間，但實際上他們的時間卻不夠。他的前一位進行得比預期久，所以他在被害人密室裡等了三個小時，沒有人在那裡陪他讓我感覺很糟。「要維持你的腎上腺素真難。」他說，這是我第一次聽他說某件事情很難。那天晚上蒂芬妮很晚才到家，因為期末考而睡眠不足。

大家都在家，我準備好要讓自己沉潛，回去見見那三位自己了。記憶經常被認為是被害人的弱點，但我相信記憶是被害人最強大的力量。創傷提供了一個在時間中前進的特別方式，數年的時間轉瞬而過，我們卻可以將恐懼的感覺召喚出來，彷彿它是現在進行式。我把逐字稿攤在地上，當我下潛到過去，地毯就是繫在我腰際上的繩子，我用一隻手輕撫著它。在這些記憶當中，地毯並不存在。當我低下頭，我看見一束束濕長的頭髮蓋住我的臉，我在性侵診間，水淹進我的耳朵，模糊我的視線，封住了我的鼻子又流過我的嘴巴。外頭是一條公路，路上有平穩的車流，一輛車子停到路邊。那是妹妹，因為哭得太激動而看不見，她正試著找我。地毯。我坐在性侵診間的塑膠椅上，頭髮在滴水。蒂芬妮坐在我旁邊，又氣又難過，我該怎麼讓她好過一點？地毯。我正在跟那位女警官說，請不要打到我家裡，我不想再見到這個人。地毯。他看著自己的大腿時，我看見他頭上捲曲的金髮，我望著那些空蕩的座位，我在哭泣。地毯。

我擦擦鼻子，眼淚在我的脖子上畫出痕跡，溜進我的衣領，流到胸口。這五個小時，我在地上抱著大腿，一邊翻閱紙張一邊打字。我將架構整理出來，讓一月十七日的每一分鐘、每一口啜飲、地點、言詞和所見都浸入我的腦中。混亂逐漸由條理所取代。我在第一頁寫下鼓勵的話：「用真相結束一切。」我把記憶裡的每個小洞都補滿，不去理會那一大段空缺。現在不是自我憐憫、執著和揣測的時候，我要認真研讀，熟悉事件的先後順序，再回到地毯上。

星期五

盧卡斯天亮就起床接受辯方的拷問，而我預計在下午一點三十分出庭作證。我本來要載他去，但他吻了我的額頭要我繼續睡，所以我翻身鑽進他留下的體溫。幾個小時後我感覺整個床浸在陽光之中，聽見他走進門來，瞇著眼看他脫下發亮的鞋子。他穿著西裝爬上床抱我。我沒有問他作證的事，如果很糟，我也還不想知道。

我將手臂滑進燕麥色針織衫，變成艾蜜莉，再將頭髮從兩邊往後夾。我拿著睫毛膏猶豫了一下，接著微微地畫了睫毛。好看，但沒有太好看。化妝會讓眼淚變成黑色印痕，讓眼睛滴下墨水，但素顏會讓我顯得疲累。

盧卡斯開車，我切成靜音，手壓在屁股底下，讀著印出來的重點。我沒有胃口，但我知道最好不要讓肚子空著。貝果店沒地方停車，所以他停在路邊讓我進去。我找到陳列著黃棕色圈圈的玻璃櫥窗，每一種口味的名稱我都不記得了。店員問我要什麼，我便用手指。我接過白色紙袋，不確定那是不是給我的。我看著身邊的陌生人，他們處在另一個充滿對話與咖啡的溫暖時空裡。我推開店門，失神地晃進無聲的車子裡，繼續看筆記。貝果難以下嚥，又乾又厚。

我們在法院停車，我確認沒有東西卡在牙齒上，蓋上了小鏡子。「真的都沒有了嗎？」盧卡斯點點頭，他跟蒂芬妮會在外面等我。親吻臉頰後我走下車，他隨即離去。

我希望這一幕是我昂首闊步地走進大廳，但當我通過塑膠安檢門，我豎起了一陣寒毛，不對勁。這些法警我以前就見過，我往走廊望去，空的，但我感覺樓上有很多人。我躲進一樓廁所，蹲在無障礙廁間，把文件捲起來，小聲地對自己說要撐住。檢察官傳來訊息：「你到了嗎？」我的手在顫抖，「在路上了。」

我閉上眼睛，看見了法庭內部，法官就像一顆漂浮在黑色梯形物上的光頭，是這場遊戲的仲裁者。我們分成兩隊，不能越過一條無形的界線。我心裡準備好了，身體卻即將承受痛苦。

再怎麼準備也無法讓自己不被抹煞、不喪失自我。即使離開法庭，我也知道自己的心思會在那裡停留一段很長的時間，被挖空好幾週。

我走出廁所，急忙按下電梯。艾拉蕾溜出法庭帶我走進被害人密室，她還得回去完成最後幾個問題；在我前面作證的是性犯罪應變小組的護士。我的心瞬間亮了起來，是護士，是這場遊戲裡保護我的人。不知道是哪一位護士，我記得她們三個擠在我彎起的膝蓋邊，我喜歡想像她們是一條穿著白袍的三頭龍，有著利嘴和金屬武器，擊退所有朝我而來的一切。

我的新任倡導專員梅爾絲從電梯走出來，她有完美的儀態，頭髮整齊，心平氣和，我立刻喜歡上她。沒多久，媽媽也跟安奶奶和雅典娜一起來了，「嗨，小奈兒。」安妮已經在裡面了，我們把椅子移到適合的地方，我聽見奶奶在問梅爾絲是哪裡人、在基督教女青年會服務多久，還有她是怎麼踏入這一行的。我轉移心思，將筆記從頭到尾翻過，看完後又再看一遍。我每十分鐘去一次洗手間，去上最後一次廁所，把頭髮弄順、調整髮夾，確認再確認我的褲子拉鍊有拉上。一個小時過去了。

我提醒自己這很簡單，陪審團要的是真誠，是真實的事情。倡導專員拿給我一顆橡實圖案的小球，是讓我在證人席上捏的新玩具。雅典娜說我可以想像眼前有一朵玫瑰，把辯方的所有負能量都吸走，這樣我就可以在安全距離下好好坐著觀察他的言語。我的治療師曾經說過：「想像有女性圍繞在你身旁和背後，她們碰觸你的肩膀，與你同行。」只要我想，我甚至可以召喚詩人瑪雅．安傑盧（Maya Angelou）。安奶奶拿出一包黑巧克力，她身上戴著我送她的紅色小推車胸針。我跟蒂芬妮還小的時候，她會用一輛紅色金屬推車拉著我們在封閉的環形巷子裡繞。我想起了另一句治療師說過的話：「要記得你自己是誰，還有你喜歡自己的什麼地方。」

「隨時要上，」我心想，「做好準備。」兩個小時過去，我們全擠在房間裡，圍坐一圈，碰著彼此的膝蓋，我大概已經上了十二次廁所。敲門聲終於響起，大家都離開房間，由倡導專員帶領到位子上坐好。我有幾分鐘獨處的時間，這感覺對了。當我走上前，我知道接下來得靠自己了；如果我要求救，我得往內心尋求。「我已有了度過此關所需的一切，我已學會我該學的一切，我已成為我該成為的樣子。」

我放下隨身物品，閉上眼睛沉默地站著。一瞬間，煩躁感不見了，我開始緊張。過去一年，雪下了又融，頭髮剪了又長，世界沒有停止運轉，我本該可以跟它一起前進的，但我卻回來了。我放棄了井然有序的生活，持續奮戰，不斷出現在這個小小的房間裡，這代表了什麼？難道沒有意義嗎？

我把隨身物品留在桌上，走出房間，門在我身後鎖上。我穿過走廊，濕濕的手在褲子上摩擦。艾拉蕾和梅爾絲站在法庭門外，「準備好了嗎？」我點頭。「鏘鏘鏘，下潛時別忘了呼吸。」她把門拉開。我雙手交握，再吸一口氣，走進去。

裡頭滿滿的人讓我怯縮。在走進咖啡廳時我會感到焦慮，而走進法庭，大家都在看我。我沒有特別看著誰，只知道有人影，一片模糊的人影從兩側和席位上填滿了這個空間，比在聽證會上感受到的還要密集。我注視著自己的腳，要自己往前走。「到你的位子上去。」

我沒辦法告訴你法庭裡有多少男性與女性、有哪些種族和裝扮。即使陪審團有一半都把臉塗成了老虎的樣子我也不會注意到。這是我第二次見到法官，但我還是無法告訴你他的長相，只知道由他光滑的頭和長袍形成的輪廓，在我附近有這樣一個隱約的人影。

我聽見：「你是否願意鄭重發誓……完整陳述？」我舉起手，「我願意。」我坐進鏤空的席位，與艾拉蕾四目相交。我被要求對著麥克風拼出自己的名字，因為擔心自己會弄錯，所以慢慢地開口。

檢察官：「可以請你幫我個忙，把麥克風稍微拉近一點嗎？你的聲音很細。」

她說得沒錯，我的喉嚨好像被包了一層東西，音量只比悄悄話大聲一點。但我還是聽得見每一個字清楚地掉進這個安靜的地方，被一雙雙眼睛和耳朵給吸收。

第一個問題總是很簡單，在帕羅奧圖出生，一個妹妹，加州大學聖塔芭芭拉分校，主修文學，身高一七三。狀況還不錯。「你的體重是多少？抱歉問你這個問題。」沒有一個女生會想要在麥克風面前被問這個問題。我擔心如果我猜了一個太輕的數字大家會想：「不可能。」我駕照上的體重是六十四，但我大學時是七十四。「大概是七十二。」後來我發現我比那瘦多了，手腕變細了，不太會餓，褲子小了兩個尺碼。但不管我多重，我都不應該對公開此事感到羞愧。一塊石頭一隻獅子一堆芒果各有不同重量，這一點也不重要。

「好。現在我要請你回到一月，二〇一五年一月十七和十八號的那個週末。」我深吸一口氣，點點頭，把注意力拉回我們來這裡的目的。我們從阿拉斯特拉德羅保護區開始，接著到墨西哥餐廳，「哪一間墨西哥餐廳？」她問。我從沒查過那間店名。「扣一分。」我心想。她問我點了些什麼，一個墨西哥餅。「加一分。」接著我們便進入狀況，問答輕快地像打水漂一樣。去派對之前妹妹的哪些朋友到了我家，我是否認識她們，見過她們幾次，我們幾點開始喝酒。

我說我沒跟蒂芬妮一起參加過派對，因為我覺得自己比較像她的媽媽而不是姊姊。我說到盧卡斯，誰是盧卡斯，你們什麼時候認識的，他以前跟現在住在哪裡，你們如何維繫感情，你會去找他嗎，你會怎麼形容你們之間的關係。她問我是否跟學生聯誼會有關係，是否加入過姊妹會，答案都是沒有。回到史丹佛，派對地點在哪裡，陳述你的交通方式，確切的抵達時間。

我：「門邊有一張桌子，我跟蒂芬妮、茱莉亞站在桌後，像個小組，我們決定當起迎賓人員。我們只是唱了點歌，耍點笨。我讓妹妹有點尷尬，但絕對沒有要吸引誰的注意。」

檢察官：「你是怎麼讓妹妹尷尬的？」

我：「大聲唱歌和跳好笑的舞。」

檢察官：「好。你看得出來妹妹有尷尬嗎？」

我：「可以，她笑得不太情願。」

我聽見陪審團的氣氛輕鬆了起來，不至於笑，但有因感到有趣而從鼻子呼氣。我微笑著，聊到妹妹我總是微笑，即使被關在證人席上。我感覺自己也放鬆了起來，問題很無趣但也無害，哪個牌子的伏特加，倒進什麼杯子，是不是隨意倒的。

檢察官：「你跳舞的時候，是怎麼跳？」

我：「非常滑稽。一點都不性感……亂揮手臂，扭來扭去。」

我已經可以看見報導，被害人描述自己「扭來扭去」。我說到去外面上廁所。

檢察官：「好。我知道這有點太過詳盡，但你們是蹲在樹後面嗎？……你們有幫彼此遮掩，不讓站在外面的人看到嗎？」

我試著澄清，即使是上廁所我也是小心翼翼的。大家對在外面上廁所的女生跟在外面上廁所的男生的評價是不一樣的。她問是不是靠近籃球場，我從沒回去現場過，也許那裡值得我去一趟，但我絕對做不到。「我不記得，」我說，「那裡很暗。」回到露台上，我看見幾個比我矮的白人男生，我把無味的啤酒交給蒂芬妮，那幾個男生在用 shotgun 灌啤酒。

檢察官：「你曾經用 shotgun 灌過啤酒嗎？」

我：「我不會。」

檢察官：「為什麼你不會？」

我：「因為那很難。」

一陣小小的笑聲，他們聽得出來我很誠實。到現在大約已經有兩百個問題了，記者在後排振筆疾書。有幾個問題我承認我不知道答案，但都不是什麼大事。她問我接下來的記憶，「我在醫院醒來。」我說。

在我意識到之前，我的雙眼開始模糊，呼吸突然短而急促，我無法說話，也看不見。

檢察官：「你有在那之前的記憶嗎？」

我：（聽不見證人的反應。）

眼淚從眼睛流出來，從鼻子流出來，我擔心也會從耳朵和嘴巴冒出來。我只感覺得到溫熱、濕潤、黏答答，呼吸毫無規則。我感到羞愧，好像我玷汙了自己，大家都看著我抹掉眼淚，我需要喘口氣。我聽見了他的聲音。

辯護人：「抱歉，可以讓我們聽見你的回答嗎？」

我都忘了問題是什麼，跟記憶有關的，我有沒有記憶。

我：「沒有。」

辯護人：「謝謝。」

檢察官：「你需要休息嗎？」

我：「我沒事。」

檢察官：「那裡有衛生紙。」

我想要把衛生紙塞進嘴巴和鼻孔裡，把臉上的洞都堵起來，想用手從上往下抹，讓整張臉都糊掉。艾拉蕾試著繼續，我感覺得到辯護律師的不悅。快振作起來。

檢察官：「當你在醫院醒來，可以請你告訴我們——你知道那時候是幾點嗎？」

我又在那種感覺裡被喚醒，我的心思陷在白色的走廊上。我望出去，試著回到現實，看見這裡有一堆穿西裝的人影，有鼻涕的味道，我用舌頭把上唇清乾淨，鹹鹹的。

檢察官：「你醒來時感覺怎麼樣？身體上的感覺。」

我發出一堆伴隨著液體的呼吸聲，發現自己無法組織出一句通順的話。

我：「然後——我看到學務主任和一位警察，他們問我——」

辯護人：「抗議。庭外證詞。」

我嚇得不敢說話。

檢察官：「這無關真相，庭上，這反映的是她的心理狀況以及她對自己在什麼地方的了解程度。」

法官：「好。准許提問。」

檢察官：「你說『他們』，可以明確指出是誰問你嗎？」

我：「可以。是警察和學務主任在跟我說話，他們問我是誰，還有能不能提供聯絡人的電話給他們。他們對我說『基於合理推測』我被侵犯了。」

辯護人：「抗議。聲請刪除。庭外證詞。」

我驚覺辯護律師的手緊緊地包住我頭頂，把我壓在水裡，說：「不准起來。」他可能發現這是最令他擔憂的部分，想在陪審團聽到之前就讓我閉嘴。我告訴自己要踢，必須努力地踢。

我：「我要去用洗手間……他們要我等一下，因為可能要取尿液檢體。那時候我——我——我覺得聽起來很嚴重，因為我還不——我以為他們——」

辯護人：「抗議。庭外證詞，敘述性證詞。」

檢察官：「所以當你提出要使用洗手間，他們有准許你去嗎？」

我：「最後有。但一開始是不准的，因為他們可能要取我的尿液檢體。」

辯護人：「抗議。聲請刪除，個人認知。」

法官：「好吧，把『最後有』之後的都刪除。」

個人認知？所有的事情不都是個人認知嗎？我的記憶像電燈一樣被開開關關，她說錯了，閉嘴，趕快，不要再說了，同意刪除，繼續，敘述性證詞，抗議。我無所適從。被打斷的感覺就像被打一樣。

檢察官：「除了無法理解自己在哪裡之外，你當時還有什麼困惑？」

我崩潰了，張開雙手誠實說：「我不知道我妹妹在哪裡，我不知道我在哪裡，我不知道他們在說什麼，我什麼都不知道，沒有人跟我解釋。他們跟我說了之後，我想的是『你們弄錯人了』。我想他們應該也覺得很奇怪。我心想：『我只想找到我妹妹然後回家。』」我不管了，對著葡萄大小的麥克風把肺排空。一陣聲音從我的喉嚨深處發出，又長又大聲。我沒有讓自己冷靜下來，沒有喝口水，沒有優雅地沾沾眼角，沒有說「我沒事」，而是決定要讓大家等，無論要多久。這就是我大哭的樣子，各位，這是布羅克造成的。

沒有人知道該怎麼面對這脫序的哭嚎，但我終於可以把話說完，不被打斷。我很激動，也沉醉其中，每個人都被迫接受我發出的警告聲。「平靜、鎮定、穩重、堅強」，鬼扯，我不甩這些，不想停下來，也聽不見叫我要冷靜的小小聲音，我只想要釋放、釋放、釋放。

我聽見檢察官說：「庭上，我們可以休息一下嗎？」

我知道這個意思，廁所，我最喜歡的地方，逃離！我站起來，像一個易碎的空殼，跟著梅爾絲穿過走道，哭聲急切地從胸口迸出。當我掃過那排親友座位，一股丟臉的感覺升起，真希望他們沒有見到我這樣。我用雙手摀著臉，跟著她走出黑色木門。

終於，我寧靜的避難所。粉橘色磁磚和舊馬桶讓我平靜了下來，我很感激梅爾絲，她站在門邊，守護著我。我有點想拿出一面小白旗丟進法庭的門，我感覺失去了勇氣與決心，被耗盡了。我的臉像是用有毒的常春藤和凡士林抹過一樣，亮亮的，妝花了，還有一塊塊的紅印。我打開水龍頭，金屬水槽發出吱嘎聲響，我拿棕色紙巾沾水，在我腫脹的眼睛底下擦，聞到了紙漿的味道。我漱漱口、排出黏液、吐掉、擤鼻涕。我照著鏡子，輕輕地笑了出來。

我意識到，這就是谷底了，我已經落到最低點，不會再更糟了。我在性侵審判進行到一半時站在一間只有單層衛生紙的破爛廁所裡，我的自尊全無，徹底失態。所有我害怕會發生的事情都發生了，而且還沒結束，現在我只能慢慢爬回去。當梅爾絲打開門，身體的內建導航將我帶回我的位子上。

檢察官：「香奈兒，在我們休息之前，我提到你在醫院醒來，你記得嗎？」

每一次，我都可以看見我自己睡在擔架上，現實中的我並不想叫醒她、告訴她發生了什麼事。我看見我舉起ＯＫ繃鬆掉的那隻手，眨眼四處張望。但願我可以走過去告訴她：「早安，繼續睡吧。」我會悄悄地把擔架推回救護車裡，倒車加速。我會在這輛顛簸的車裡再度入睡，被急救人員放回地上，布羅克的手會從我身體裡拿出來，我的內褲會沿著腿往上滑，內衣塞回胸前，頭髮滑順，松針緩緩回到地上。我會倒著走回派對，自己一個人站著，妹妹回來找我，瑞典人會在外頭騎腳踏車去他們想去的地方，世界會繼續運轉，這只是個平凡的星期六晚上。

就算我再怎麼希望這樣的劇情可以發生，還是有一個解決不了的問題：布羅克。我沒有落到他的手裡，但如果他沒有在那場派對得逞，也會在下一場得逞。我們都被告誡，強暴是會發生的，但若你穿適當的衣服，就會降低發生在你身上的機率。可是這根本無法根除問題，只是讓襲擊者轉而去找另一位沒有防備的被害人，把我們不想要的轉移到別人身上而已。我是不想再見到他，但我寧願讓他看著我用袖子擦鼻涕，也不要他到處閒晃。這是我的小小勝利。

我一路講到內褲不見的那一段，以及體內有個器官像水球一樣快要炸開。我很驚訝我的臉竟然可以產生這麼多水分。我敘述有人拿了一條毯子給我，接著我再度睡著。我擔心這麼快又睡著好像會跟我所受到的驚嚇抵觸。

檢察官：「現在我要給你看幾張照片，看你認不認得。我給你看十五、十六和十七號照片，香奈兒，請你看一下十五號照片，告訴我你是否認得。」

我並不知道有我昏迷在醫院的照片。推過來的照片是我的頭，我咖啡色的頭上到處都是長長的紅褐色松針，我在一間沒見過的房間裡。我感到一陣驚恐。是我，那是我。我感覺肚子一陣刺痛，把這些拿走。

檢察官：「十五號照片裡的是什麼？」

我：「我的頭髮。」

檢察官：「當你去廁所並發現有松針在頭髮——在你的頭髮裡，你的描述是不是跟十五號照片裡的一樣？」

我嚇呆了，我的下顎顫抖得很厲害，牙齒感覺快掉出來。他們究竟還有哪些照片？

檢察官：「我要讓你看十六號照片，請告訴我你是否認得十六號照片。」

我：「認得。」

檢察官：「那是你——那是什麼？」

我：「我的頭和頭髮。」

檢察官：「你記得在醫院有過這樣的姿勢嗎？」

我：「不記得，我不知道有拍照。」

檢察官：「你以前有見過這些照片嗎？」

我：「沒有。」

檢察官：「香奈兒，為了讓陪審團看，我要再次展示這些證物。」

在我開口之前，她轉身走向投影機和左邊牆面的螢幕。我直直地望向家人，試著迎上他們的視線，告訴他們：「不要看，看我就好，看著我。」但我看著他們的視線隨艾拉蕾而去，一同轉頭，彷彿被她高跟鞋的聲音給迷住。「這是十五號照片。那是你嗎，香奈兒？」我往左手邊看，那是我的頭，一個巨大的棕色球體，被固定在後面的某塊板子上。

我看著媽媽用手摀住嘴巴，我想小聲地用麥克風喊媽媽，但會被大家聽見。我環顧四周，大家都盯著照片看。我的眼睛熱了起來，頭上的血管在搏動，心想：「拜託誰去把她的眼睛遮起來。」我想要說：「那不是我，我在這裡，就坐在你們面前。」我緊握著手，縮起雙腳，被困在證人席上，無力阻止眼前的事情。

檢察官：「那是你嗎，香奈兒？」

「是。」我說。

當檢察官回到她的席位上，我的怒氣已經洩光，眼淚也乾了，我抽離地坐著，姿勢怪異，帶著悲傷與屈服。若辯護人在這時對我大吼，我會沉默不語地坐著；若布羅克把他的水丟過來，我也不會移動半寸。我以為我可以保護家人，把傷害都隱藏起來，但我失敗了。在場每個人眼中的我就是這樣，沒別的了。接下來的問題也都不重要了，我不在乎結果、不在乎讓陪審團留下好印象，我不相信什麼玫瑰，也召喚不出瑪雅．安傑盧。我腦中只有「家」，我準備要回家了。

她要我描述性犯罪應變小組所做的檢測。「很侵入性的。」我說。我的語氣扁平，接連講述張開的大腿、金屬針頭和一排染紅的棉花棒。可怕的事情都不再可怕了，我已經沒什麼好不讓人知道的了。

她讓我看了我在聽證會上看過的照片，內褲掉在現場的那張。「你對手機和內褲掉落的地方有任何印象嗎，這片灌木叢和松針？」

我：「沒有。」

檢察官：「你曾經自願跟別人去那個地方嗎？」

我：「沒有。」

辯護人：「她不記得，她不能對此——」

檢察官：「庭上——」

辯護人：「——個人認知，抗議。」

法官：「抗議駁回。」

檢察官：「謝謝。」

我：「我不會想去一個我——」

法官：「問題已答覆完，下一題。」

我在心裡把話說完：「一個我妹妹找不到我的地方。」但我說過的或不能說的話都不重要了。

檢察官：「那天晚上你去史丹佛的時候，有想要認識誰的意圖嗎？」

我感覺有東西閃過，有人踢了我一下，溪流中出現一根可以抓的樹枝。

我：「沒有。」

檢察官：「你有意圖要跟人約炮嗎？」

我總是會回想這件事，我想像過好幾次他把我壓在地上的當下，我每次都想像自己突然睜開大眼，發出強光。我被他壓著的身體醒了過來，開始扭動並把他推開。我會爬到上面，立起身子揮舞手臂，搥向他的胸口，我的膝蓋會像古時候用木樁撞開大門那樣痛擊他的胯下，讓他大哭哀嚎、痛苦地吐氣。我想像自己靠近他的臉，用大拇指和食指撐開他的眼睛，將泥土撒進他藍色瞳孔下方的結膜，對他說看著我，說「我很享受」。你覺得我好惹，你覺得這很容易是嗎？我會用掌根重擊他的臉，血從他的鼻子流出，沾到我的手腕。我會站起來，對準他的兩腿間發動最後踏擊，接著揚長而去。

檢察官：「你有意圖要親吻被告嗎？」

我抬頭看布羅克，他已經在看我了，我回瞪他。被害人有一個特點，就是會甦醒，你可能以為我沒辦法撐過去，你可能心想「她根本不記得」，但我絕對不會讓你忘記。

檢察官：「你對他有任何的意圖嗎？」

我想要拿著一支大大的油漆刷爬上我的席位，在後面的牆壁以長長的筆畫刷上紅色的**沒有**，每個字都有六公尺高。我要從天花板垂下一條掛布，並放出深紅色氣球，我要每個人掀開衣服露出肚子上的「沒」和「有」，**沒有沒有沒有沒有沒有**，一陣波浪舞。我想要說：「再問我一次。」再問一百萬次我的答案也一樣，「沒有」就是這故事的開頭和結尾。也許我不知道我上廁所的地方離房子有多遠，或是一月的那個白天我還吃了些什麼，但我永遠都知道這個問題的答案，我終於回答了一個他懶得問的問題。

我：「沒有。」

檢察官：「我沒有話要問了。」

法官：「好，我們休庭。」

我感覺湧上的腎上腺素消退，疲累至極。接下來要進行反詰問了，但我並不想說話。我需要新鮮空氣，離開這棟建築，坐在樹下。檢察官告訴我已經四點了，我們時間不夠。真是奇蹟，我可以離開了，星期一再繼續。我拿起席位上那堆衛生紙飛奔出門，把橡實球還給倡導專員，擁抱她，「週末愉快，星期一見。」

我跟一位年輕的法警站在停車場，我還在發抖。盧卡斯跟蒂芬妮呢？天空陰陰的，一片灰暗，地上沒有影子。我沒有力氣閒聊，只感到緊張與頭暈，累到無法刻意保持禮貌。手機響了，「我們在法院旁邊等你，披薩店。」我向那位法警說再見後便離去，但他堅持要送我過去，迅速跟了上來。他問我還好嗎，我說星期一讓我很緊張，因為辯護律師。他說：「別管他，他是個混蛋。」他的直白讓我很驚訝，畢竟我已經習慣了大家的官腔。他見到我笑，自己也笑了。「你應付得了他的，」他說，「不會有事的。」

我走進店裡，看見穿著圓領針織衫的盧卡斯和蒂芬妮，兩人中間有個熱披薩，笑容滿面。「你活著耶！」我趴在桌上休息，臉頰貼著涼涼的木桌。他們伸手擁抱我，如釋重負。妹妹捏了捏我的脖子，撥去我臉上的頭髮。我餓死了，開始將溫熱的披薩送進嘴裡，吃了兩片。我閉上眼睛，品嚐融化的起司和酥脆的橄欖跟洋蔥，一口可樂，一口餅皮。盧卡斯帶了一包水果軟糖當驚喜，他拿一條出來扭動，並在我臉上輕啄一下。我感到很安心，開始想睡。他們幫我精心準備了一個可以倒下的溫暖地方，不用問也無需解釋。我感覺恐懼漸漸消失，世界再度溫柔了起來。

天黑後，媽媽堅持要大家來玩農曆新年剩下的仙女棒。我說我好累，不太想玩，但她堅持要在那天晚上把它們用掉，彷彿它們是快要爛掉的香蕉。天空一片黑暗，仙女棒點燃了，噴出一陣陣火光。爸爸兩隻手各拿一支，站在泳池的跳板上指揮起來。盧卡斯追著我媽媽，她穿拖鞋繞著泳池跑，對小黃花和橢圓形的仙人掌發射一堆聽不懂的咒語。我跑進屋裡叫蒂芬妮出來，因為爸媽都瘋了。媽媽把最後一支仙女棒交給我，我看著噴出嘶嘶聲的火光往下延燒，在熄滅之前，媽媽開口：「敬新的一年、新的開始，祝我們所有人健康快樂、相聚在一起，未來一片光明！」小小的祈禱，三月的新年慶祝，無月之夜的五束火花。

✦ ⋅ ✦

盧卡斯飛回學校了。週末我都在用無聊的小事讓自己分心，但有件事情我怎麼樣都擺脫不了。發現自己在飛機上張嘴睡覺會讓我感到很丟臉，而我卻這麼慢才意識到那天晚上有好幾個男生看見我裸露的樣子。我數了數：去追布羅克的彼得（1）、蹲在我旁邊的卡爾（2）、報警的兄弟會成員（3、4、5、6）、一個拿燈照我後就跑掉的人（7）、被找來的泰勒主任（8）、帶他過來的人（9）。接下來是副警長布萊登．蕭（10）和搭檔艾瑞克．亞當斯（11），還有急救人員少軒．史蒂芬．范姜（12）和搭檔亞當．金恩（13），他們用力壓我的指甲讓我對疼痛產生反應，我短暫地睜開了眼睛，接著又昏過去。我倒在那裡的整個過程中，左邊的乳頭露在外面、光屁股、肚皮皺起，發亮的鞋子踩在泥土上。警官們蹲下來記錄：「整個臀部清晰可見，左乳裸露，衣服毫無規則，內衣一團亂。」我躺在地上讓人拍照，而這些照片，包括在醫院的那些，都會被投影出來給法庭裡的每一個人看。想到這裡，我忘記數到哪了。

我對星期一的反詰問感到很害怕。我記得大學時有位喝醉的男同學把一塊空心磚一路拖回家，有人問他為什麼要這麼做，他說：「因為我需要一塊門擋啊！」我們都大笑，因為這根本狗屁不通，但對那時候的他來說，這簡直是個完美的好主意。想像一下在法庭上這麼說：「你不覺得這空心磚不太合理嗎？你怎麼不找個輕一點的東西？或是去弄一個真正的門擋，小橡膠塊那種？你找到這塊空心磚的時候，它大約是位在什麼地方？你偷了它嗎？你找到它的時候有多醉？你平常睡覺的時候門是開著還是關著？讓門開著的目的是什麼？」

我第一次看《火爆浪子》（*Grease*）的時候是九歲，我很喜歡姍蒂，喜歡她蜜桃色的短裙和滑順的馬尾。整部電影都很流暢，直到最後一幕。她突然以黑色皮褲和紫色眼影現身，我焦急地心想：「姍蒂去哪了？她還好嗎？她一定是轉學了，她知道約翰屈伏塔劈腿了一個抽菸的爆炸頭女生嗎？其他人怎麼都不擔心呢？」我看著他們一群人在園遊會裡跑來跑去，姍蒂卻不見蹤影，讓我很絕望，所以我小時候一直都很討厭《火爆浪子》。

好幾年後我才知道，我看見的是同一個人的兩種面貌。以前總覺得無法想像，這兩個人的外型和行為一點都不像，我們怎麼認得出來呢？綁著鞋帶的小白鞋怎麼會變成熄掉菸屁股的黑色高跟鞋呢？接下來辯護人要創造一個全新的形象，讓陪審團看一個我從來沒見過的面貌。

星期一，隔週

大家再次各就各位，彷彿我們從未離開過。我身穿新的藍色上衣，在反詰問開始之前，檢察官讓我拿著一支紅筆站在法庭前方，我身後有一疊大張的白紙。我有想畫畫的衝動，希望陪審團可以喊出一些物品或動物讓我在他們面前畫出來，在我變回艾蜜莉之前讓他們一窺真正的我是什麼樣子。

紙上有一條看起來像脊椎的垂直時間軸，我前面的證人用綠色和藍色留下了註記，檢察官要我標出我打給茱莉亞和蒂芬妮的時間。我猶豫了一下，不想在寫字的時候背對大家，所以我往後退，站在白紙旁邊，以奇怪的姿勢歪著手腕標上我從通話紀錄裡記下的時間。我寫的紅色數字歪歪扭扭，擠在其他的時間點裡面。她沒有再問其他問題，我回到座位上。

辯護律師站起來，視線還停留在他的記事本上。他是個結實又一板一眼的人，沒有問候，沒有早安，沒有微笑。「香奈兒，有關你今天早上所提供的證詞，那些螢幕截圖和——和你隔天在手機上看到的東西，你不但不記得對話內容，也不記得撥出了這些電話，對吧？」

我瑟縮了一下，我的紅色註記被一筆槓掉。他盯著他的記事本，好像那是我的履歷，而這是一場求職面試，他在想我怎麼會認為自己有資格出現在這裡。

「你記得你在卡帕阿爾法會館的最後記憶，也就是你跟妹妹一起站在露台上，那時候是幾點嗎？」

我說了一個時間。

「你沒辦法知道那時候是幾點，所以你盡可能地推測，對吧？」

我感覺自己知道的比我以為的還要少。

「你在星期五一開始作證的時候，告訴了我們你的身高體重，那些是你在二〇一五年一月十七號時的身高體重嗎？」

我腦袋一片空白，我不知道我在一月十七號的體重。

「在你的證詞裡面，你提到——有關去卡帕阿爾法的打算，你說跟妹妹一起去，但你覺得自己比較像她的媽媽，這句話——這句話是什麼意思？」

我這樣說不對嗎？他聽起來很不耐煩，好像我後面有一百個人排隊要找他。他問我那天晚上的下車地點是不是在特雷希德紀念堂的停車場，我從來沒聽過這個名稱，只知道是在一塊鋪了柏油的地方。

「是史丹佛書店的停車場。」我說。

「是在書店後面還是書店前面？」

其實兩者都不是。是書店旁邊的一塊地，在校園的中心。這要怎麼解釋？他問我離下車地點最近的建築是什麼，但我並不知道那附近的建築叫什麼。

辯護人：「你也提過，在你去了卡帕阿爾法會館之後馬上就開始假裝歡迎大家和唱歌，讓你妹妹尷尬。那就是你當時想要做的事情，對嗎？那是刻意的。」

我：「刻意歡迎大家還是刻意耍笨？」

辯護人：「耍笨。」

我：「是的。」

不好嗎？耍笨不好嗎？

辯護人：「好。用紅色杯子喝伏特加也是，你一口氣喝完對嗎？咕嚕咕嚕地喝完。」

我：「是。」

辯護人：「好。那是你所做的決定對吧？」

我往下看，認為這是個很不好的決定。

辯護人：「你在大學時常去派對，對吧？」

他大聲宣讀筆記，像是在指控我，而不是盤問。

我：「我去派對的次數合情合理，我並不認為自己熱衷於此。」

辯護人：「你的確有在詢問時告訴警察你參加很多派對，對吧？」

哪個警察？金警探？我有那樣說嗎？

我：「對，我——」

辯護人：「好了。」

我：「我也有社交生活。」

辯護人：「還有——」

他在糟蹋我。檢察官插手了。

檢察官：「庭上，我請求他們不要互相插話——」

法官：「同意。」

檢察官：「——並且讓她完整說明她的回答。」

法官：「請——請一次一個人說話。下一題。」

辯護人：「好。你以前也有過記憶斷片的經驗，對吧？」

我好奇他想要把我帶往哪裡。

辯護人：「你以前斷片的時候，也通常是在活動結束的時候，對吧？」

我：「或是我不記得的某些時候——」

辯護人：「還有——」

我：「並不是都在最後。」

這是在比快，墊腳石在我腳下消失了，我無法快速移動，但我決心要跟上。

辯護人：「你被警察詢問的時候，你跟警探——也就是德維盧特警官說你通常都是在結束時發生記憶斷片，對嗎？」

德維盧特這個名字並沒有讓我想起誰，是那位長頭髮的女警官嗎？我看著他揚起的眉毛，聽見他大聲呼氣，對我的慢吞吞感到不悅。

我：「對，是的。但那樣的話我就會記得其他事情了。」

辯護人：「好。在同樣的時間裡，你記不記得有聽見手機鈴響？也許有人想要找你？」

我：「我想我把手機靜音了，因為我不喜歡拍照時的快門聲，那時我有拍照。」

辯護人：「你對調靜音有特別的印象嗎？」

我：「我經常靜音，這很簡單，如果是用滑的話滑一下就好。」

辯護人：「我了解，但這不是我想要的答案。」

他放下記事本，手插在腰上。他仰起頭，露出極為困惑的表情。我做錯了，我所有的感覺都亮起紅燈，身體彷彿看到一條蛇在盤繞而僵硬。他很明顯在生氣，我們還要繼續聊手機嗎？

辯護人：「我的問題是：那天晚上，你有沒有特別的印象，記得你把手機靜音了？」

我：「我告訴你，我都會靜音，特別是在照相的時候。」

他把手放下，搖頭並開始急促地翻筆記。

辯護人：「好。你記得十月的時候在初步聽證會上為這個案子作證嗎？你被問到這個問題——律師，這是在五十頁第十到二十一行，你被問了這個問題：『那天晚上，你在派對裡帶著手機，手機的設定是可以讓你聽到鈴響的，是可聽見的鈴聲，對嗎？』回答：『我想設定是會響的。有時候我會把它關掉，因為如果我拍很多照片的話，我不喜歡每次拍照它都會發出聲音，所以我會調靜音。我想那個聲音是自動的，而且很大聲。』這是你當時所說的話，正確嗎？」

我輸了，輸給自己所說的話。丟臉。我讀得不夠認真，我沒想到他會這樣讓我成為自己的敵人，沒想到他會退一步說我可不是在指控你，只是複述你說過的話。突然間我好像在盯著自己的臉看，在想我怎麼能跟自己爭論呢？

檢察官站了起來，提出覆主詰問。

檢察官：「香奈兒，你剛才被問到初步聽證會上有關手機的問題，你記得嗎？」

我：「記得。」

檢察官：「律師省略了那段的最後一句，你是不是也說了『但我也可能調成靜音』？」

我：「是的。」

她逮到他了。他故意不把那段文字唸完，把我的話切掉；她開始慢慢將我從角落裡引導出來。她問我之前記憶斷片的經驗是否跟一月十五號那次不一樣，我說以前昏倒的時候我從來沒有半裸倒在外面過。我想對她行禮，因為她讓我有機會澄清：

檢察官：「請你描述你搬回家之後的酒量。」

辯護人：「抗議。無相關性。」

法官：「抗議成立。」

檢察官：「你的酒量在大學畢業後有改變嗎——跟大學時期比起來？」

我：「有。」

辯護人：「抗議。無相關性。」

法官：「抗議駁回。」

檢察官：「如何改變？」

她想給我機會，讓我陳述我在案發時的酒量跟大學時比起來差多了，他卻把這個問題給去掉。我在用兩種視角說同一個故事，即透過檢察官的提問和辯護人的提問。他們的提問創造了敘事角度，建立了架構來形塑我所說的話。

被檢察官問話時我感覺被開腸破肚，我被迫要面對痛苦的回憶，要再經歷一次給陪審團看；被辯護人問話則是讓我窒息，他並不想像檢察官一樣揭開那塊滿是情緒的領地，他想要把它掩蓋起來，把我的特殊遭遇給抹去，將我簡化後打入派對與記憶斷片的刻板印象之中，用技術性的問題把我兩隻腳的鞋帶綁在一起，再強迫我跑步讓我跌倒。

還有一件我在聽證會時也有注意到的事，那就是他說「對吧」的頻率。他在問題中就已經設計了答案，而不是以開放式的結尾來提問，像是「對吧？不是嗎？正確嗎？對嗎？」。旁觀者會認為他只是在確認事實，但他說的很多都不正確，要在陪審團面前不斷反駁他讓我感到羞愧；跟一個記憶不全的女人比起來，他們不會更相信這位西裝筆挺又有條不紊的男士嗎？我有資格一直說「等等，其實⋯⋯」嗎？整個過程我都感覺他拉著我的手往某個方向去，而我則是拚命抵抗。

當被問到我曾經發生過幾次記憶斷片，我說四到五次，法庭裡瞬間有了反應，大家紛紛低頭記下這個重要的事實，程序在大家振筆疾書的同時停頓了一下。「該死！」我心想，我馬上就知道那天晚上我將會在新聞裡看到這件事。不知道檢察官要我誠實作證時，這種誠實有沒有包含在內，我是不是應該說兩到三次，反正他們也不可能知道。但這樣也不對，因為我以前斷片過幾次一點也不重要，這次就是不一樣，我不是來這裡謊稱自己以前如何，也不是來為過去道歉的。儘管如此，我還是苛責自己，因為我的性格缺陷，讓我方的處境更加艱難。

辯護人用嚴厲的表情和平直的語調問了我最後一個問題：「而你的晚餐是花椰菜跟飯？」我盯著他看，等待喜劇表演中引爆效果的最後一句話，但他一點也沒有要搞笑的意思。

結束來得很突然，當我獲准離席，我繼續坐了一下，彷彿剛才我一直在旋轉，現在得直直地走出去。我快步離開法庭，走下樓梯，鑽進車子，把椅背往後調，直到平躺。我應該要放下心中的大石頭了，卻心神不寧，我不知道我算是做得很好還是毀了自己的信譽。他精心設計每一個字，為什麼會在最後以花椰菜跟飯結尾呢？離開之後我想起我爸做的是藜麥，不是米飯，藜麥有可能會降低我對酒精的耐受度。我打了一則訊息給檢察官，想要澄清是「藜麥，不是米飯，可不可以幫我告訴大家」，但又猶豫了，她現在一定在忙著詰問下一位證人。我已經沒機會了。還有，那個手機鈴響到底有多重要？我永遠忘不了他看我的眼神，好像我辱罵了他的母親，為什麼要這麼生氣呢？鈴響跟靜音哪個比較好？哪一個會讓我勝訴？藜麥還是飯？書店的前面還是後面？記憶斷片三次還是五次？我們小心翼翼繞過那些沉重的部分，把焦點放在瑣碎細節上，其中有很多我大概都答錯；辯護人有好幾個月的時間可以設計問題，我卻只有幾秒鐘的時間回答。

我閉上眼睛，想起他說的另一句話：「這不是我想要的答案。」我太天真了，終於明白他對我的回應根本沒有興趣，他早就有想要的答案了，他只是要從我口中聽到。我還聽到了一些隱藏的布局：「那就是你當時想要做的事情，對嗎？那是刻意的，那是你做的決定。」他讓那天晚上充滿了意圖與錯誤決定，暗示這些都跟最後的結果脫不了關係。如果你決定參加這場派對並有意喝個爛醉，那麼要相信你會跟人摸來摸去、隨便發生關係應該不難吧？我用掌根輕敲額頭，帶點節奏，對自己說：「笨蛋笨蛋笨蛋。」

我的部分結束了，但現在應該要振作起來，保持堅強，蒂芬妮再幾個小時就要出庭作證了。當我握上方向盤，我又看見了半月形的紅色傷痕，就像紅色的咳嗽糖漿從皮膚底下滲了出來。無論我看起來多麼鎮靜，我的壓力還是找到了出口，我的雙手在席位底下緊緊握著，指甲刺進皮膚，就像兩隻搏命的螃蟹，而我卻毫無知覺。

爸爸在家裡留了一張字條：「女兒們，今日會掛心你們。記得，你們會因為真相而自由。讓起司通心麵、鮭魚、雞湯溫暖心靈。要堅強！」玻璃鍋裡的起司通心麵已經放涼了，我拿了一隻湯匙來舀。

蒂芬妮在房間準備，穿了一件紅色上衣，然後換成一件黑色的，再換回紅色的，汗水浸濕衣服，她舉起手臂讓我把有印子的地方吹乾。我讓自己忙著幫她，若是我坐下來陷入深思，絕對不會再讓她回到那個地方。

那天稍早，在我離開法院之前，我看見一位穿西裝褲的亞裔男生背著郵差包站在走廊上。

有人告訴我會有一位DNA專家出庭作證，不知道是不是他。後來我得知他的名字是克雷格・李，是一位鑑識生物學家，在他之後還有急救人員少軒・史蒂芬・范姜，以及犯罪分析師愛麗絲・金恩，他們全都為我出庭作證，那時我正在家裡，確保我跟蒂芬妮都有填飽肚子並做好準備。我在照顧她時，他們也在為我們兩個奮戰。

蒂芬妮開車，我們一起回到法庭。我問她還好嗎，她卻在為一隻擋風玻璃上的毛毛蟲擔心，牠的白色細毛在空中飄啊飄。她說我們得救牠，我說我們快遲到了，但接下來她就開到路邊，停車，熄掉引擎。我解開安全帶，在置物盒裡翻找，拿出一張皺皺的收據。我下車把收據一點一點地塞到牠小小的腳下，再把牠放到草地上。我回到車上，她問我確定有看見牠活著爬走嗎，我又下車確定牠有在動，她才讓我回到車上。

休息室有妹妹的兩位朋友，伊麗莎白和愛努沙，我很感激她們為這個陌生的地方帶來了熟悉感。幾小時前還在哭泣的我已經變成另一個人了，既樂觀又可靠。出庭的時刻到來，我讓我的倡導專員跟她一起進去。

接下來就沒我的事了，我本來應該要回家，但我還不想離開。我走到那條通往法庭的走廊，好奇會不會有人看見我，並指控我想偷聽。我從法庭大門的窗戶往裡面看。

在我十歲、妹妹八歲的時候，我們去了中國的一座室內游泳池，那裡又大又空，有著溫室般的玻璃牆，水道好長好長連到了天邊，玻璃上充滿霧氣，有點泛黃。那是週間的上午，只有一位老奶奶在水裡划來划去。爸爸把泳池另一頭私人更衣室的銅鑰匙交給我後，很快就在入口處的躺椅上睡著了。

我們打開更衣室的門，光腳在長凳上跑來跑去，這裡都是我們的了。裡面有一道門通往小淋浴間，我們把淋浴間的門關上後開始按壓洗髮精，把我們的頭髮都豎成尖尖的。接著妹妹想回到游泳池，但打不開門，那當然是因為她不會開，所以我過去扭動門把，卻發現我們出不去了。她穿著亮面的彩虹泳衣，泳鏡戴在額頭上，手肘放在小肚子上，用手捧著臉，滿臉期待地看著我。我跟她說門把有點卡住了，所以我們要等爸爸來。我們沉默地坐著沖水，我又往頭上抹了一些洗髮精，但已經不好玩了。不久後水變冷了，我不知道該怎麼用中文說「救命」，「數到三，一起大喊『哈囉』好嗎？」我說。就在我數到三之前，她開始尖叫，那是我從沒見過的尖叫。尖叫之後的寂靜更是讓我害怕，沒有腳步聲，也沒有轉動門把的聲音。

只要妹妹哭泣，我就會開始思考。我爬上洗手台往外頭看，那裡只有公路，我想像我們赤手赤腳地跑在滿是卡車的路上，然後我注意到了木門底部通風的百葉孔。我用掌心推向第一根木條，直到它像斷掉的骨頭那樣折斷，我繼續弄斷第二根、第三根，被我征服的碎片掉在膝蓋邊。手好痛，我轉身看妹妹能不能幫忙，但她摀著眼睛站在原地。我休息一下，把六根木條都弄斷，最後剩下一個木框，四邊都有牙齒般的釘子。我把釘子弄彎，讓它們彎向別處，再縮緊肚子，非常小心地讓手和頭通過洞口。釘子尖端刮破了我肋骨處的皮膚，我出來了，但鎖還是壞的。我伸長脖子從方形洞口看她，並說：「待在這裡數到一百，等你數完我就回來了。」我跑過游泳池，把爸爸搖醒。他一張開眼睛我就哭了起來，喊著妹妹的名字。

爸爸找了人來修門把，妹妹則是孤獨地在門的另一邊傷心哭泣。那個人說這門有時候就是會卡住，我氣炸了，你沒看見我妹妹被困在裡面嗎？當門打開，她撲向爸爸，我看著那一小堆木條，心想：「我把我們救出來了，我總會找到方法的。」

我穿著黑大衣站在走廊的磁磚地上，從窄窄的窗戶望進法庭。我看見她坐在法庭前面，她的頭在麥克風前小得像顆豆子，嘴巴在動。我希望我的手可以從天而降，像一隻機械爪子，把她輕輕拉出來，讓她待在我身旁，我們一起拋下這一切。我被困在門的這一邊，用溫熱的雙眼看著她。

我跟雅典娜在糕點店碰面等蒂芬妮結束，在雨中吃著杏桃三角餅。接近下午五點時，我們走回法院等她出現。有位記者站在外面，媒體不能和我說話，但她的視線落到我們身上，一路看著我們。她斜斜地拿著手機，我懷疑她在拍照，我開始害怕，所以我們通過安檢，走進法院。就在電梯門打開時，布羅克出現了，他手插口袋，家人和律師跟在身後。我以為他們會停下腳步往後退，彷彿有條不能跨越的隱形界線，但他們看了我一眼後便繼續往前，我也來不及移動，只能把身體轉向一邊，他們從我身邊走過，不把我當一回事。當我以他們的視角看自己，我就小了一百倍，不過是個無腦的被害人、他一生的汙點。倡導專員突然出現，她說蒂芬妮已經在車上了。

我們坐在車裡，窗外一片模糊。她說等雨小一點再走，我知道這是什麼意思，她想要呆坐一陣子。我得知她還沒結束，明天早上還得再來。我想問她進行得如何，要她告訴我所有事情，但擔心會被指控分享資訊。即便我們坐在上鎖的車裡，外頭還下著暴雨，害怕被監視和做錯事的恐懼都讓我們無法交談。

那天晚上我們放了一部湯姆漢克的電影好讓我們暫時忘記一切。她的手機鈴聲打破了這股寧靜，是檢察官打的，妹妹起身走向門廳。她帶著濕濕的眼睛走回來，坐在沙發上看著螢幕。「我把一切搞砸了。」她說。「不會的。」我說。「真的。」她說。我的安慰發揮不了作用，她說我不了解，我不在場。我好恨我不能知道發生了什麼事。後來我才知道，妹妹作證說那天晚上她暫時離開我時，覺得我應該沒事，辯護人就利用這點，主張布羅克找到我時也同樣有理由認為我沒事。若他們能證明布羅克真的認為我的意識能清楚同意他的行為，他們就能全身而退。「我的意思是我以為你不會有事。」她說。我知道她的意思，她的意思是她沒想過她的姊姊會被性侵。艾拉蕾打給她是要她說清楚，並堅定立場，因為辯護人明天會針對這點攻擊。

我幾乎就要抓起鑰匙直接走出家門，我想要開車到辯護律師家，走上他鋪了地毯的樓梯，將穿著蠶睡衣的他用力搖醒；他的眼鏡還放在床邊桌上，我會掀開他的被子，看見他又白又毛的腿和長筒襪；我會問他知不知道自己把我妹妹弄得心神不寧，難道不能找個正派的方法來處理這件事，讓這件事不要驚擾我跟布羅克以外的人，再好好地看看那些證據，我的血液酒精濃度、語音訊息，你還想要什麼，你是不是想要毀了我妹妹，我會把你終結掉。這好像都變成我們的錯了，不是他的。

當我坐在那裡看著她在面前崩潰，以及她為了擔起一切而承受的煎熬，我終於懂了。他知道我們內心都有愧疚，有揮之不去的聲音在說我們做錯了。「不就是你嗎？你離開了，誰說她沒事的？」他找到了這點，掌握了這點，加油添醋一番，培養這份罪惡感直到它吞噬一切。等到我們被自責淹沒，被痛苦障蔽，我們也失去了看清的能力。

這發生在妹妹身上，也發生在我身上，我們兩個都被迫吞下失真的事實，我們的話都被曲解，直到我們變得不敢肯定、名譽掃地，認為自己有缺陷又破碎。我們自願撞牆，感到困惑，帶著歉意，不確定自己還有什麼說話的權利。我解開了這場遊戲的祕密，這並不是在追求正義，而是一場耐力考驗。但他犯了一個錯，找上了一個我會為她赴湯蹈火的人。看懂了嗎？如果當初就只有我一個人，我可能會打退堂鼓，縮在自責的角落。但有她在呢？那天早上他問我，說我像媽媽多過姊姊是什麼意思，我只想說，不知道，你來告訴我吧。當有人跑到一隻母熊和牠的孩子中間，你聽過什麼叫做面目全非吧？

我把精心整理的重點和打氣的話扔進抽屜，為自己寫了新的真言：「去他的炒飯。」誰管你喝了什麼、怎麼喝、跟誰在什麼時候喝；誰管我在桌上跳舞還是在椅子上跳舞。你要我據實陳述，完整陳述，句句屬實是嗎？你的答案就是垂著肩膀低著頭、頭髮整齊坐在那裡的傢伙。你想知道為什麼我全家人都受傷、為什麼我丟了工作、為什麼我的存款只有四位數、為什麼我妹妹課業跟不上嗎？因為我在一月的某個涼爽夜晚出了門，而有個人，有個人在那裡「決定」要或不要、做還是不做，因為他想找個人上，「意圖」要找個人上，結果剛好是我。

我不會因此有缺陷，我不會因為這樣就不夠好，但我卻因此感到憤怒。妹妹讓我看見了我該看見的；當你仔細端詳，痛苦會讓你明白。我現在知道那位律師的目的了，而我不會讓他得逞。他自認為可以擊潰我們，但從這天起，我會開始壯大。

8

審判會在這週持續進行，不過我不能進入法庭。我活在一個奇怪的平行宇宙，白天我會漫無目的地隨處晃，晚上會看地方新聞。蒂芬妮的作證在星期二結束，我問檢察官下一位是誰。「一位記憶斷片的專家。」她說，我停了一拍，等她告訴我這是玩笑話。我想說：「我才是真正的記憶斷片專家吧。」布羅克他們支付了這位專家佛洛姆博士一萬美金讓她出庭作證。她聲稱，即使我不記得，我還是有可能準備要、願意，且有能力表達同意。

星期三，布羅克作證那天，我穿上慢跑鞋。他將會擺出一個他設計過的我，從箱子裡拿出一具布滿灰塵的假人，把她拖上台，跳著詭異舞步摩擦她的臀，把她的嘴撕成微笑，以親吻裝扮她，讓她吞下他預先準備的話語。我覺得噁心，快透不過氣，我的身體被他抓住，困在那棟小小的方形建築裡。我跑了好幾公里，在狹窄的小徑裡迂迴前進，在山丘上與幾匹過胖的馬擦身而過。

那天晚上報導出來了，文章在方形螢幕裡發光。我的視線模糊又重新對焦，跟自己爭辯是否該看他說了些什麼。我決定快速看過就好，很快地滑了一下，但在看見「同意」這個小字後我停了下來。我數了數他讓我吞下幾個同意：他說我同意跟他跳舞，同意跟他去宿舍，同意他用手指弄我。

我曾經修過一門電影與文學的課，賀南德茲先生讓我們看《大白鯊》（*Jaws*）的一幕，是主角馬丁正在跟妻子愛倫道別，準備登船。愛倫擔心會失去丈夫，但她沒有說：「務必小心，我愛你！」而是說：「我在你的黑襪子裡多放了一副眼鏡，還有你的滴鼻劑、氧化鋅、護唇膏在急救包裡。」而作為回應，馬丁沒有說：「別擔心，我會回到你身邊！」而是說：「別用書房裡的壁爐，因為我還沒把煙道修好。」她點頭說好，「我該怎麼跟孩子說呢？」他說：「跟他們說我去釣魚。」

愛是盡在不言中，愛就是她準備的黑色襪子、他要回來修煙道的承諾、保護孩子的渴望、對彼此的細心關照，和想要在即將來到的風暴中盡快安慰對方的衝動。最重要的訊息一向都得用心感受，不會以精確的方式表達，這才是真正的對話。

我們來看布羅克的證詞。

「我問她是不是想要我用手指弄她。」

「她有回答你嗎？」

「有。」

「她說什麼？」

「她說好啊。」

他承認有試圖親蒂芬妮。

「對此她有跟你說什麼嗎？」

「沒有，她走掉了。」

他說他脫掉我的內褲，從腿上拉下來，穿過靴子。他說我高潮了，「然後我用手弄了一分鐘，我想她應該是高潮了，然後——嗯，中途我有問她喜不喜歡這樣，她就嗯哼了一聲。」我看著這些文字，先是坐著，接著開始在地板上爬，然後躺下。他說隔著衣服磨蹭讓他肚子不適，便決定要離開。就在那時，他「發現有個男生就站在他旁邊」。他說他有點害怕，因為他們在講某種「外國語言」，他說他們扭傷了他的手腕。但他被逮捕後從沒提過手腕痛，他還向陪審團說自己得打上石膏，也有瘀傷跟破皮。布羅克解釋自己逃跑是因為害怕他們會傷害他，艾拉蕾問他：「那你不擔心他們會傷害香奈兒嗎？」他說：「我沒有回頭看她。」小學二年級時，我們有一種可以換獎品的東西叫做「毛毛」，是小小的彩色毛球。如果你表現良好，準時交作業，就會得到毛毛。布羅克的毛毛數量一開始少得可憐，但他作證那天卻帶了一卡車的毛毛。它們灑在法庭的地上，淹到了他膝蓋的高度，他的毛毛突然多得可以換取勝利了。不知道陪審團看不看得出來他的毛毛是假的。

檢察官：「所以你今天坐在這裡，承認你有跑？」

布羅克：「是的。」

檢察官：「所以你對金警探說謊，是嗎？」

布羅克：「是。」

被害人經常、也自動地被認為會說謊，但當犯罪者被揭露說謊，他的汙點就消失了。為什麼我們會提防被害人做出不實指控，卻很少考慮過有多少男人公然說謊、輕描淡寫，或操控別人，只為掩飾他們的罪行呢？

他讓這一切聽起來太簡單了，如果他有經過我的同意，他就會在被捕時告訴警察了。他設計的最新劇本明目張膽得不像真的，太好相信了。他以差勁的作文技巧來重建故事，幾乎寫成喜劇了。跟他進行這種愚蠢的對話對我來說是種侮辱。

我打給盧卡斯，一邊笑著。「他竟然說我想要！簡直不可思議！這對我們有利吧？他玩完了，比賽結束。有人會相信嗎？這太蠢了。」但電話另一端的盧卡斯很安靜，說他想吐，要暫離幾分鐘。當我聽著這股沉默，我感覺內心變得冷酷，一股怒氣升起。「你得跟我玩這場遊戲，你應該要說他顯然還不夠聰明！你應該要說你已經勝券在握了！」我沒辦法像你那樣想吐、被激怒，選擇不聽這些；如果我停下來細細理解這件事，我會崩潰的。

盧卡斯沉默的時候，我的幻想開始動搖，我也隱約察覺到了我所面對的東西。那是很殘忍的，是迫害。法庭的規則不見得能保護我，作證前的宣誓只是假承諾，誠實是說給小孩子聽的。布羅克會依照他想要的去執行，毫不在乎又自以為是。他認為自己可以再次入侵我，而這次是在我的嘴裡硬塞一些話，讓我成為他現實生活中的腹語娃娃，把手伸進去，讓我說話。

星期四，法院休息。我跟朋友麥特去了我最喜歡的印度餐廳，坐在戶外從金屬容器裡挖出橘色的飯。桌上有份地方報紙，頭版是穿著西裝的布羅克跨著大步。我瞄了幾眼，怕顯露出太多關注，麥特也看了一下那份報紙。他在我咬一口咖哩餃的時候說：「你知道那個被性侵的女生嗎？」我裝傻，「最近嗎？」我說。「不是，大概是一年前。」他說。「噢。」我說。一股感覺湧上，我恍神了一下，那股感覺退了，我又回過神。

「你怎麼知道這件事？」我問。「他在這裡惡名昭彰啊，而且臉書上都在討論。」他說。我們離開的時候我拿了那份報紙，說裡面有我想用的折價券。麥特開車時我隨意翻了翻報紙，「你覺得她有錯嗎？」我問。他露出不同意的表情，用力搖了一下頭說：「當然沒有。」我只要知道這樣就可以了。我們開到我家，麥特在沙發上彈起曼陀林，我則試著用鋼琴加入他，享受隔天法院開庭前的自由時光。

星期五，也就是最後一天，布羅克的律師請來了四位品格證人，當中沒有一位來自史丹佛，意味著他都請以前認識的人來為現在的自己作證。名單包括他青少年時期最好的朋友、前女友、他高中的游泳教練和法語老師。我也學了六年的法語，但我從沒想過要請傑生夫人來證明我能把《小王子》唸得很好。他們要來這裡說什麼呢？他又沒有在課堂上把陰莖掏出來，也沒有撫弄他的教練。

如果要我表演一項行為藝術，我會讓布羅克趴在一具半裸假人身上，讓這四位證人在他身旁站成半圓，並在這一幕加入他們在法庭上說的話。就拿法語老師來說，「我絕對絕對絕對不可能會把性攻擊或攻擊他人的行為跟布羅克聯想在一起。」我會擷取「絕對絕對絕對」做循環播放，讓布羅克隨著每一個「絕對」以下半身用力頂假人。當布羅克脫去假人的衣物，「我不相信他會做任何傷害別人的事。」而他跑走的時候，教練會說：「我認為布羅克非常恭敬有禮，他知道什麼是對、什麼是錯。」

他們那些老掉牙的話並不讓我意外，但令我不解的是，在一場理應檢驗事實的審判中，為什麼花好幾個小時為他歌功頌德？他的過去包含了他的童年、學業、暑假打工和甜美戀情；我的過去則是第一次到第五次的記憶斷片。我和他的人格都一樣在接受檢驗；我的行為、我的沉著、我受人喜愛的特質也都會被評估，我卻沒有東西可以說明我也有豐富的生活，也被關心我的人圍繞。

檢察官並沒有花太多時間做反詰問：

「很顯然你——他喝很多酒的時候，你在嗎？」

「沒有。」

「你沒見過他喝醉的樣子？」

「沒有。」

「十七號晚上你也沒有跟他在一起是嗎？」

「沒有。」

「所以你並不知道那天發生了什麼事？」

「沒錯。」

他的詰問很簡短，迅速證實他們毫無用處。她問他的法語老師有沒有跟他談論過他的性癖好或欲望，她回答沒有。詰問他的前女友時，她說：

「你們不會在公共場合親熱，這樣說對嗎？」

「嗯……什麼意思……」

「好，你們沒在公共場合發生過性行為？」

「沒有。」

「好，那應該逾越常理了吧？」

後來有人跟我描述那位前女友臉上的震驚表情，在檢察官問到公共場合性交時，她的頭往後縮了一下。我想說，是啊，的確很可怕，在垃圾桶後面性交。檢察官說她唯一一次看到布羅克哭就是在他前女友作證的時候。

我並不打算理會這些不重要的故事，我認為無需對此投入注意力和精力，但現在讀到這裡，我卻停了下來。在審判當中，陪審團要對這個人是健全良善還是窮凶惡極做出決定。我從未懷疑過他們說謊；事實上，我希望你可以了解這些都是真的。這位在游泳池教你游泳並幫助長輩的友善男生，跟侵犯我的是同一個人，一個人是可以同時具備這兩種能力的。社會大眾經常無法理解這些事實是同時存在的，它們並不相互衝突。有害的特質也可能潛藏在一個好人身上，這才是令人害怕的事情。

布羅克有位跟我同年的姊姊，法語老師有三個女兒，游泳教練有一個女兒兩個兒子，年紀都跟我差不多。但他們有女朋友、有姊姊和女兒對我來說一點用也沒有，我就是不一樣，不在他們能同理的範圍內。在法庭上，我的身分被簡化、歸納為「別人」。

星期六，我以為我會在所有作證都結束後感到如釋重負，但我感覺癱軟無力。我一天天地失去掌握度，程序已經走偏，偏離了決定性的問題，一切都比我想像的更有殺傷力，也更無關重點。我在報導裡讀到我是多麼「失控地哭泣」，讀到有關「她的陰部」的最新消息，還有「這位土生土長的俄亥俄州人與她四目相交，將右腿跨在左腿上，用腳拍著地板」。從網路上看起來，我好像只會哭；而現實生活中，我開始喪失基本能力。我不再睡覺，忘記吃飯，也無

法正常排便。那兩週之後，我的性情變得孤僻，身體也萎縮了

媽媽打給我說：「你可以去看外公嗎？」她送他到機場飛去中國，他備好了行囊，梳好了頭髮，換發了護照，下載了中國戲曲，鍋碗瓢盆都丟到一邊，鞋子在門邊擺好；而在地球的另一端，有位親戚會等著他，帶他去吃一頓有醃菜、米粉和鵪鶉蛋的晚餐。但當他們抵達機場的報到櫃台，卻發現機票上的中文名有個字母拼錯了，於是航空公司拒絕他登機。媽媽送他回家。那是媽媽第一次看到外公掉眼淚，她希望我可以去安慰他。當我開到他家，我的怒氣卻湧了上來。

一個小小的字母怎麼能阻擋他飛過大半個地球呢？我進門時幾乎沒問候他就直接走到電話前，開始撥號。我外公跟他的朋友略為傻眼地看著我對一位束手無策的業務大吼，「他就是要去他媽的中國，告訴我這是什麼道理，你們應該還有其他辦公室沒休息吧。」他從沒見過我這樣，我感覺他的手在我背上安慰我，說我可以回家了，他們來處理就好，但我氣炸了。一個字母！他所有的計畫就因為一個小小的錯字泡湯了，簡直不可思議。一個這麼小的東西竟然可以毀掉一切。

在審判中，所有證據都有歸檔。要是裡面有個錯誤，有個小字被忽略了，就一個字母呢？若陪審員心中產生了一絲絲懷疑，那就全毀了，不用旅行了，打道回府吧，輸了。

隔天早上，我醒來發現櫥櫃上有一碗水煮蛋和兩盤淺淺的粉紅色跟黃色顏料。我忘記是復活節了，只有我爸會堅持在性侵案審理時依然要在院子裡的罌粟花叢尋找彩蛋。我在排水道裡找到，還有鳥屋。蒂芬妮帶了一大袋的蛋開車回學校，準備開始她的最後一個學期。我好好睡

了一覺，慶幸她逃離了這艘下沉的船，回到正軌，要開始讀書而不是讀逐字稿。我其實也可以離開這裡，但想要等案子結束，而且也沒有要務在等我重返崗位。

剩下的就是陪審團評議前的結辯。檢察官說她的結辯從來沒有被害人到場過，她建議我等她結束前半段的結辯再進去，因為會有一些照片，我等中途休息時間再進去即可。她似乎有點感謝我願意去，「陪審團會看見你有多在乎。」我又為自己多爭取了一點分數。

我的家人和朋友都在星期一早上為結辯而齊聚一堂，爸爸、媽媽、安奶奶、安妮和雅典娜都來到法院，我這邊的空位終於像布羅克那邊一樣滿了。我一個人坐在走廊的木長椅上等待，知道大家正在看那些他們不讓我看的東西，但我將自己的好奇心緊緊拴住，心想他們這樣子保護我是有原因的。現在閱讀艾拉蕾的詰問內容，我才大概知道錯過了什麼。「她並不知道這些照片的存在……看看她的衣服，還有他是怎麼拋下她的……但當她沒辦法為自己發聲，那些照片為她說話了。」

爸爸走出法庭，搖著頭喃喃自語。他從我面前走過，我很訝異，「爸！」我說。他抬頭看到我，緊繃的神情便消失了，看起來有點恍惚。「你看過那張照片嗎？你倒在……？」我搖搖頭。「你看起來像死掉一樣，」他說，「好像有人要把屍體拋進垃圾桶但沒瞄準。如果待會沒有結果的話，我會告他。」

我爸不是那種會告人的人。他會用冰箱裡的大水壺幫蜂鳥做糖水，每個週末都會把餵食器補滿。從小只要我說「恨」這個字，他就會說：「小心喔，恨這個字有很大的力量。」他是那種會為單簧管街頭藝人拍手的人，他會在夏天的下午煮燉飯，一邊跟著克羅斯比、史提爾斯、納許與尼爾．楊樂團（Crosby, Stills, Nash & Young）一起唱歌。但我在他的話裡聽見了前所未見的憤怒，彷彿我再說一次那個字他就要把這棟樓拆了。

休息時間，大家開始湧入走廊。我看到有個人去找艾拉蕾，他的襯衫上有個亮橘色貼紙寫著「陪審員」，我覺得很好笑，他們就像被貼上貼紙的香蕉那樣走來走去。「抱歉打擾你，」他說，「但我這個星期四要去看牙醫——你覺得我要取消嗎？」我暗自微笑，在她回答之前就已經知道答案。這就是我的生活：計畫被迫取消，結局未定。

布羅克走了出來，我應該要待在被害人密室裡的。他從我面前走過，他爸爸把手放在他背上引導他。他爸爸往下看了我一眼，又拉回視線繼續走。這只有一秒鐘的時間，但已經夠讓我的五臟六腑猛然暫停。這就是我感受得到、卻無法形容的東西，也是不會被記錄下來的沉默輕蔑。他的手足在走廊上徘徊，記者個個若有所思。

有位記者在上星期堵到了蒂芬妮的朋友，想趁她落單時偷問幾個問題。不相干人士每天都想從這裡挖消息，我已經不想再被當成觀察對象，他們總是為我架好我的敘事角度，讓我感到無力。

休息結束，我跟家人一起坐在法庭裡，我喜歡這樣混在大家裡面當一個觀察者。檢察官起立面對陪審團，「事實上，這類型的犯罪經常都是機會犯罪，被害人漂不漂亮、有哪些行為或穿著並不重要，重要的是，她沒有說不的能力，她在那裡，而且非常脆弱。」我跟著點頭，一切都非常清楚易懂。

「審判是為了找到真相，而真相並不會像禮物般從天而降。有時候，還會有人刻意要屏障你看見真相的能力。」

她帶我們看過一張張的投影片，比對了布羅克前後不一的說詞，揭露了論點的漏洞，新的資訊就這樣成形了。她解釋，逃跑行為就說明了他有罪惡的意識。看著有人為我而戰的感覺很美妙，我想像自己透過她來發言，使用「串通」這種字眼和「我會向你證明」這樣的表達方式。她一點一點地拆解他的論證，直到摘下他的假面具。「我要向你們請求，還給香奈兒一個公正的裁決，表明他對她所做的事情是不對的，他對待她的方式是不對的，任何人以這樣的方式侵犯別人都是不對的。」

她說完時，我克制了自己想要鼓掌的衝動。

她就座，辯護律師起身。我在一瞬間升起溜出去的念頭，希望在這完美的一刻、飽滿的一刻劃下句點。但我聽見「各位先生女士」，來不及了。辯護律師一開場便請求陪審團認定布羅克無罪。

「讓我來說明為什麼。」他說。「我離開卡帕阿爾法的時候，香奈兒看起來還好，所以就不擔心讓她留在那裡。這是誰說的？是她妹妹蒂芬妮說的，在所有證人當中，有誰會比蒂芬妮還了解她呢？沒有人。蒂芬妮最了解她……這是她對認識了一輩子的姊姊所做的描述。」

我起身一半。但我在不在場都沒有差別，他會繼續說下去，所以我做好心理準備。我沒注意到媽媽的手已經快被我捏爛，她靠過來在我耳邊小聲說：「別聽他說話。」這句話讓我坐了回去。

「我們從布羅克．特納的證詞和ＤＮＡ證據得知，他把手指伸進了她的陰道。」我緊緊夾住膝蓋。「從這裡我們可以合理推論，他不是只有伸進去而已，他還來回摩擦，這跟性犯罪應變小組護士發現的一致，因此她並沒有為這個案件提供更多新的資訊。」艾拉蕾把我們推向光明，現在我們又被拖回黑暗之中，一切邏輯混淆。媽媽悄悄地說：「邪惡，小不隆咚的老傢伙。」

對於布羅克的證詞不一，他說：「忘記事件細節並不是什麼罕見的事情，尤其是令人緊張的突發事件。」布羅克有權可以腦袋一團亂。被害人的說詞前後矛盾，是因為有創傷這道阻礙和酒精造成的記憶空缺，他的前後矛盾則是因為請了律師。他被捕後並沒有在警探問話時提到我們有交談，這不是因為他忘記，而是因為那時候沒有律師幫他架起故事大綱、告訴他該怎麼說、掃除他的擔憂，以及想出怎樣的故事可以讓他免於刑罰。

辯護律師的論點愈來愈弱，發揮不了任何作用。他說我在語音訊息裡講話含糊不清是我跟男朋友說話的「裝傻語調」，我說要犒賞盧卡斯則是「他很清楚這句話的意圖……我認為這讓我們把香奈兒的想法看得很清楚，在十二點十八分……她說了兩次，這是有原因的。」

「他把手指伸進香奈兒的陰道，是在她同意並意識清楚時做的，他不可能不相信自己的所見所聞，並認為當下她無法表達同意。」他拿著記事本站在那裡，就像一位毫無熱情的學生在念他的讀書心得。「我請求你們卸下他這十四個月來扛在肩上的壓力……」我出於本能地望向布羅克的肩膀。

那位讓我如此害怕、幾個月都無法好好睡覺的律師就站在我面前，乾癟、表情嚴厲，發表著缺乏說服力的長篇大論。這怎麼會是下了一年苦功所產生的結辯呢？如果你要打倒我，那就好好打，怎麼就這樣而已？等待了十四個月之後，所有人都被傳喚到場，忍受了數週的爭辯，結果這些傷害與精力都浪費在這個讓人大失所望的結尾，說些「她的陰道或什麼的」這樣的話。檢察官發言時，你感覺整個法庭都為之動容，一雙雙眼睛看著她來回走動。她的發言充滿熱情、堅持與機智，她的話語在我們面前堆砌起邏輯與真理。我感覺改變正在發生，整個空間都在擴展。她戳破對方卻不帶惡意，清楚表明了我們不是在針對你，而是在追究你所做的事，並在此要你負起責任。

但是當辯護律師發言結束，他的話語並沒有留在誰的心中，只是如鴻毛般飄著，無處降落，也激發不出任何東西。法庭裡的氣氛凝結，就像沒有了風的風帆，所有人都呆坐在無浪的海面上。我不喜歡他的句子結尾那些上揚的語調，彷彿連他都在質疑自己的論點，因為自知這些都建立在搖搖欲墜的基礎上。

檢察官起立反駁。我想像辯護律師搖搖晃晃、牙齒鬆動的樣子，她只要揮出最後一拳，鐘聲就會響起。「我不會對每一件事都做反駁，因為有些論點我並不認為——具有任何真實性。被告的責任並不會因蒂芬妮認為香奈兒沒事就免除……在他把手指插進別人的陰道之前，他有責任要確認對方有行使同意權的能力，而不是歸咎於對方的妹妹認為她沒事。」她把焦點帶回他身上，那才是真正的焦點所在。她指出，他只差拉下拉鍊就可以完成性侵的動作。我從來沒想過這點，在我張開的大腿與他的勃起之間，竟然只有那小小的金色拉鍊牙。

「沒有一位女性，沒有一位女性會希望在認識一位男性五分鐘後就在陰道裡留下傷痕。」沒有一位女性，不是只有香奈兒，而是沒有任何一位；是她、我，以及法庭裡的每一位女性。

她彷彿將我的立場拋向眾人，要她們都進來看看。

「你並不是個壞人或好人，但那天晚上你做的事情是不被允許的，不對的，並且違反法律。」當你去除掉複雜的言詞和形式上的東西，真相就是如此堅固、純粹。傷害人是不對的，永遠都不會是對的。這句話沒有附帶說明，沒有例外。

「別忘了在此案中他侵犯了一位被害人，如此你便會明白合理的裁決只有一個，那就是對所有罪名都做出有罪裁決……他在此案中的壓力，就是罪行的壓力。」我又看向布羅克的肩膀，這次我看見了他肩上的罪行。

艾拉蕾來找我們，要我們回家等候。陪審團會在接下來的每一天，從早到晚進行評議，裁決所需時間從幾天到幾週不等。一做出裁決她就會通知我，我得在十五分鐘內趕到法院，這代表我要隨時待命，不能在法院幾公里之外的地方閒晃。

星期二早上我列了一張名單，是裁決出來後我要通知的人。我穿好黑色平底鞋與上衣，小心地避免弄皺。我每個小時都會補噴體香劑，我把頭髮盤緊，又看著它們漸漸鬆垮。下午，媽媽教我做我最愛的蝦子料理，我們一起剝殼，把大蒜切碎，撒上乾燥的辣椒片。當那多汁的彎月形蝦肉碰到熱油，噴濺四起，我的上衣被噴到了，我急忙跑去清洗，他們隨時都可能會通知我。

我在網路上看到一篇《聖荷西信使報》（*Mercury News*）的報導，裡面出現了「無名香奈兒」，我顫抖起來，我的匿名曝光了，接下來大概會有一堆人找我。我在法庭時，裡面就有記者，她這麼粗心地把我洩露出去，讓我感覺好像遭到背叛。檢察官把這件事處理掉了，但傷害已經造成。我不信任任何人，擺脫不了這股瀰漫開來的侵入感。安奶奶告訴我，有位記者在法庭上靠過去低聲問她：「請問您是哪一邊的人？」奶奶把手一揮讓她安靜。我打電話確認她是否安好，由於她聽力不是很好，所以法庭裡大部分的對話她都聽不清楚（算是件好事），她主要看的是肢體語言，而檢察官的姿勢和表情讓她很有信心。她要我去洗個熱水澡、換上睡衣，還說：「我要用十根手指和十根腳趾為你交叉祈福。」

太陽下山了，我沒有收到艾拉蕾的消息。我脫掉平底鞋，鑽進床裡。沒關係的，他們只是還需要一點時間。但胸口裡的感受卻讓我難以呼吸，那些話他們都沒聽見嗎？

我知道自己睡不著，所以我用被子把自己裹好，開始看電視劇的羅傑斯先生（Mister Rogers）。我小時候總是對片頭的橋段著迷不已：他走進來，脫下西裝外套，掛進衣櫥，再拿出一件毛衣來穿，脫下他的上班鞋，套上軟軟的帆布鞋，繫好鞋帶。這套儀式代表接下來的半小時會充滿秩序與安全。我在床上目不轉睛地盯著發光的手機，把影片播放軸上的圓點往回拉，把這段再看一遍，看毛衣的拉鍊被拉上又拉開，外衣穿穿脫脫，鞋帶繫好又鬆開。當太陽升起，我從被子裡起身，穿上黑平底鞋、綁起頭髮，再坐回床上。

人在懸而未決的狀態中能生活多久呢？我好像一隻孤單的牛，脖子上有條繩子，望著鐵皮屋，裡面有一排排鍊條，上面掛著白色肋骨和粉紅色肉塊。我身後是一片草原，風中帶有草香。以下的其中一件事將會發生：我會在金屬走道上由繩子牽引，絞成爛肉；或者我會在充滿陽光的牧場上獲得自由。在那之前，我只能站著，感受繩子拴在脖子上刺刺的感覺。

太陽升到最高點後開始往下落，時間來到四點鐘。如果陪審團在一小時之內沒有做出決定的話，星期三就準備結束。星期四法院休息，星期五是國定假日，星期六、星期天，也就是我得至少再等四天。若陪審團裁決他無罪，我就得告訴自己這種官司是很難贏的，我並不會因此成為一名失敗者。我試著做好心理準備，但也知道如果我輸了，我會對自己可能要做的事感到害怕。

盧卡斯打來時，我把手機靠在臉上讓淚水淌流。他一直要我去戶外走走，呼吸新鮮空氣。我只抓了抓頭，手指泛著油光。針織毛衣的領口鬆了，黑褲子上黏了掉落的頭髮。他說到一半，手機在我的臉頰上發出聲音，是一封訊息。「來了。」我說，並在他回話之前掛掉電話。

我站起來走到浴室。裁決會在十五分鐘之內公布，開車到法院要八分鐘，塞車的話十二分鐘，所以我只有三分鐘的時間準備。我不知道該怎麼安排事情的先後順序，我該洗臉還是打給誰還是穿鞋子還是換一件毛衣。我往眼睛潑水但中途停了下來，意識到我應該先告訴大家。我轉身拿手機，下巴在滴水，拇指是濕的，手機螢幕也濕了，我不知道要打什麼字。我放下手機，手指快速梳過頭髮，我該洗個澡，但沒時間。我僵在洗手槽前，水龍頭不停地流。名單。我打給奶奶，煎熬的嘟嘟聲，「時候到了。」我掛掉電話。我用顫抖的手輸入每一個字，車鑰匙不見了，我找不到手機。在水槽上。我走到客廳，媽媽在桌邊跟一位朋友喝茶，我告訴她「要公布了」，她臉色大變，抬頭看我，立刻起身。她牽我的手走進浴室，從木抽屜裡拿出唇蜜。她幫我塗上，我看著我的嘴唇變成閃亮的粉紅色並帶著亮粉。我撕下一張衛生紙把它擦掉，我需要看起來嚴肅一點。「這可以讓你整個人都亮起來。」她說。她一隻手拿著唇蜜站在那裡，急著想要讓我活過來。我轉頭以她的眼光看著鏡中的自己，我是個頭髮塌陷、眼神疲憊又瘦弱、忘記照顧自己的人。我轉向媽媽，讓她再幫我塗好嘴唇，便飛奔出門。不能再等了。

我跟她說我們可以在那裡碰面。

我的心已經飛到法院裡了，不過還是有稍微注意一下紅綠燈。我就像一位坐在身體裡的乘客，搭車望向窗外，車子好像在軌道上一樣平穩滑動，在該轉彎的地方轉彎。我擔心只有我自己到場，她們有收到訊息嗎？她們會來嗎？我不記得自己停車，不記得已經抵達，只知道自己坐在第一排，時間是四點二十四分，雅典娜坐在我左邊，奶奶在我右邊，還有安妮，她們都來了。

我可以聽見心臟在不規則地撞擊，好像有顆網球在烘衣機裡，不知道會不會心臟病發作，有可能會發生在這麼年輕的人身上嗎？我需要在胸口打一個洞釋放壓力。法官在說話，但被心跳的怦怦聲給蓋了過去。一想到要在這裡崩潰又不得不離開就令人難以承受，我試著讓自己安定下來。我盯著艾拉蕾灰西裝外套的背部，看見奶奶的手握緊我顫抖的膝蓋。我把氣呼出去，把手貼在胸口，想像自己正在洩氣。我在腦海裡讓肺消失、讓心臟消失，我只是一具單純的空殼。我被無盡的空氣圍繞，慢慢地讓空氣進入，再讓它出去，進入再出去。

我聽見法官說話，講到陪審團在評議時提出的問題。「以及最後，陪審團第五項提問，內容是『接觸大陰唇內側或小陰唇的任一部分算是插入嗎？』」我把陰唇想像成在他們手裡翻轉的生魚片，是一個獨立於我之外的存在。終於，法官問了：「五號陪審員，陪審團是否已經達成決議？」

陪審團席的一位男士站了起來，「是的，庭上。」法官說：「請將裁決書交給法警。」我並不知道陪審團的答案會在一張紙上。我看著那位陪審員靠在席位邊，將那張紙交給法警，那位法警走路的樣子很悠哉，彷彿是將一顆甘藍菜放進購物車，「走啊快走，」再走到另一邊交給法庭書記官。我想跳過去從她手裡搶下那張紙。

書記官站起來，她綁起的金髮在天窗下閃閃發亮，她的眼鏡反光所以我看不見她的瞳孔，她穿暗粉色的襯衫，那張紙就在她面前。我從來沒見過她。整個審判過程她其實一直都在，還在我作證時站在我面前不到一公尺處執行宣誓，但這是我第一次注意到她。她沒有麥克風，沒有麥克風！講話這麼小聲！真不敢相信，大聲點！我往前傾，瞇起眼睛緊盯她說話的唇，好像這樣能讓我聽得比較清楚。

「原告加州人民，被告布羅克．艾倫．特納，案號B1577162……」她唸出每一個數字，我快要昏倒了……「陪審團裁決：裁決，第一項罪名，刑法第二二〇條（a）（1），重罪……」我只想聽到「有」這個字的發音。「……陪審團決議布羅克．艾倫．特納，有罪，違反加州刑法第二二〇條（a）（1），性侵並意圖強暴酒醉或無意識之人。日期，二〇一六年三月三十日，陪審團主席，五號陪審員。」

一陣有人被刺殺的哭嚎聲劃破法庭，我轉向右邊，看著布羅克母親尖尖的腳直直舉向空中，再重重甩到地上。她用力跺腳，對這個沉默的法庭大吼。他爸爸撲過去，彷彿在幫她擋箭。突然間，我感到很脆弱，我的臉完全暴露在外。我看起來如何？我應該要有什麼反應嗎？她的呼嚎想要鑽進我的身體，但我得壓過這個聲音，保持專注。我轉頭往前看，把哭聲靜音。還有兩項罪名。

書記官的聲音還是很小，而數字很多，但我聽見雅典娜在我臉上親吻的聲音，一定是第二項也贏了，兩項勝訴。我感覺情緒的浪潮從法庭四面八方湧上，有悲痛、有低調的歡慶，也有掩蓋住的哭聲，空間裡充滿了難以辨識的聲音。我看著前方這位小姐，她的金髮和被眼鏡框住的雙眼，我發現她真是一位天使。我聽見了最後一個「有罪」，這一刻我知道，我們做到了。

書記官請每一位陪審員陳述他們各自的裁決。她宣讀第一項罪名，「這是你本人的裁決嗎？」一號陪審員回答：「是的。」她繼續問二號陪審員，「是的。」三號，「是的。」四號，「是的。」五號，「是的。」有一位在回答時露出了隱約的微笑，彷彿他也獲得了勝利。我看見他們在說出這兩個字時也點了頭，陪審團，我眼中的一群人，開始變成了一個個的個體。這是我第一次讓自己好好端詳他們。我認真地看每一張臉，想把他們都收進記憶，勾勒出他們的輪廓，臉頰上的幾根頭髮，他們眼鏡的寬度、髮線、睫毛、酒窩、鬢角。她繼續宣讀第二項罪名，他們也再度輪流說出「是的是的是的是的是的是的是的是的是的」。她宣讀第三項罪名，這是你本人的裁決嗎？

「是的。」

「是的。」

「是的。」

「是的。」

「是的。」

「是的。」

「是的。」

「是的。」

「是的。」

「是的。」

「是的。」

「是的。」

這是一陣純粹又固定的節奏，敲進我的心裡，這是對真相的朗誦。這些「是的」連續不斷，就像帶領我們前往某處的步伐。我的眼神隨著他們一位移往下一位，我感覺我的憤怒都消失殆盡，因此有空間可以容納其他東西。

我以為我會望向辯護律師的苦瓜臉、看布羅克垂著頭，並希望有彩色紙片灑下，感受勝利的感覺，但我並沒有這樣想，也沒有勝利的感覺。我看著陪審員，其他聲音都不見了。

這種感覺就像從海上回頭望向沙灘，意識到我漂了多遠，把自己放逐了多遠。坐在這裡這麼渴望聽見「是的」的人是誰？我想起了那個早晨的艾蜜莉，她站在淋浴間，置身霧氣之中掙扎著要站起來。不知道我從何時開始變成了告訴她她很丟臉的那個人，要她想得實際一點；我告訴她，她被傷害是活該，並質疑她的直覺。我是多麼想拋棄她，多麼鄙視她的人生。

我哀傷地坐著，呼吸著濕濕的空氣，閉上眼睛，胸口在顫抖。傷痛太過巨大，我開始不理會法庭上的一切，帶著歉意低下頭。對不起，你並沒有瘋。這麼久以來我都在等待許可，以為我需要有某種批准才能回歸正常生活。我跟自己約定，我不會再懷疑自己值得更好的人生了，以後我的答案只有「是的」、「是的」、「是的」。

現在進行到了另一個部分，法官正在安排判決日程，也就是他什麼時候會宣判布羅克的刑期。他指著牆上的日程表說：「判決會依輪值日期，在沒有標註的星期四舉行。」我看了一眼那幾排小小空格，有些是黃色的。我不是很注意，認為判決是次要的事情。

檢察官要求將布羅克還押候審，但他還是沒有被銬上手銬，辯護律師認為他應該要交保。他會跟家人一起飛回家，自由兩個月，直到六月未定的判決日。接著我們解散。

我側身離開座位，急著走出法庭。我距離抱在一起的布羅克一家人並不遠，他們散發出一股高漲的能量，誓言要用哀傷吞噬一切。其中有人把我當成敵人，用哭紅的雙眼怒瞪著我，我也用自己哭紅的雙眼回看，毫不屈服。「你該看的不是我。」

奶奶跟雅典娜扶著我的手肘把我帶走，我們像遊行隊伍般走出法庭，媒體帶著包包和小錄音機在我們身後聚集。我駝著背，把頭靠近肩膀，腳步倉促，擔心慢下來就會被身後的人給淹沒。我要走出法庭，進入檢察官的辦公室，把大眾隔離在外。當我推開門，原本在辦公室轉來轉去的人都開始沿著牆壁走回自己的小隔間。我記得來到這裡的第一天，媽媽在我膽怯地回答問題時按摩我的手，而現在，我轉身看見艾拉蕾展開雙臂向我跑來。終於，我的臉靠在她的肩上，我們兩個在辦公室中間哭著擁抱對方。

我們幾個人走進一間小會議室。我們沒有慶祝，還驚魂未定，但終於釋放了壓抑已久的恐懼，深知只差一點我們就會迎來另一種結局。「我以為我的身體不會有人在意，我以為自己一點都不重要，但我錯了。」我竟然點起頭來，好像這是我第一次聽到這句話。檢察官睜著泛著淚光的大眼，也點點頭。如果你在這時候向我問起布羅克，我會說：「誰？」跟他有關的想法早就消失無蹤。

艾拉蕾的長官羅森先生說他以每一個人和我們付出的努力為榮，很多事情都會因為我們開始改變。他跟艾拉蕾得走到外頭，面對像蚊蟲一樣守候在正門階梯的鏡頭和記者，離開前艾拉蕾交給我兩個頂端破損的信封，基於安全理由，它們已經打開過。我好奇是誰寄的，怎麼會有人知道該如何找到我。

我請大家都到我家去，我會在那裡跟她們碰面。一位法警護送我從後門出去，我站在外頭，最後一次回頭看向站在窗邊的警衛，他們在用表情問我結果。我對他們豎起大拇指，他們便展露笑容，對我揮手，在玻璃窗裡拍手和握拳慶祝。接著我趕緊以車子作掩護，在停車場裡迂迴前進。我得打給蒂芬妮。

電話接通時她正在走路，準備為大一生上討論課。「我們成功了，」我說，「三項全贏。」她的回話語無倫次，我們兩個都找不到合適的話語來表達。我開始有了喜悅的感覺，因為我終於可以為她帶來好消息，解脫感從我內心深處綻放開來。後來她說，她站在教室前面哭了起來，接著啜泣轉變成笑聲，全班都不知道是怎麼回事，所以也開始笑。「抱歉，」她說，「我只是覺得今天太美好了。」

我打給盧卡斯，我聽見他大聲喊叫，帶著眼淚說話。我開車走一樣的路回家，卻感覺一切都不一樣了；有東西脫離了，我容光煥發。我看見那曾經是南瓜田的停車場、我曾經抓過田鱉的小溪、學校舞會結束後去的墨西哥快餐店。我回來了，過去的我在我身後跟我一起列隊前進，我為我們帶來了快樂的結局。終於，我回到家了。我可以在院子裡從廚房窗戶看見奶奶、媽媽和雅典娜，我迎向她們的懷抱與親吻。奶奶倒了一杯冰葡萄汁，在流理台上把黑巧克力掰成小塊。我把巧克力塞到嘴裡兩側，讓它在齒間融化，大口喝下甜美的果汁。我感覺自己正在恢復生命力，媽媽柔軟的手順著我的頭髮，溫柔地按摩我的頸部。

奶奶說她準備了一些想說的話，要是官司的結果無法如我們所願就可以派上用場；我發現大家都做了準備，一旦事情不如預期就能照顧我。雅典娜說能在現場她很感激，心中有東西釋放了，彷彿她終於為自己被強暴迎來了正義。爸爸從工作中打電話來，「親愛的，你感覺還好嗎？你做到了，媽媽在嗎，你還好嗎，小蒂有說些什麼嗎？」

夜晚來到，在她們離開時為廚房增添了一種溫柔的淡紫色。我訂了早上第一班去費城的機票，迫不及待地回歸香奈兒。我把所有穿去法庭、沾了汗水的衣服都丟進洗衣籃，並打包行李。爸媽探頭進來，「你確定一早就要走嗎？」、「我採了一些草莓」、「你想在這裡待多久就待多久」、「帶一件搭飛機穿的保暖外套」。

我列出了在這段歷程中遇到的所有人，她們走進我的人生，幫助我且不求回報。我不知道該怎麼感謝她們，只能把她們交還給我的人生好好過完。我拿出筆記本畫下十二張小小的臉孔，將她們從記憶裡召喚出來，以及那些願意出庭作證的人。我想起了包包裡的卡片，把它們拿出來。

第一張卡片來自華盛頓特區，上面有隻猴子說：「堅持下去。」第二張有著淺藍色信封，來自俄亥俄州，一個讓我莫名恐懼的地方，寄件人是一位名為娜迪亞的女性。卡片正面有一張黑白照片，是個穿著花外套的小女孩，襪子花邊從鞋子上方露了出來，她舉起一顆長滿青苔、有三個她那麼大的石頭。我翻開卡片，細細閱讀潦草的藍色筆跡。

我們好多人都知道你的故事。
我在店裡看見這張卡片，就知道必須送給你，因為這個小女孩讓我想起了你的力量。
我想用這張卡片告訴你，你並不孤單。
我難以想像你地獄般的經歷，
你的勇氣、韌性與反骨令我們肅然起敬。
要知道，在你身後還有一大群鬥士。

這個「你」聽起來好英勇，好像神話裡的人物。過去一年我一直在留言裡尋找支持的聲音，我翻遍地方報紙的讀者投書，希望看到有人願意為我挺身而出；我把自己關在停車場的車子裡對著熱線大哭，真心認為自己瘋了。孤單感跟了我一整年，在公司的樓梯間、在費城，也在木製的證人席上，從那裡我看見的是幾乎空無一人的旁觀席。

然而一路上還是有人在關注我、為我加油。他們在房間裡、車子裡、樓梯間和公寓裡，我們全都處在痛苦、恐懼和隱姓埋名的狀態之中。原來我的周圍有一群倖存者，我是「我們」的一份子。她們從未被誤導，以為我只是故事裡的配角和一具不會說話的軀體。我是在前線打仗的領袖，身後還有一團步兵。她們一直都在等待我伸張正義，她們會在我從未去過的州和城鎮和房間裡靜靜地慶祝勝利。

這麼久以來，我都想像自己遊蕩在一片乾枯荒蕪的原野上，但現在這張卡片就像一灘水窪，讓我發現地表下其實還有更多的水源，流向支流，匯集到河流再到海洋。這只是個開端，我並不孤單，她們找到我了。

9

我在擁擠的人行道上邊走邊跑，我經過鬆餅店、穿過旋轉門，向治療師宣布我們官司大獲全勝，我想獲頒一個情緒獎章。七個月前，我坐在沙發上，一想到要上法院就全身動彈不得；現在我不用再準備了，我們就是兩個聊天的人，好像今天就是放暑假的前一天。

「你聽說這個好消息了嗎？」我坐下來，雙手握在一起，「三項全贏。」她恭喜我。我停頓下來，感覺自己的表情變了。我離開的這段時間裡發生了好多事情，我內心有東西被打開了，於是開始講得口沫橫飛，消耗了房間裡所有的空氣，「然後然後然後」，一個小時就這樣過去了。激動的心情還在迴盪，房裡的氣氛都被我卸下的東西給汙染了。我不但沒有感到開心，還很生氣，而她幾乎沒有說話。

我把手插進口袋，滿是挫折地走回家。裁決結果應該要把之前的混亂都一掃而空才對，難道我還想要什麼嗎？我氣自己還在生氣，不過我也不該感到意外才對，我在《華盛頓郵報》上看到一篇報導裁決的文章說：「輿論認為陪審團對特納毫不留情，給予這位充滿模糊地帶又受酒精催化的女子一個毫不模糊的答案。」還說：「六月二日的判決以及可能的上訴讓特納曾經明確的前途陷入未知，他卓越卻短暫的泳將生涯如今已蒙上陰影，有如一座生鏽的獎盃。」他依然是那個殞落的明星。

判決日在六月二日，他們建議我出席但並非必要。布羅克的三項重罪加起來會有最長十四年的刑期，檢察官建議求處六年。她要我寫一份被害人影響陳述（victim impact statement），以兩到三頁說明這段經歷對我造成的影響。若我希望當眾宣讀的話，他們會支付我飛回加州的機票費用；若我不希望親自宣讀，則會由我的倡導專員代勞。陳述要在五月底遞交，好讓法官有充裕的時間事先讀過，蒂芬妮和盧卡斯也可以寫他們的陳述。這些都是非強制的，我們有時間可以思考。我說我會寫，然後掛上電話，不去想它。我有八週的時間，其中的七週我只想過正常的生活。

回到費城的五天內，我完成了新的喜劇劇本，參加試鏡並成功獲得春季演出的機會。在喜劇裡我可以不守規矩、無法無天也不會被質疑。在某次會議中，社長文斯在幫我們寫介紹詞，他在我的部分寫：「請給她熱烈的掌聲，因為她的人生裡就只有這件事了。」這句話操弄的是大家對我的刻板印象。「會太刻薄嗎？」他問。我是裡面笑得最大聲的人，「你不會知道的。」

審判結束後兩週，我再度踏上氦氣喜劇俱樂部的舞台，迎來了一陣歡呼與吶喊，我被愛與讚美緊緊包圍。我們的門票收入非常豐厚，所以大家到費城有名的牛排店犒賞自己。我從沒去過這麼高檔的餐廳，那裡的服務生會端著裝了各式刀具的絨布盒讓我們選用。我切著菲力牛排的時候，真希望能把這塊厚厚的肉換成能放進口袋的現金，這一餐的價格可比我銀行帳戶裡的餘額還要多。

要告訴盧卡斯或家人我的銀行帳戶即將見底實在太丟臉，我做不到。盧卡斯再一個月就要畢業並搬到舊金山，有一堆工作機會在等著他；我則是沒工作、無法聚餐也付不出房租。除了最後的法院期日之外，我沒有什麼未來，我打算回去跟父母同住，再開始存錢。我很慶幸還有舊房間這個選項，但要從頭開始也讓我很苦惱。

還有一件事我沒有告訴別人，那就是我好幾次在晚餐跟畢業派對間的空檔把自己關在浴室，我肩膀顫抖，眼淚流了下來。審判時我為了要撐過去，把這一切都壓抑下來，現在到了該釋放的時候，面對這一波波的痛苦，我的身體無從抵抗。這種感覺就像嘔吐感一樣從內在湧上，我會把自己關起來，呼吸急促、眼睛刺痛。身體不斷主導著這些時刻，我嚇壞了，我抓住洗臉盆，打開水龍頭蓋過自己的聲音。「你為什麼難過？」我一直想，「你都贏了。」我不想讓盧卡斯聽見，被他知道我還是很破碎、還無法放下這些。

我收件匣出現了一封信，是史丹佛大學的蜜雪兒·道伯（Michele Dauber）教授，她是一位行動派，希望史丹佛大學能對防範校園性暴力有更多作為。她也是我們家的舊識，但我十幾歲後便沒再見過她。初中時，我跟她的女兒同屬一群要好的朋友，曾一起騎腳踏車到百視達租《魔女嘉莉》、一起吃零食、裹在旅館小房間的睡袋裡。

我的事情剛被揭露時，我在床上看新聞，鏡頭就在蜜雪兒的家門前拍攝，是那扇我曾經在初中時穿著沾滿泥巴的鞋子走進過的門。我需要她的智慧，但我知道如果我找她談，就會被認為我別有目的。連《華盛頓郵報》的一篇文章也引述了這樣的評論：「檢察官正在利用史丹佛女權行動派的主張。」我看著蜜雪兒對案件發表聲明，並不知道我就是艾蜜莉，我們的存在是如此密切相關，讓我感到不可思議。有好幾次我都想告訴她：「那是我。」

她是在追蹤一連串的報導後發現是我的，因為裡面有我妹妹的名字以及我的高中和大學母校。她說她先問了女兒，再問我兒時最好的朋友妮可這是不是真的。我原本是想告訴妮可的，但她一整年都在印度學烏爾都語。蜜雪兒和妮可向我不斷道歉，「如果我知道的話，一定會幫你的。」妮可買了機票飛回來出席判決，蜜雪兒則是問史丹佛的學生幹部願不願意向支持的學生募集簽名。學生幹部寫信表達希望能處以至少兩年的刑期，指出他們需要有這樣的判例，並藉此嚇阻校園裡的性暴力。她說其中有些人會在判決日繫著絲帶到場，但我太過不安，默默拒絕了這個提議。我希望我的世界不要有太多人，我希望他們都是經過小心篩檢的、是安全的。我打給大學時最好的朋友梅兒，她立刻在洛杉磯買了機票；我打給米蘭達，她會帶我去泡溫泉放鬆；我也告訴凱拉，她會蹺班從舊金山開車過來。她們很快就計劃動身，讓我非常感動。現在，我得用兩隻手數會有多少朋友到場了。

四月過去了，五月底即將來到，我還是沒開始寫我的陳述，只是不斷告訴自己「就快了」。檢察官傳了訊息給我，問我是否能在兩週把東西寄給她。

在過去的十七個月裡，只要跟案子有關的想法出現，我就會記在手機裡的備忘錄，用布羅克的姓名縮寫標記。終於，我坐下來搜尋「ＢＴ」，跑出了一堆我寫了之後就沒再看過的東西。我把所有內容貼到 word 檔，得到了一個雜亂無章又好幾頁的紀錄。我坐下來一口氣讀完，接著走出房間，連續三天都沒有再回到書桌前。

在我多年來的寫作課上，老師告訴我們，若題目還沒成熟，就先把它放到一邊，創造一段距離，以後再寫；但現在有個期限被創造出來了，我也從沒遇過要列出情緒創傷這樣的作業，她的提醒讓我感到沮喪。為什麼我要整理這些可能會讓我天崩地裂的事情？我有一份「撰寫被害人影響陳述」手冊，上面有些幫助思考的提問：「早上醒來時你有什麼感覺？你哭泣的頻率為何？一天中你有多少時間會感到難過？你曾經想過自殺嗎？」

某天下午，有一通不明號碼的來電，我讓它轉接語音信箱，留言的是一位自稱在緩刑單位的女官員。我已經學會要小心，所以打給檢察官，問她我是否可以跟這位小姐說話。檢察官說她是想從我這裡得到判決相關資訊，我應該要跟她說我正在撰寫陳述，可以讓她知道。

我很驚訝她會找我，因為我已經習慣了沒有話語權，也很少會有人想知道我的意見。我推測他每項罪名都會被求處最低的刑期，我想她是在以一種有禮的方式讓我表達個人淺見，我也希望我的話能有那麼一點價值，就像投入許願池的硬幣。

我告訴那位緩刑官我正在寫陳述，但她開始問我問題。我告訴她我受到了傷害，最讓我痛心的是看到家人在受苦。我用手掌撫著額頭，閉上眼睛，試著專注在她的問題上，一題接著一題。我跟她說我曾經逃過一場校園槍擊，凶手得不到他需要的幫助，我並不希望布羅克脫離常軌，懲罰更多的女性，我想讓他接受治療，在監獄裡上課。「所以你不希望刑期超過一年。」她說。我感到不解，我從沒這樣說過。她向我解釋，我提到了「監獄」（jail）這個詞，而郡立監獄（county jail）的刑期最多都是一年，大型監獄（prison）的刑期則沒有上限。「喔，」我說，「那在大型監獄裡有課可以上嗎？」不知道為什麼沒人告訴我這件事。

最重要的是，我希望布羅克能坦承他的所為。我問她是否有跟布羅克談過話，她說沒有，但他們會在下週碰面。我說，在聽過他的想法以前我很難完整回答她的問題。「你希望他是真的懂。」她說，並說她能理解。這段對話很短，我告訴她我正在撰寫陳述，我想等寫完後再寄給她，但她說我以口頭陳述就可以了，她已經記下重點，書面就不需要了。「你很棒。」她說，接著我們便掛了電話。

我還是感覺不太舒服，真希望我們對話時有其他人在旁邊，但我跟自己說我擔心過度了，她會處理好的。

幾天後我接到檢察官的電話，她的語氣十分擔憂：「可以告訴我你跟她說了什麼嗎？」一整年我都在擔心自己懂得不夠多而把事情搞砸，例如在證人席上把事情的順序搞錯、穿錯衣服上法院、用不當的口氣說話。她說那位緩刑官提出了一個非常仁慈的判決建議，說我關心的是治療而非入監服刑，認為布羅克不該被判入大型監獄。不知道為什麼，就在我終於能提出看法的時候，它卻跟我想表達的不一樣。「這世上是有法律的，」我心想，「我怎麼會在這個節骨眼把事情搞砸呢？」

我說會再打電話給緩刑官，但檢察官說太晚了，報告已經遞交，她會寄給我緩刑官的建議以及布羅克的陳述，讓我在陳述裡做出回應。我極度焦急地點開報告。

緩刑官把我的意見以一個段落的篇幅呈現。她聽了我的話，寫的卻是她自己想的句子，把對話的前後句都去掉了。上面寫著：「我只希望他能好起來。」她讓我以一種原諒與退讓的口吻說話，將我的沉痛精準地掩蓋過去。我的痛苦被濃縮成一行字：「我並沒有從中感到快樂。」她還下了自己的結論：「他不需要坐牢。」這位小姐缺席了整個過程，卻突然到來，將勝利奪走。我花了好幾個月爬出洞口，雙手終於搆到邊緣，現在卻眼睜睜地看著泥土在手指下變成泥漿，我又滑了下去。

緩刑官說她「感到訝異，因為被害人能不帶偏見地消化掉被告行為所造成的危害與衍生影響」。那個詞——「消化」，我的力量被她誤解成消化，也許她預期的是一位歇斯底里的被害人，哭哭啼啼並嚴厲指責的那種。她聽不見我的肌肉是多麼緊繃，也不知道掛上電話後盧卡斯發現我躺在沙發上不發一語，被湧上的記憶耗盡了力氣。

身為女性，我盡量在堅決表達意見的同時，避免讓人感覺自私自利或有控制欲，所以我壓抑了心裡那個氣炸了的被害人。現在，我在想自己是不是表現得太過優雅了？我的沉著冷靜反而表示他的行為無傷大雅。當我提出讓他上課和接受治療的想法，她誤以為我是在幫助他成長，願意溫柔地赦免他，但我的意思其實是要注意他的心理健康。因為在我的經驗裡，當男性感到生氣、寂寞或被忽視，我們就會被殺。

「恭敬地建議處以郡立監獄之中度刑期、正式緩刑以及性侵加害人治療。」這讓我晴天霹靂，「中度」讓人覺得他的罪行惡意不大、嚴重度不高，並且可以容忍。她將大事化小：「有鑑於被告的酒醉程度，此案與其他類似犯罪相較之下顯得較不嚴重。」

她跟布羅克談過，並指出「被告對被害人表示了由衷的悔意與同理心」。我在想她建議的刑責之所以這麼輕，是不是因為布羅克終於勇敢承擔責任？我點開檔案：「我發誓，要是她不願意的話我絕對不會做這種事……我們只是在一個衝動的當下。要是有任何一刻我知道她沒反應的話，我就會立刻停下來了……我一直都認為她是個很好的人……審判時我一點也不想對她造成傷害，那只是我的律師和他處理案件的方式而已……我得犧牲一切……事情在一夜之間就可以從喜劇變成悲劇。」他說他在準備課程，要「反對校園飲酒文化與伴隨的性行為亂象」。

我停了下來，沒必要再看下去。我在捲動頁面的時候發現報告最後有近四十封親筆簽名的信，都是俄亥俄州的諮詢輔導員、老師和教練寫的。我大略瀏覽了一下，停在一封他祖父母寫的信：「另一位成年人不負責任的行為讓布羅克成了唯一被追究責任的人。」

這位跟我通過話的緩刑官還另外填了一份表單，她在被害人的種族欄位勾選了「白人」。我這輩子從來都不會只勾「白人」一個選項，你不能註記我有白人血統，卻否認我是半個中國人。只勾選一項就說明了她只花極少時間來了解我，問都沒問就從通話中假定我是白人。

我把檢察官說的話丟到一邊，打電話給那位緩刑官。消化個鬼，消化。我要拔掉手榴彈上的插銷，讓她看看她所預期的那種被害人。我聽著長長的嘟嘟聲，腦中有一堆吵架的話，但語音很客氣地請我留言，嗶聲後是一片沉默。我掛掉電話，手掌平貼在桌上。我看著裝滿鉛筆的杯子和牆上的海灘照片，一切是如此平靜，一切都跟我的感受格格不入，我的怒氣無處發洩。我一掌揮向杯子，細長的鉛筆灑到了地上。「我是中國人！」我大叫，一邊用拳頭搥桌子，把椅子摔進去。「我是中國人！」

我走到客廳，盧卡斯從座位上站了起來，雙手放在我的肩膀上，要我冷靜下來。「沒關係，沒關係，發生什麼事？」他用平緩的語調說話，希望我也可以配合他。我推開他的手，「你必須要生氣。」當你讀到這裡，我要你感到生氣。我想要他氣瘋，氣到他的身體只想了解這種感受，我想要他發怒，想要他砸東西。

性暴力被認定為「中度」，為什麼我們不該生氣？也許一直以來他們要的不是冷靜，而是壓抑、安靜、受控。我不會把陳述寫成一篇講述內心感受的悲情流水帳；檢察官要我向法官陳述，但我會直接對布羅克說。我再次打給檢察官，「我的陳述有篇幅限制嗎？」她告訴我，嚴格來說沒有。

我氣急敗壞地打字，一直到手指彎曲成爪子。我從桌邊起身，踱步幾圈後再度坐下。盛怒爆發，但太多怒氣讓我難以進行下去。「就是現在，我現在就要做。」但我一直停下，用手背擦拭臉頰。我的身體承受不住，無法以敲鍵盤的細碎聲音宣洩怒氣，無法在身體拋錨的時候思考語法架構。

我打給朋友梅兒，投降了。她說：「把事情都告訴我。」我跟她說那些接連不斷的阻礙與空洞的道歉。當我終於停下來，她說：「我把你說的都打下來了，我現在寄給你，用這個。」

那天晚上，趙牡丹（Margaret Cho）在氦氣喜劇俱樂部表演。她在二〇一五年出了一支ＭＶ〈我想殺了強暴我的人〉（*I Wanna Kill My Rapist*），我很敬佩她的理直氣壯與誠實，她也是我成長過程中少數居於主流文化的亞裔美國人。我坐在外圍的觀眾席上，看著她從我之前上台的那扇門走出來。她穿著紅色高跟鞋、黃色的「追殺比爾」褲和黑色T恤，上面印著「是的」。表演結束後觀眾三三兩兩離去，我直接走向演員休息室敲門，兩位保鑣立刻上前擋住我。「我也是這裡的演員。」我說，俱樂部的工作人員請我離開。我一向都會依照別人的要求去做，但我的腿像生了根一樣；接著又有兩位員工拿餐盤擦巾揮趕要我離開。突然間，我看見牡丹的頭從保鑣的肩膀之間冒出來，我喊了她的名字，我說：「我也是喜劇演員。」我們越過他們的肩膀交談，她直視我的雙眼並面帶微笑。我說：「我只是想告訴你，我很喜歡你的ＭＶ。」她向我道謝並問了我的名字。「香奈兒。」我說。她點點頭，「很高興認識你，香奈兒。」我們越過肩膀握手，她隨即匆忙離去。

就在我轉身時，心裡有東西崩塌了。在這空蕩的俱樂部裡，我坐在木頭椅上把頭埋進手裡，開始啜泣。我停不下來，還在我們回家的路上放聲大哭。我試著在哭的時候微笑，以免嚇到路上的人。我的憤怒被戳破，絕望被釋放出來。她知道那種有人要把你打碎的感覺。亂踢和尖叫代表的不是你發瘋了，而是你終於跟自己站在同一陣線；終於，你開始學習如何反擊。怒火的到來把膽怯都焚燒殆盡。

但我該如何讓他們聽我說話呢？我並不想被抹煞成一個抱怨不停的被害人。我記得曾經學過，憤怒是次級情緒，而原始情緒比較接近痛苦，我要讓他們聽見我憤怒底下的受傷感覺。為了讓自己冷靜下來，我把盧卡斯在第一次約會後買給我的空白海報貼起來，畫了一條很大很大的環形馬路，有很多動物在上面騎單輪腳踏車、拉手推車。一隻蛞蝓圍著一條在風中飄動的圍巾、幾隻脖子打結的紅鶴、一隻騎機車的羚羊。我畫著畫著，直到內心恢復平靜。

隔天我打給朋友麥特，他還不知道我就是艾蜜莉。我身邊的人都已經學會對布羅克和這殘破的體制不抱期望，我想要感受某個人全新的震撼，想要聽到一瞬間難以置信的反應：「這怎麼可能。」我陷入瘋狂，我的確很瘋狂，我需要聽到有人說「我也要抓狂了」。我告訴他後，我被他的哀傷與挫折給撫慰了。他是基督徒，問我是否可以讓他為我禱告，接著就在電話裡禱告了起來。他沒有向上帝尋求力量，而是跟上帝說他知道我夠堅強，可以度過這一切。

我說過很多次自己的故事，但在我愛的人面前，我說的是審查過的版本；而在法庭上，我只能透過回答問題來說話。我拿出一本老舊的書，是安．拉莫特（Anne Lamott）的《寫作課：一隻鳥接著一隻鳥寫就對了！》這是我大學時期的寫作良師。她寫道：「要記得，你是你故事的主宰……你無法書寫別人的陰霾；你只能把自己的寫出來。」這會是我第一次以自己的版本講述故事，這會是一封信，我寫給布羅克的信。

那天晚上我告訴自己，你要好好坐下來，再次感受每一件事情。會有黑暗又難受的東西從你心裡爬出來，會有畫面出現，你也會再度感受到每個階段的不確定與孤立感；你會不舒服，你會難過；這不好玩，你會想放棄，但你會完成，一定得完成。現在的我要走進一條又黑又長的隧道，去找那位在擔架上醒來的女孩，一起握著手，開始逆著時間走過可怕的回憶，她會慢慢了解真相。我打字的同時臉緊緊皺著，經常大聲講話，有時脖子也感覺緊緊的；我喃喃自語，我大吼，眼淚模糊雙眼；我生氣，我站起來，頹坐在椅子上，我繞著圈子走，但腦袋裡的那兩個我不斷走啊走，現在的我一直提醒過去的我不要停下腳步、蜷縮起來，要走過去。我一路寫到當前的狀態，然後停下。過去的我跟現在的我相擁，過去的我消失了。時間是早上七點，我在九個小時裡寫了雜亂無章的二十八頁，我的初稿。我望向窗外，太陽升起；我望向盧卡斯，他正安穩地睡著。我穿著睡衣吃了點穀片，在寂靜中聽著湯匙跟碗碰撞的聲音，大樓被塗上一層稀薄的陽光。我看見樓下有輛公車，一塊進站的小小長方體，還有過馬路的行人。新的一天開始了，我沒事。故事沒有把我吞噬。

接下來，一連幾天我起床後沒刷牙就坐上椅子，只有當盧卡斯把食物塞到我面前時才會吃東西。平時喜歡慢慢洗澡，現在則是快速沖淋，沒有時間能浪費。為了選用合適的字眼，我把陳述從頭到尾大聲吼出來。我大喊「你被判有罪，以故意的、強迫的、性的方式侵犯我，並有惡意動機」時，還擔心鄰居會報警，想在門上貼一張「練習中」的字條。

我一直要求延期，再多給我一兩天。當期限到了，我便把它寄出去。法官在判決前會有一週的時間可以讀。

我馬上生了一場病，完全沒辦法說話。不是聲音沙啞，而是沒有聲音，只能在呼吸之間聽到一絲絲單薄的聲音。我到藥妝店買一包檸檬薄荷止咳錠，但信用卡刷不過。我立刻把櫃台上的東西還回去，點頭道歉後離開。我上網確認帳戶，發現裡面只有兩塊八十三分，這是我在一年前錄取第一份工作時意氣風發開的帳戶。我在房裡翻找，看有沒有之前買來能退貨的東西。我發現一本我買的書，收據還夾在裡面，那是查爾斯・布考斯基（Charles Bukowski）寫的《有時你孤獨得很有道理》（*You Get So Alone at Times That It Just Makes Sense*），這書名很吸引我。我走到書店，拿回十六塊美金。

盧卡斯畢業那天，我獨自走去參加典禮，穿著他的黑大衣，失聲狀態。他父母飛來慶祝，他們帶我們到一間巴西牛排館，每個人都拿到一個杯墊，一面紅色，一面綠色。如果你把綠色那面朝上，服務生就會端著一碟碟的肉排蜂擁而至，把切好的肉送到你的盤子上。紅色那面代表的是我現在心滿意足，請勿打擾。我好愛這種控制方式，翻翻杯墊就可以讓服務生在我身邊動起來，而紅色就可以讓一切都停下來。

盧卡斯的父母還不知道這件事，他們計劃要在六月二日到塔荷湖（Lake Tahoe）家庭旅遊，也就是判決那天，但盧卡斯說那天他必須待在帕羅奧圖「幫一位朋友」，隔天再開車去找他們。我信任他們，他們也總是熱情迎接我，這不是什麼問題，但性侵並不是一件我會想讓多數人都知道的事情。這起官司如此為人所知也讓我陷入了奇怪的處境，我很難過他們在電視上看到這件事卻不知道兒子也牽涉其中；但我也非常為難，我有權對此保密嗎？或者他們有權知道嗎？我也希望有機會讓他們在知道我是艾蜜莉之前，更了解香奈兒。

在費城的最後時光裡，我們把我放在窗台上的書裝進箱子，也把我這一年所累積的鍋碗瓢盆包好。我在熱可可機旁邊留了一張卡片給安東尼，希望他可以在早上巡視時發現。我跟櫃台的小姐擁抱道別，把書和彩色筆送給她的女兒，我是從照片跟故事認識她的。我跟盧卡斯坐在空空的公寓裡吃著冷罐頭濃湯，我問他能不能讓我看他寫的陳述，他猶豫了一陣，擔心我看了會難過，我向他保證不會有事。

「香奈兒非常不願提起她被侵犯的那個晚上……」他寫說，只要一提起這件事，我就會語帶敵意、開始生氣、不顧別人的感受。我想起被我砸碎的手機和尖叫的場面，我想起有次電影看到一半出現了強暴的劇情，我大吼：「關掉，關掉，該死的遙控器在哪？」然後起身離開，甩上房門。他寫我無法自己一個人睡、非常擔憂自身安全，以及隨時都開著燈。他發現我會離開公寓在街頭漫無目的地徘徊，需要一個人靜一靜。還有訴訟程序是如何對生活造成愈來愈深的影響，愈來愈為大眾所知，也進行得比我們預期得還要久。「在互信的基礎下，也因為我們的親密，香奈兒讓我能偶爾瞥見身體被公然侵犯所帶來的痛苦……。請勿將這股力量與一個男人在公眾場合性侵一個失去意識的女人那種深切、負面與永久的影響，以及後續長達一年、媒體高度關注的審判混為一談。」我對於這件事出現在我們的關係裡面、並在努力將它容納到生活之中感到心痛。

「……香奈兒習慣躲進我們住處的浴室，鎖上門後在裡面待上數個鐘頭，這是自發性的行為。我靠近時，可以隔著浴室的門聽見她在哭。」我的臉頰熱了起來，突然覺得丟臉。我對自己的行為感到難堪，我沒把痛苦藏好。「香奈兒是位極具勇氣的女性，她在情緒上展現的堅忍態度應當受到讚揚。」

「抱歉，」他說，「我想這就是我的任務。你應該知道自己有多堅強吧？」我點點頭，眼淚冒了出來。我感到有點沒面子，但非常感動。當被要求要寫信描述我的轉變時，他沒有說：「我不知道耶，我都不在。」他大可以在我痛苦時退避三舍，保持安全距離，或讓自己徹底遠離這一切，但他卻待在浴室門外，聽著，想辦法照顧這個不一樣的我。

蒂芬妮把陳述寄給媽媽時，她回了幾個字：「小蒂對不起，媽媽無法看，哭得太傷心了。」我做好心理準備後開始讀。就跟我想的一樣痛苦，卻有一種不同的語氣在裡面。

「你侵犯她的當下只是個開始；你是因為自己的失敗而拖她下水的。當你看見一個喝醉的女生，無自主能力，你為什麼沒有試著找她朋友呢？我當時就在找她。你幾乎就要摧毀她的靈魂，但你失敗了。你無法收回對她造成的傷害和我們經歷的黑暗，但現在你終於可以離我們遠遠的，讓我們療傷。我唯一對你感到遺憾的是你沒機會在性侵我姊姊之前就好好認識她，她是全世界最棒的人。」

我從沒聽過妹妹這種強硬的口氣，「你自己的失敗」、「離我們遠遠的」，她的力量讓我非常訝異。也許我的小妹並不如我想像的那麼小，也許聽證會後我跟她一起回學校是因為我才是那個不敢自己獨處的人，我希望她能照顧我，希望能在她上下課時睡在她的床上。這段時間我其實都在想辦法維持一個自己很能幹、不會依賴別人的幻象，但她們都看得清清楚楚。茱莉亞也寫了一份陳述，信裡都是她在蒂芬妮身上看到的轉變。我很驚訝，影響竟像漣漪般往外擴散，比我想像得還要巨大。我總把自己的痛苦想像成頭上的一片專屬烏雲，但讀這些信就像看著整片天空都變成了墨黑色。當所有傷痛都被寫下並攤在眼前，是很驚人的。每個人都成了這起犯罪的受害者，每個人都有自己的故事，也都躲在門後默默承受。我要找到讓天空放晴的辦法。

緩刑官的報告是路途上的小風波，但有了我十二頁的陳述、摯愛親友所寫的信，以及超過兩百位史丹佛學生的簽名信，我們是有機會的。我被通知時間有限，只能朗讀刪減過的陳述，所以我會以想跟布羅克說的話為重點。我預測他會進去至少兩年，這就是對他的送別。檢察官說，我讀完陳述後我們可能會想離開法庭，因為若布羅克被上銬帶走，他的家人會情緒高漲。我想起了跺腳聲與哭嚎聲，我沒忘記這些伴隨勝利而來的悲痛與混亂。無論我有多生氣，看見別人難過我也不可能開心得起來。

在回家的飛機上，我拿出筆電修改陳述，夾緊手肘，用兩隻指頭打字。突然間，有個女人在我左手邊那排大叫：「他不舒服，誰來幫幫忙！」他旁邊的男人在顫抖，脖子像黏土一樣往後彎，嘴巴張得好大。他的T恤上印著全家福照片，他的兒子抬頭看他，十幾歲的女兒坐在我旁邊。兩個男人突然出現，說自己是醫生，就在那位母親慌亂失控喊著「快做點什麼！」的時候，我看著那位姊姊安靜地用手勢叫弟弟坐到她的大腿上，她抱著他，接著冷靜地向醫生說他爸爸有癲癇病史。她望著那些把脖子伸到走道上的人，「希望他們能讓我們有點隱私。」她說。我明白那種想遮掩痛苦、大眾卻想看得更清楚的感覺。她媽媽非常激動，弟弟看得目瞪口呆，但她連眼睛都沒眨。「消化」。

判決前一晚，蒂芬妮從學校開車回家，她只會在這裡住一個晚上，之後還得回去考期末考。她躺在我的床上，滑著一些俄亥俄州人聲援他的信，我看得出來這讓她很困擾。我坐在書桌前，對我的陳述做最後修改。我叫她別看了，不用擔心，我有比那更好的東西。

那晚我睡得很好，憂慮都沉默了。我提醒自己，我是來了結這樁官司的。那天早上我穿上燕麥色的針織衫，這是我第三次，也會是最後一次穿這件衣服上法庭。我在包包裡放了果醬吐司餅乾，蒂芬妮提早到法庭跟朋友碰面。我拿著印好的陳述走出家門，但忘了帶鑰匙，所以被鎖在門外又開不了車，蒂芬妮得回來一趟。她開車時，我坐在副駕駛座重寫一些句子，不時分心、自言自語。當我們坐在被害人密室時，我唸了新的句子給盧卡斯聽，「這聽起來通順嗎？這句話可以嗎？」

我知道有幾位朋友會來，但不知道看見這麼多熟悉的面孔出現在我這邊的座位上會是什麼感覺。梅兒、凱拉、雅典娜、妮可、蜜雪兒和她的女兒、安奶奶、安妮、茱莉亞、梅爾絲、蒂芬妮的朋友們、我的爸媽，他們全都毫不猶豫地放下手邊的事出席。這個我原以為只有我一個人的陰暗世界、一個悲慘的國度，現在看起來就像個普通的地方了。我告訴自己：「現在你知道了吧，你的至親好友都想幫你，你只要讓他們去做就好了。」

我對麥克．金警探微笑，我感覺所向無敵，甚至有點興奮，但有幾件事是我沒想到的。我以為我會在證人席上，就跟作證時一樣，面對旁聽席做陳述，但我將會站著背對大家，直接面對法官。現在我知道為什麼檢察官要我寫的是給法官的陳述了，布羅克跟他的律師會坐在一張桌前背對著我。

此外，我也才發現陪審團竟然不會出現，他們的席位是空的。我很難過他們不會在現場看我重拾自己的身分，重新改寫他們對我的唯一了解。艾拉蕾的長官羅森先生坐在我右方，他的腿上有兩張紙，一張是結果符合預期的講稿，一張是結果不如預期的。他不斷翻動那兩張紙。

我們坐著等待時，我發現我們只是今天的其中一場，座位上有很多都是陌生人，我的家人還觀看了一起酒駕的判決。接著有位穿紅色上衣的年輕女子站了起來，拿著一小疊紙，她聲音顫抖，英語不是她的母語。她在講她的前未婚夫和他的肢體暴力，並問法官能不能讓她展示她被打後的臉部照片。法官露出勉強的微笑，並說：「你拿給我看就好。」她舉起好幾張放大的照片，她下半部的臉看起來有乾掉的番茄醬在上面，法庭裡傳來一陣倒抽一口氣的聲音。我們慢慢才得知，站在她右邊一兩公尺遠、雙手鬆鬆地在背後交握的男人就是對她動手的人，她說她身上這件就是沾過血跡的衣服。她說話時法官舉起手，問她還剩下多少，我十分震驚，原來他可以任意打斷你的發言。她說她就快講完了，於是再度開始，努力用英文講快一點。我的視線在法官和她身上不停來回，愈來愈擔心她無法把話說完。我可以看見她手上的紙張，她已經唸到最後一段了，就快完成了。法官又打斷她的話，提醒她該結束了，他已經開始整理東西。她向他保證只剩幾行字。她站在那，離攻擊者這麼近，在一個陌生的國家以陌生的語言捍衛自己的人生，卻被暗示你的問題佔用了太多時間。那個被控毆打伴侶的男人向法官請求從輕量刑；她說：「當我被打的時候，我也可以要求更好的待遇嗎？」

一時之間，我忘了自己身在何處。那個男人被判要在週末服七十二天的刑期，所以平日他可以繼續上班。我連有週末服刑這種事都不知道；週六週日入監，週一又回到辦公室。我感覺被她滿臉是血的畫面給掏空，而法官在她的腳邊揮舞掃帚，趕快、趕快。

有人輕推我說：「你準備好了嗎？」我往下看著那疊陳述，感到慌張。不，我還沒。我修得還不夠簡短，還要再刪掉幾段，我的筆呢？我被叫上前。我機械式地起身，側身一步步移動，在撞到別人膝蓋時告訴自己要專注。檢察官站在我旁邊，我試著在講台上把彎曲的稿子弄平。看著那些字就好，把它們唸出來。開始時，我可以聽見自己顫抖的聲音，彷彿我在吊橋上搖搖晃晃。拜託，想點辦法，你不是走這麼遠來讓他在你唸完第一頁之前就打斷你的。別哭，你已經哭得夠多了。

接著，我感覺到檢察官的手貼在我的背中間，穩穩地扶著我。她手掌溫柔的重量讓我有了重心，告訴我：「我就在這裡。」很快我就聽見有人在吸鼻子，他們在哭泣。「真的有用，他們在聽。」我心想。我的陳述流暢了起來，我的力量回來了。我發現我在大聲說話，大喊的聲音被麥克風給放大，我繼續這樣的音量。我直直地看著法官，一再迎上他的視線，告訴他我還有話要說，這次我把他的面容刻在記憶裡；我指著辯護律師灰白的後腦勺，他從未轉頭看我；我緊盯著布羅克動也不動的側臉和他毫無情感的身影，我堅定地站著，手指向他。我要每一個人都全神貫注在我的聲音上，接受我的指揮。

當我說完最後一句話，現場一片沉默。我坐下時就像從空中落下，回到了眾人的懷抱，所有人都將我接住。大家的情緒都很滿，都在哭泣。他們靠過來對我低語、緊握我的手臂、搓搓我的背。我顫抖著，在他們的觸碰之中安定下來。我安坐在盧卡斯和蒂芬妮中間，感覺腹部軟化了下來。我做到了，我卸下了所有的重擔。就到這裡，結束了。

讓我驚訝的是，布羅克的爸爸站了起來。我心生感激，認為他要代表兒子表達歉意。但他站起來時並沒有看我，他直接走向發言台，調整他的皮帶，接著注視法官。「布羅克願意付出一切讓時光倒轉，讓那天晚上重來一次。」

我們開始進入布羅克小學、每週拼字測驗、棒球和幼童軍的故事。我眨眨眼，不確定到底發生了什麼事。當被害人發言後卻沒有得到認同，這樣還算發聲嗎？他說布羅克在以運動員身分入學前，他的學業成績已獲錄取，一級教練都對他表示高度興趣。講到某處時他爸爸停了下來，激動得無法說話，法官便耐心等待。布羅克是游泳隊的新生裡成績最好的，拿到了全額六成的游泳獎學金。史丹佛大學的錄取率是百分之四。

他說：「（布羅克）努力想要融入社交生活。事後看來，很顯然他拚命想融入史丹佛，並落入了飲酒和派對文化的影響之中。這——這個文化是由游泳隊裡的高年級學生建立的，也顯然在二〇一五年一月十七、十八日的事件當中具有相當的影響力。回顧布羅克在史丹佛的短暫經歷，我著實不認為這是最適合他的選擇。」我從沒想過思鄉情節也可以是一種辯駁。他說布羅克的生活「產生了巨變，他再也無法做回那個天真樂觀、個性溫和、掛著熱情笑容的自己了。」

我們來到了布羅克的葬禮。「以前我總會興奮地幫他買肋眼牛排來烤，或帶上他最喜歡的零食……而現在，他進食只是為了活下去。」我聽見家人不悅的聲音。

「這些裁決讓他和全家都遭受了各方面的嚴重打擊。」他把裁決說得像是降臨在他們身上的病魔一樣。裁決結果為何？有罪。為何有罪？性侵。是誰犯下性侵？布羅克。是你的兒子讓全家遭受嚴重打擊，但他絕不可能這麼說。

「就因為他人生二十多年裡那二十分鐘的行為，他付出了相當大的代價。」我動也不動，只希望他趕快結束。

「他沒有前科，也從未對人使用暴力，包括他在一月十七日當晚的行為。」這聽起來是個正面攻擊，一句專對我說的話。我望向前方空白的牆壁，感覺每一排座位的情緒都高漲起來，彷彿就要爆發一場衝突。我突然理解為什麼布羅克的態度會是如此了；他被保護在一個無法接受裁決結果的家庭裡面，他們不可能會要他擔起責任。

接下來是布羅克。我從沒聽過他的聲音，在這超過一年的時間裡，他就是法庭上一張無聲的面孔。現在他弓著身子站著，拿著一張對摺的紙，我從透過的光看見裡面只有幾行字。我看著那毫無分量的東西，我可以在我的位子上吹一口氣，它就會從他的手裡滑落。我低頭看腿上厚厚一疊釘好的陳述，上面都是修改的筆跡。他的聲音緩緩出現，每個字都沉重得像從井裡拉出的一桶水，單調得有點氣餒。「這整段時間，以及每分每秒，我都感到非常抱歉……我為香奈兒與蒂芬妮帶來的痛苦令我的身心飽受折磨……」

我想把我們的名字從他嘴裡挖出來。他讀了十句話，都是了無新意的道歉和他想教育學生「酒精很危險」的構想，總共不到一分鐘。他把我們耍得團團轉，我無法相信。我們已經跑過終點線很遠了，裁決早就出爐，但一切好像都沒有改變。

法官要求暫時休庭。每個人都充滿怒氣，風暴正在醞釀。「我的天哪，這怎麼回事？」我的心情很亂，但我告訴自己無所謂，這是他們在被一腳踢開前孤注一擲的戰鬥，我的話法官都聽見了。

我們再度開始時，法官引述了我的幾句話，他說他之所以要唸出來是因為跟判決結果有關，這讓我充滿希望。但法官的聲音很小，彷彿我們在圖書館裡，他不想吵到別人。他往下看他的文件，來回翻頁。他講了一些法條，在某個時間點說了「六個月」。我耐心地坐著，等待他宣布最後的判決。但很快地，他開始解釋理由。他說這件案子不能判緩刑，我心想，對，很好，「除非是特殊案例……」我不知道這件案子算特殊案例。

「應當考慮以下事實：被告處於酒醉狀態，儘管是出於自願，但與完全清醒並犯下性侵及意圖強暴的被告相比，法律上符合酒醉定義的被告所背負的道德責任較輕。」我也在緩刑官的陳述裡看過這樣的觀點，酒精免除了布羅克的道德責任。

法官提出了一個又一個的理由：他正值青春、沒有犯罪紀錄、沒有使用武器，「要論被害人財物損失的程度也不太適用。」他說這起犯罪裡並沒有縝密的犯罪手法，布羅克也沒有利用與對方之間的信任與保密關係來犯罪，登記為性侵加害人已經算是一種處罰了。「很顯然，入監服刑會對他造成嚴重影響。」我不太能理解，想要向前輕拍檢察官問：「現在是什麼狀況？」

他提出了「有罪裁決對被告所產成的不良間接後果，都是很嚴重的。」他說品格證明信裡顯示有巨大的間接後果，若我們處罰他，也會傷害到他周邊的人。「至於這起案件的媒體關注，不僅影響了本案被害人，也影響了特納先生。在某些不具知名度的案件裡，被告所承受的間接後果則可降到最低。」他要忍受媒體關注，無法粉飾自己所做的事情。我不斷思索法官的話，仔細檢視，但無法理解。接著他說清楚了。

「第七點為被告是否有悔意，這可能是本案異議最多、也最困難的議題之一。因為特納先生今天在我們面前說他對造成香奈兒及其家人的痛苦感到由衷抱歉，我認為那是真誠的悔意。香奈兒說他並沒有真的為他的行為負起責任，我想她基本上寫過，或是說過『他——他還是不懂』，但特納先生已表示悔意，我個人認為那是真誠的。香奈兒並不認為那是發自內心的悔意，因為他從來沒說：『是我做的，我知道你有多醉，我知道你有多不清醒，而我還是做了。』這——我不認為這問題會有解決的一天，也許不會。」

「香奈兒並不認為」，是我，問題出在我身上，我看不見法官看得見的東西。我誤以為解決問題就是我們今天來到這裡的原因。我看見法官大手一揮，問題崩解了，我依然站在這邊，布羅克在另一邊備受呵護。他身邊的每個人都成功地把他留在假象裡，我試過要把他拉出來，而法官相信他，我終於感覺地板傾斜，一切都往他那邊滑了過去。

「我的意思是，我個人相信他的話，也知道那是他單方面的說法，陪審團很顯然沒有把這視為跟案件有關……一旦陪審團提出裁決，每個人都會受到裁決的影響，每個人也都得接受這樣的裁決，包括特納先生。雖然他並非完全接受裁決，但要以這點判定他缺乏悔意我並不認同，因為我的確認為他的悔意是真心的。」當一個人沒有改變，他的道歉會令人信服嗎？如果他說他很抱歉，但堅稱自己無罪，這不是比較像在操弄，而非願意和解嗎？我看著他把魚放回水裡，愈游愈遠，游向深處。我一直以為法官是頭腦、陪審團是身體，他們是一體的，但陪審團出現一下又離開了，現在只有頭在講話。

「我認為他不會危害別人……品格證明信顯示，目前他對社會及法律規範的遵從度甚至比一般守法的人高。」若要說我們從這件事學到了什麼，那就是布羅克的確比一般人優秀，錄取率是百分之四。現在不是譴責他的時候，應該要讚美。

「以及最後，我認為還有另一項因素跟決定刑期有合理的關聯，那就是品格證據。這些在審判和這場判決的相關程序中都有被提出，是特納先生從過去到事件發生時的品格證據。」

「事件」、「令人遺憾的結果」、「二十分鐘的行為」。在游泳池裡，百分之一秒的時間就是勝利與失敗的距離，而他們竟然想把二十分鐘抹煞成不重要的東西。二十分鐘只是開頭而已，誰來計算我們每次六小時來來回回的飛行呢？誰來算我看了幾次醫生、花了多少時間擰著手做心理治療，和多少睡不著的夜晚？誰來數我們去了幾次百貨公司，思考「這件上衣會不會太緊」？誰來數那些沒有寫作、閱讀或創作，不知道為什麼要在早上起床的日子？誰來數？

法官接著開放提出抗議。檢察官站起來，連珠炮般指出所有錯誤的地方。我很驚訝她能在如此短的時間內就串連起這麼多重點。她說六個月的郡立監獄刑期代表只會有三個月，因為只要有一天表現良好就可以讓刑期縮短一天。六月、七月、八月，夏天結束前布羅克就會回家了，離感恩節還很久。她說：「最少應該批准郡立監獄一年的刑期，最少。」我們是怎麼落到哀求一年的窘境的？力量是什麼時候轉移的？

我望向我這邊的座位，看起來像一片廢墟，而檢察官正在努力獲得更多能量。我轉頭看另一邊，他們揚起下巴、手臂交疊、專注鎮定。那裡沒有崩潰的悲傷與哭嚎，而是一團輕盈的氛圍和冷靜的姿態。他們是不是一直都知道？辯護律師起身並推回椅子，讚揚法官正確見解，認同這是特殊情況，應給緩刑，在郡立監獄服刑六個月就可以了。

緩刑部是我的最後希望。一位我沒見過的女人站了起來，她說：「在檢閱各方資料以及今天聽了被害人的意見之後……緩刑部已提出公平且完整的刑期建議。」我感覺胸口內陷，但依然文風不動，一切就等這一刻。「求處你在郡立監獄服刑六個月，你可以折抵一天的刑期。」他的刑期可以扣掉一天，因為他被捕時關了一個晚上。我心想，那連一天都不到，就像蘸醬油一樣。

「若要上訴，請於今日起六十天內向本庭書記官遞交上訴書。」辯護律師發言了：「現場有位將代表特納先生進行上訴的律師，可以讓他簡短發言嗎？」我轉向右手邊，一位白鬍子的男人站了起來，他胸膛很寬，手提公事包，穿著合身的西裝，看起來就像那位老辯護律師更俐落的版本。這就是我接下來要戰鬥的對象嗎？我把頭轉回，面向前方。我以為我屠了一條龍，但還有一條更大的。我累得無法再戰鬥了，希望這一切都結束，我只想蜷縮在牠的嘴裡。他說他已經將上訴書準備好了，並問要向哪裡遞交。布羅克也許有「真誠的悔意」，但他已經聘請了一位可能更有力的律師要把我抹成騙子、酒鬼、自願的。

法官說完謝謝之後便讓我們離開。

我把這想成是一齣戲，我們就定位，布景隨時都可能被撤下，大家辛苦了。你只需要拍到這裡就好，感謝你跑這一趟。「就這樣嗎？」妹妹說。我怒火中燒，說不出話。我感覺受到羞辱，真希望大家都不在場。這就是你不該讓大家到場的原因、最好自己面對的原因。我對自己有一股深深的怒氣，竟然在大家面前如戲劇般地真情流露，上演一段瘋癲露骨的獨角戲。我弄不清楚這裡的人在想什麼，太超過了，這些人太超過，還沒鬧夠。

小學時我們每天都要在黃色的本子裡寫日記，有天我們在靜讀，老師在後方批改日記。我聽見我的名字，轉頭看見她把我的日記舉到空中，頁面輕輕翻動，「香奈兒，沒有一月四十二日這種東西！」我在一月三十一日之後寫了一月三十二日、三十三日，一直寫到一月四十二日。全班都在笑，我因為羞愧而發熱。世界上有些很明顯的規則是我沒察覺到的。現在法官將我的陳述懸在空中，每個人都在笑，我的臉正在發燙。一月有三十一天，強暴犯有三個月，全世界都知道，只有我不知道。

「我待會回來。」我快步離開法庭，我的皮包，我要到被害人密室把它拿回來。我穿過走廊並扭轉門把，但門鎖上了。就在我轉頭看有沒有人可以幫我拿鑰匙的時候，我看見大家都盯著我看。每個我愛的人都用擔憂的眼神看著我，在尋求希望。「現在該怎麼辦？」更糟的是那種無以回應的感覺，那種我很抱歉、我已經盡力，我以為我可以拯救大家，但我卻失敗了的感覺。我的話一文不值。

我看見茱莉亞在旁邊踱步，手臂使勁地上下揮，她一邊哭一邊用壓抑的聲音說：「我恨他，我恨他。」她的樣子就是我們的感受，就在我們站著，憂慮又受挫，還弄不清楚自己的感受時，她為我們表現了出來。

檢察官帶著鑰匙出現了，我只見過她堅強有力的樣子，她平常總說「這件事交給我們處理」，但現在她臉色蒼白，說不出話來。

我們聚在後面的會議室裡，我聽得見爸爸憤怒的聲音，他跟羅森先生說：「他爸爸連看她一眼都沒有，他怎麼可以不看她！」我又隱形了起來，變成一個需要父母來捍衛的人，可悲又軟弱。羅森先生說我做得很好，但我知道待會他會用哪一份講稿面對媒體。他同事說這是他二十年來聽過最不可思議的陳述，他告訴我，我說出了太多被害人感覺得到、卻表達不出的感受。我點點頭，覺得他一定對每個被害人都這麼說，場面話罷了。警探告訴我，如果沒有我，他們不可能走到這一步，倡導專員也說這是真的。這些讚美就像潑過來的水，流掉了。我看著他們，我太熟悉那肩膀放鬆的姿勢、展開的溫柔手臂和細柔的語調。我不想要這些同情與慰藉。

我並不知道我的案子只是擠進法院日程的眾多案件之一。那個打女人的男人被判七十二天，現在我知道是三十六天的意思，因為可以用同樣的規則減半。在我眼裡這是件大事，但法官可能一天到晚都會遇到類似案件，我的案子只是順便。我突然發現自己在質疑這一年來所做的事，質疑自己悲傷的原因。我想不起來為什麼辭掉工作、為什麼要去東岸住。我把陳述拗成愈來愈小的小方塊，藏進皮包。

羅森先生和艾拉蕾問可不可以讓他們公開這份陳述，我說當然，如果你們認為有幫助的話。我想像它會出現在社群論壇或地方報紙的網站上。蜜雪兒說我們會繼續奮鬥，這應該要讓人感到安慰；我點點頭，但我不想再繼續了。艾拉蕾和羅森先生到大門外面對飢渴的媒體致詞，他說：「這樣的刑罰跟罪行不成比例，判決並沒有把這起性侵真正的嚴重性與被害人還在經歷的創傷列入考量。校園性侵與非校園性侵並無不同，性侵就是性侵。」

我跟家人一起從後方的樓梯間下樓，這是我唯一不感到匆忙的一次。我再也不想要急迫地保護自己，我所有的防備都消失了。外頭陽光普照又安靜，一輛輛要去加州大道吃午餐的車子駛過；對多數人來說，這只是個平凡的下午。我試著安慰自己說，你又可以成為一名普通人了，但這並不是自由該有的感覺。我看見停車場上他的家人跟辯護律師就在幾十公尺外站成一圈，我幻想自己漫步過去，既然現在我們之間沒有阻隔，我就去跟他們正面交鋒。你怎麼還是不懂？家人一直說：「回家吧，還留在這裡做什麼？」我站在路邊，默默認為只要我們再多等一分鐘，他們就會把我們叫回去，說他們弄錯了。大家一個個離開，我依然沒有離去。

朋友帶我去吃冷凍優格，我們圍坐桌邊，在網路上查詢並試著理解一般監獄跟大型監獄的差別。郡立監獄通常關的是輕罪案件，你會因為在海灘挖營火坑、飛空拍機、損壞滅火器、擅闖工地而被判六個月。我們說也許我應該去沙灘上挖個洞，被送去郡立監獄後跟他私下解決。我們聊到他爸爸說的牛排以及布羅克的拼字程度，我說我有一次在拼字比賽上因為拼錯「櫛瓜」而被刷掉，而且發現我們有一半的人還是不知道怎麼拼。我們跟彼此分享故事，被侵犯、性騷擾、被偷走而不是獻出的第一次、不舒服的接觸、在帳篷裡、跳舞的時候，那些但願我們可以為自己多爭取些什麼的時刻。我們都有故事，很多故事，我是裡面在尋求正義的路上走得最遠的，我想這就是所謂的正義吧，疲累地面對一杯結滿水珠的融化優格。

接近傍晚時，盧卡斯開車前往塔荷湖跟家人碰面，蒂芬妮為了期末考趕回學校，朋友們也回到辦公室。在家裡，爸媽都待在平常習慣的地方，晚上我又獨自一人了。我記得一直以來我都在期待這一刻，至少我把事情完成了。我收到一封蜜雪兒的信，她跟一位叫艾美・齊林（Amy Ziering）的人有聯繫，她是紀錄片《消音獵場》（*The Hunting Ground*）的製作人。艾美的女兒建議將我的陳述讓一位可靠的記者凱蒂・貝克（Katie J.M. Baker）刊登在 BuzzFeed 網站，我同意了。我在 Craigslist 分類廣告網站上瀏覽，尋找零工和暑期工作的機會，我想要在夏令營教美術，我想要坐在露天的野餐長凳上把羽毛黏在棍子上，做些低風險的事，吃裝在棕色紙袋裡的花生醬三明治。我不介意薪水是不是一小時八塊美金，也不介意住在高中時期的舊房間。無論接下來要做什麼，我都有選擇權。我草草記下幾個夏令營的名稱，一定會很棒。眼淚湧了出來，我把標籤頁都關掉。

人們都說，要是你被性侵了，高山上會有一個國度、一間法院，你可以到那裡尋求正義。大部分的被害人都在山腳下就遭到拒絕，被告知證據不足，不能啟程。有的被害人犧牲一切上了山，但在半路就被殺死了，舉證的責任高得你無法想像。我出發了，有一個堅強的團隊幫忙負重，然後我抵達了，登上山頂，一個沒有多少被害人能到達的地方，一塊應許之地。我們逮捕犯人、得到有罪的裁決，是少數能夠定罪的案件，接下來該看看正義的模樣了。我們用力推開門，裡面什麼都沒有。這讓我無法呼吸。更糟的是當我往山腳望去，那裡可能會有被害人滿心期待地仰望、揮手、歡呼，「那裡有什麼？那是什麼感覺？你抵達之後發生了什麼事？」我該跟她們說什麼？這個體制不是為你而設的，過程中的苦難根本不值得，這些犯罪只不過是些小困擾，根本不是罪。你可以戰了又戰，但為的是什麼？當你被性侵，快點逃走不要回頭。這不是什麼糟糕的判決，而是我們能奢望的最好判決。

宣判剛開始的時候，法官說他必須問自己這個問題：「把人監禁在州立監獄裡就能為香奈兒被殘害的人生帶來正解嗎？」我覺得他的說法很奇怪。對他來說，我失去的工作、蒙上陰影的家鄉、所剩無幾的存款、被奪走的歡愉，加總起來就是郡立監獄裡的九十天。

我很好奇，在他們眼裡，被害人是不是不會改變，永遠活在那二十分鐘的時間框架裡。她動也不動，布羅克卻活出了愈來愈多的樣貌，他的故事逐漸開展，人生與回憶的光譜在他身邊湧現，他成為了一個完整的人。那她獲得拯救的故事呢？沒人在討論她往後可能會做的事。我把我的痛苦攤在陽光下，但少了一個關鍵要素。法官對布羅克展現了對我所沒有的東西，那就是同理心。我的痛苦永遠不會比他的潛力更有價值。

他不會洗心革面。無論是不是在牢裡，法官都讓他自由了，讓他回歸到內心不為人知的地方，在那裡他什麼錯也沒有。那這一切究竟有何意義？我們的目的、最終局面是什麼？他不曾有過一次被迫去想像遭他的行為所影響的人過著怎樣的人生，若要說這場戰鬥有什麼目的的話，就是讓布羅克牢牢地待在他扭曲的世界裡，強化了他不肯退讓的心理。

我似乎才剛意識到一件只有我不知道的事實：你的價值就是三個月。我心裡比較聰明的那個我知道這樣說並不正確，但我也無法假裝自己有更好的見解。那時除了退讓以外我什麼也不能做。我承認，這是我人生最痛苦的夜晚之一。

我讓自己心碎，哭泣像漣漪般一陣陣將我穿透。我的雙臂壓在枕邊，下巴陷入，直直盯著前方。我對自己說要撐住，用牙齒咬著枕頭，悶住哭聲，以免吵醒爸媽。我被殘害的人生，三個月。

但我也明白這種感覺並不會永無止境地延續下去，只要太陽一出來，最糟的就會成為過去；當太陽升起，我就會置身新的人生，一個再也不會踏入法庭的人生。太陽現在在哪裡？我心想。我一直望著外面，世界黑暗得無窮無盡，正在等待色彩帶來的轉變。這黑暗無情地維持了數個小時，我想要往東邊跑，這樣太陽就可以早點越過我頭上。我獨自待在房裡閉著眼睛，想像太陽在移動，這股發光的力量緩緩地往我這裡移動，地球帶著重量慢慢旋轉。只要度過今晚，你在往後所有的日子裡都能平安無事。

我翻開筆記本，看著空白的頁面，接著寫下：「你的價值不只三個月。」再一次，「你的價值不只三個月。」我的臉皺了起來、表情扭曲，手試著要擺脫腦袋的掌控。傾聽身體要告訴你的，「你的價值不只三個月。」腦袋裡有個聲音說，你喜歡什麼？我說，我喜歡畫畫。那你要做什麼？我要畫畫，我要把話說出來。「你的價值不只三個月。」我不是拖油瓶，我沒有極限，我一直在擴展。你的痛苦是有意義的。「你的價值不只三個月。」他們不可能否定掉我，因為他們根本沒有完整地了解過我。「你的價值不只三個月。」性侵並不是我的全部。我感覺自己戰鬥了起來，讓筆尖在紙張裡推進。「你的價值不只三個月。」我的手僵硬了起來，掙扎了一番，接著放鬆。房裡的光線是灰色的，我撥開百葉窗偷看，樹和車子的輪廓出現了，我放下筆，睡了。

10

早上我的眼睛好痛，外頭很明亮，是清新的一天。我想好好品味不再被官司緊緊咬住的感覺，我要讓這個週五充滿慢活與陽光。我打算騎豆腐到鹽鹼灘看白鷺，到乳品店買奶昔，去游個泳。在那一刻裡，這就是我完整的人生規劃。

但我的手機裡有一堆未接來電和訊息。艾美寄了一封電子郵件說凱蒂．貝克正在等我同意讓 BuzzFeed 網站刊登我的陳述。在所有對這件案子的報導裡，沒有一篇讓我有理由認為有記者會出於關心幫助我，但凱蒂處理過類似的事情，而我已筋疲力盡，那份陳述似乎也不太重要，我並不是很在意它會被放到哪裡，只要我的名字不在上面就好。我坐在床上，用一個長長的「哈囉——」來清喉嚨，接著打給她。她聽起來很興奮，熱情洋溢又友善。我跟她說，他們可以依自己的想法刪減，她說編輯們並不打算做修改，讓我感到有點奇怪。我知道那份陳述非常長，還有缺乏斷句的句子和誤置的標點符號，但她反而問我是否想再加點什麼。我告訴她：「我想讓法官知道他點燃了星星之火。」

我的陳述在那天下午四點上線，文章頂部有個紅色的方塊，裡面以白色字體節錄了文章裡的句子，真吸引目光，編排簡潔有力。但看著這篇文章，就像站在布置了綵帶的空盪會場裡，只擔心沒人會出現。我受不了，於是關掉電腦，走進廚房。我從冷凍庫拿出塑膠製冰盒，敲出幾顆冰塊放進杯子，一邊希望有台可以自動給冰的銀色冰箱，下半輩子我只要想這些世俗的東西就好。

我回去看文章，頁面左上角有個計數器，二十分鐘內就有一萬五千個點閱。凱蒂開始把讀者的信轉寄給我。

我在書桌前哭，我不能多說什麼，因為我在工作，但我要說……

我為你的痛苦流淚，為你的勝利流淚。我不是個容易流淚的人……

雖然讀了你的文章後我感到很不舒服，我……

要讀這篇不容易，我得停下來好幾次，差點讀不完，但很高興我讀完了……

由於對文章裡的很多事情我都能感同身受，我差點就要在工作時吐出來，但我感到很安慰，能暫時……

幾乎每一封信都在開頭就告訴我她們在哪裡讀到哭，她們極為憤怒，情緒崩潰，然後對我說謝謝，說每個人都應該要讀這篇文章。她們展現出複雜的情緒，難以歸類，但聽起來她們都在讀到最後時有了撥雲見日的感覺。一封封的心聲讓我感到訝異，把大家弄哭也讓我有點過意不去。

我看著數字不斷上升，在幾個小時後達到了八十萬，我打給爸爸，要他上網看。「Buzz bee

網站？我要怎麼——你可以把連結傳給我嗎？」盧卡斯正在樹林裡騎腳踏車，他傳來一張戴著安全帽的照片，我回他：「發生大事了。」蒂芬妮正在準備期末考，我不想讓她分心，「繼續念書，不要上網！」

一百萬時，我傳訊息給媽媽，那時她正在超市。「我的陳述被瘋傳。」她回我「媽媽買了四種不同口味的冰淇淋給你」再加三個煙火貼圖，我想應該沒人知道那是什麼意思。電子郵件以穩定的數量湧入，要看文章底下的留言區讓我很緊張，想著會看到跟法官一樣貶低人的言論，但我卻發現了溫暖人心的話語。「她不畏艱難，把一切都攤在陽光下」、「你對這個世界意義重大」、「你應該好好宣揚理念」。金警探傳來了訊息：「你簡直是超級巨星！」蒂芬妮則是在訊息裡說，只要你發聲，「那些莫名其妙、刻薄或譴責被害人的言論就會消失。」

爸爸到家後便開始把一些留言列印出來，他喜歡在上面畫線，坐下來好好品味一番。我也對大家的用詞感到很驚訝，像是「辯才無礙」、「刻骨銘心」、「揪心」、「肺腑之言」、「英勇」、「中肯」、「剛誕生的英雄」。艾蜜莉是英雄，有膽識又明理，勇於挑戰又理直氣壯，是真理與力量的化身。但在這個人身上，我好像還看不見自己的影子。

「我想，如果我在幾年前就讀到這篇文章，我就不會有那麼多罪惡感、不會那麼笨了，也會變得更有力量、更有被接納的感覺，以及具備更多身而為人的價值。」

這天就要過完了，我看著發亮的螢幕。爸爸走進來道晚安，笑著說：「說不定白宮會打電話來呢！」這就是身為爸爸會說的話，總有遠大的期望。星期六早上，數字不斷攀升，我們一家人感到雀躍又愉快，充滿了肯定與鼓勵的氛圍。凱蒂繼續把大量郵件轉寄給我，媽媽端了一碗稀飯進來，叫我不要靠電腦螢幕這麼近，「對眼睛不好。」但我已經對這些收不完的訊息上癮了，有股衝動想趁這樣的時刻結束之前沉浸其中。在過去的一年半裡，每次我的官司上了新聞，我就會看著它被更大條的消息取代。

到了星期天晚上，我想這個慶祝活動就要告一段落了，新的一週即將開始，大眾的注意力會重新移轉。我睡著前，寫下了瀏覽次數：

六月五日，星期天，晚上十一點，4,432,947

沒多久，我的陳述就被刊登在《衛報》、《華盛頓郵報》、《洛杉磯時報》和《紐約時報》。它在推特上蔓延開來，我的推播通知裡有好多紅色方塊。蜜雪兒告訴我，艾希莉・班費德（Ashleigh Banfield）會在有線電視新聞網（CNN）上讀這封信。我的直覺反應是她不需要把整篇唸完吧，但她真的用了整段節目來唸。這份陳述在世界闖出了一條路，清除了路上的阻礙。我開始記下一堆數字，彷彿可以用來追蹤它的軌跡。

六月六日，星期一，晚上八點五十分，6,845,577

六月七日，星期二，晚上八點四十分，10,163,254

六月八日，星期三，下午五點〇四分，12,253,134

六月九日，星期四，晚上十一點三十分，14,523,874

六月十日，星期五，下午十二點四十分，15,250,000

網路上開始出現有人大聲朗誦這篇陳述的剪輯影片；強暴專線湧入大量來電，號碼與志工都在擴增；紐約市長比爾・白思豪（Bill de Blasio）舉辦了活動，讓她太太雪蓮・麥克雷（Chirlane

McCray）進行朗讀；加州眾議員賈姬・斯皮爾（Jackie Speier）也帶頭在議會上朗讀了一小時；德州眾議員泰德・坡（Ted Poe）說：「她寫了一本聖經，描述性侵被害人的種種經歷。」《女孩我最大》（*Girls*）的演員們為此拍攝了一支影片《她是重要的某個人》；Podcast 節目《我最愛的謀殺案》（*My Favorite Murder*）也說了這件事；時尚雜誌《魅力》（*Glamour*）將會把無名艾蜜莉列為二〇一六年度風雲女性。這份陳述被譯成了法文、德文、葡萄牙文、西班牙文和日文，一位韓國大學生金永基（Youngki Kim）也在取得同意後將文章譯成韓文；也有人以手語演示這份陳述，製作人是克莉絲汀，她沒發現我們其實是高中同學；有個中國女權團體發布女性舉著標語的照片，上面寫：「沒人有權強暴別人」、「厲害的泳將也會強暴」；我收到來自世界各地的電子郵件，「雖然隔了一個太平洋，我卻如此地接近她和她的痛苦，我非常感恩那些前去幫助她的人。」還有這句：「你用你的痛苦、堅毅與意志，向一個在寧靜印度小鎮裡的人伸出了援手。」有個澳洲人說他半夜三點在家門前流淚；有好幾天，我都帶著眼淚坐在房裡，筆電旁邊有乾掉的稀飯空碗。每封捎來的訊息都讓我把自己看得愈來愈清楚。

有位布羅克的高中同學 A J 在貼文裡說：「最後，我想為自己發聲。在這些都還沒發生以前，我就已經決定永遠不原諒你。八年多前，你叫我娘炮，在了解我是什麼樣的人之前就對我有很多意見。看看現在，我這個『娘炮』懂得如何尊重別人，無論他們坐落在性別光譜上的哪個位置，而你成了美國性侵犯的代表。」

我開車到法院跟艾拉蕾見面，她在她的門上貼了一張標語：「做彼此的瑞典人」（#BeTheSwede）。五顏六色的長方形信件湧入這間小小的法院，堵住了送信口。她交給我一個沉重的大袋子，我用雙臂緊緊抱著。我們都還在驚奇之中，不知道該怎麼看待這個新局面。我抱著這袋戰利品走回車上，它發出喀啦喀啦的聲音，裡面有好多小禮物，有祈求保佑的印度象神項鍊、腳踏車垂墜耳環、一位紐西蘭老師寫給我的信、亞利桑那州壘球隊的信。有位女士拍了一些絕美的松樹照片，希望以它的美取代讓我傷心的記憶。裡面還有一幅燈塔的水彩畫，也有位女士從愛爾蘭寄了兩條巧克力棒要送給安奶奶，遞補她帶到法院給我的巧克力。

如果你在那天早上告訴擔架上的我，一年半後會有一位愛爾蘭的女士舔著郵票寄給我一包糖果，我會大笑。我媽媽說得對，「你必須堅持下去，看你的人生會出現些什麼。」

有天，我收到了來自白宮的訊息。拜登（Joe Biden）寫了一封信給我，我簡直無法相信。我心裡還是有一道保護自己的藩籬，害怕對事物全然敞開，但我告訴自己暫時把它移到一旁，先好好地傾聽。

他在信裡寫道：「你讓我看見了你。」當美國副總統放下手邊的要事，寫信告訴我「我看見了你」，這代表了什麼？

性侵會讓你把自己埋藏起來，我們會忘記自己是佔有一席之地的。旁人使我們懷疑自己的能力，我們在開口說話時遭受批評。我的陳述帶著熊熊烈火，向外噴張，有種打不死的精神；但我有股隱隱的恐懼，認為這條路上總有盡頭，總會有個極限，會有人說你得到的夠多了，離場這邊請。我在等著被打回原形、被扔回一個我想像自己該去的小角落。我從小就屬於邊緣的一群；在螢幕上，亞裔美國人演的都是非核心的人物，是服從指令、輕聲細語的次要角色。成長過程中我已經習慣不被看見、不被真正了解，成為主角感覺就是不可能的事。當我得到愈多認同，我就愈感覺自己不該接受這麼多的好意；可是人們卻不斷把我往上拉，而現在，這個國家最位高權重的地方向我傳達了訊息。副總統並沒有降低他的身分與我對話，而是讓我躍升，並帶著感激之情表達敬意。

他從百忙之中抽空看我的陳述代表了什麼？無數人放下手邊的事將它讀進心裡，又代表了什麼？「我看見一個極具天賦的年輕女性展現出她無窮的潛力，充滿無限可能，我也看見眾人對未來的願景有了依靠。」我終於開始理解爸爸說他以我為榮是什麼意思。我想，在這麼多認為我很勇敢、很重要的人裡面，我是最後一個知道的。

拜登說：「你帶給她們奮戰所需的力量，因此，我相信你會拯救無數生命。」我想起了那位穿著厚重黑夾克、被請來坐在鐵道旁的摺疊椅上拯救性命的人。我發現，這是我從十七歲開始便想要做的事，只不過我是坐在家裡的椅子上，寫出能讓你留在世上的字句，讓你看見自己的價值與人生的美麗。所以，**如果你走到了人生中最艱難的一天，我的願望就是接住你，輕輕地引領你回去。**

✦ · ✦

即使百分之九十九的事都是正面的，剩下的百分之一還是引發了我最深的恐懼。當家裡電話響起，安全的假象就幻滅了。打來的是某個大電視台晨間談話節目的主持人，她說：「我也是半個亞洲人，可以跟你交個朋友。」這聽起來就像有人說「你睡著的樣子真好看」。她怎麼看得見我？盧卡斯的手機響個不停；蒂芬妮的 LinkedIn 瀏覽人次增加了好幾百人；有位記者聯繫了茱莉亞的祖父母，想要找茱莉亞，再透過她找我。媒體說可以幫我的臉上馬賽克並為我變聲，他們說是「為了保護我」；家裡開始出現陌生人寄的騷擾信件，我把它們送去實驗室做指紋鑑定；記者找上家門，爸爸說「我不知道你說的人是誰」後把門關上，而我躲在被子裡面。

那份陳述光是在 BuzzFeed 網站上就被瀏覽了一千八百萬次，所有資訊你幾乎都可以在網路上找到，但我的身分依然沒有曝光。我把這視為大家對我的仁慈，他們沒有把我逼到鎂光燈下和麥克風前，說他們想知道更多；他們沒有要求我提出證明，沒有說「你到底是誰」。

有個女人在信裡署名「曾經的無名艾蜜莉敬上」；很多人寫信說她們也有過跟我一樣的處境，想告訴我倖存者後來的人生樣貌，跟我說了她們的職涯、孩子和關愛她們的另一半。這就是十年、二十年後你可能會有的人生，她們為我的未來提供了一千種可能性。我保持匿名，體驗了她們的生活，也看著她們體驗我的生活。她們又年輕了一次，也總算向世界宣告了她們的價值，拿回所有被奪走的一切。在這樣的空間裡，療癒變得可能。

陳述創造了一個空間，讓倖存者可以踏進去，大聲說出她們最沉痛的真相，再造訪那些過去沒被碰觸的部分。如果我的身分被揭露，這個空間就會倒塌，要承受許多分散焦點的事情，包含我的過去、種族與家人。有少數人得知了我的身分後，從我以前的口語詩影片取得截圖，放上標題並洩露出去：「布羅克·特納得了黃熱病」、「才不想把鳥放進她小到不行的中國洞裡」、「亞洲瘋婆」、「亞洲女人不勝酒力」、「亞洲喝酒紅臉婆，一喝就掛，沒用，蕩婦」。

但我可以是個藍頭髮的女生、穿鼻環的女生、六十二歲、拉丁裔，也可以是個留鬍子的男人。當我們成為了一體，你要怎麼追殺我呢？被害人心理中最可怕的就是認為自己被特別針對，你的所有特徵和過往小事都會招來責罵。他們會在法庭上讓你相信你不像別人，你不一樣，是個特例；你比別人更汙穢、更笨、男女關係混亂。但這是個詭計，性侵從來就不是針對你，責罵才是。

由於我的照片並沒有被刊登，我便好奇報導裡放了什麼樣的照片。一個望向窗外的女孩剪影、臉頰上的一滴淚、被膠帶封住的嘴巴。從孤寂與缺乏話語權的角度來看，這些都對，但不可思議的是，被害人也會穿著綠色圍裙笑著幫你泡咖啡，這女孩才剛找錢給你，才剛幫一年級學生上了一堂課，她戴著耳機，在地鐵上用腳打拍子，被害人到處都是。

回顧這個夏天，我憶起了一些畫面片段，都來自檢察官裝在購物袋給我的無數信件。有個女人說她跟女兒一起坐在沙發上，周圍堆滿箱子，準備要逃離她暴力的前夫，她告訴我，她知道她們不再孤單。有個母親從辦公隔間上取下一張印著她孩子的卡片，並在背面草草寫上：「這就是你拯救的人。」有位太太叫醒了她的先生，打開小燈後說出她的故事。有個十六歲的女生寄電子郵件給我，說這是她兩年來第一次能在早上就下床。一張她剛離開的床，這就是她留給我的畫面。

我可以告訴你，在審判前的一整年裡，我會在晚上偷偷拉開窗簾，窺探那個從前的平行人生，這一切都沒發生的人生。我想像自己會做什麼事、成為怎樣的人；我朝九晚五的生活、晴朗的天空、健康的身體、假日派對。然後我拉上窗簾，回到現實。現在，我看見她空空的床，明白了我為什麼要繼續這趟旅程：這是唯一能夠找到她的方式。終於，我接受了所發生的一切，也意識到了它的結果。我再也沒有去碰那道窗簾，因為我知道，就在某天早上，有個十六歲的女孩走下了床，慢慢走回她的人生。

我的二十四歲生日恰好跟史丹佛的畢業典禮同一天，有些學生頂著黑色畢業帽，舉起標語，陽光穿透了寫著紅色粗體字的紙張，「史丹佛包庇強暴犯」、「布羅克．特納不是特例」、「你是戰士」。他們的勇氣就像生日禮物，我可以想像一位母親拿著相機，比著手勢說：「傑森，先把標語放下，笑一個。」然後傑森說：「媽！這很重要！」他們在歡樂的慶典上舉起血淋淋的事實，對我來說意義重大，我希望史丹佛能及早了解欲蓋彌彰的道理。紀錄片導演肯．伯恩斯（Ken Burns）在典禮上致詞：「如果有人說她或他被性侵了，請給我認真看待此事，好好傾聽。也許有天倖存者清晰流暢的陳述會變得跟（馬丁路德）金恩博士在伯明罕監獄裡寫的信一樣重要。」能被這樣比較，令我倍感榮幸。

羅森先生對性侵無意識或酒醉之人的罪犯提出了強制刑期，並主張擴張加州對強暴的定義規範，兩項法案都由加州州長傑瑞．布朗（Jerry Brown）簽署通過。艾拉蕾將簽署過的文件副本寄給我，就像一張保障我可以安穩入睡的證書，讓我知道以後不會再有這種亂七八糟的判決了。我又開始對公平正義有了信念。

蜜雪兒．道伯對法官波斯基（Aaron Persky）發起罷免活動，這是前所未見的事，加州自一九三二年以來從未有法官被罷免過。蜜雪兒希望罷免能與下一次的選舉同時舉辦，也就是兩年後。妮可成了行動團隊的聯合主席和共同領導人，她號召自願者、寫電子報，讓自己保持在戰鬥狀態。她說她們得在聖塔克萊拉郡獲得至少五萬八千六百三十四個簽名，才能在六月的選票印上波斯基的名字。一旦舉行罷免投票，便需要一半以上的人同意罷免才能成功。

經常有人把陳述轉寄給我，跟我說「你一定要看這篇」。我想回應「這是我寫的」。有一次，朋友跟我說：「我聽說她是我們認識的人。」我瞬間僵住，並在她的表情裡尋找她在測試我的蛛絲馬跡，不過什麼都沒有。我假裝事不關己，聳聳肩說：「我什麼都沒聽說。」妹妹在她的住處附近遇見一個男生，他的狗叫「花椰菜」，他說：「牠本來叫布羅克，但你聽過布羅克·特納的事嗎？」妹妹點點頭，「這可傷了這隻狗的名譽啊，所以我就幫牠改名了[2]。」我在舊金山找了一位新的治療師，但過了好幾個月、好幾次的會談後，我才告訴她我就是無名艾蜜莉。我一開始只告訴她我被性侵過，而她回我說：「你讀過史丹佛案的被害人陳述嗎？」她向我推薦我自己的故事，說了些有關思維與力量、扭轉局面的事。我點點頭，開始講下一個話題。我想要大家先認識香奈兒，了解我的懵懂、我的困惑和生活裡的掙扎，而不是先認識那個勇於挑戰、有膽識，似乎對所有問題都有解答的艾蜜莉。

我開始以更柔軟的眼光看待這個世界。如果有人在路上對我按喇叭，我會看著後照鏡並想：「也許你曾經為我流過淚。」在超市裡排隊時，我會好奇前面這位小姐是不是曾經寫信給我，是不是跟我分享過她不為人知的傷痛。

當我在六月的那天朗讀完陳述，離開法庭時，勇氣是離我最遙遠的東西。現在我明白，在我被賦予的這一生中，我做了一件好事，我從痛苦中創造了力量，在真誠訴說被害人所面對的艱辛時，也為他人提供了慰藉；作為回報，他們讓我看見了我自己。接下來，我要做的就是找一個方式來表達感謝。

我透過凱蒂跟小說家安・拉莫特取得了聯繫，我向她尋求指引，她回覆我：

「我相信你會有所發現的，會有東西從你內心最深最深的地方回過頭來找你，告訴你有什麼是值得追尋或嘗試的……你知道你可以潛入一道就要打在頭上的浪吧？寫作可以讓我做到這點，將我跟紛紛擾擾和抵擋不住的大浪遠遠隔開，並在過程中找到庇護，振筆寫下回憶、願景、沉思……」

為了擺脫官司，我掙扎了這麼久，讓自己再度沒入其中似乎違反直覺；但我也明白，走進去也是一種走下去的方式，在繼續前進以前，我必須回頭。現在我有了方向，那份陳述就是巨浪，我該潛到更深的地方，回到起點了。

2 花椰菜（Broccoli）音近似布羅克。

11

那年夏天，我跟自己說最糟的都過去了，可以恢復正常生活了。但何謂正常呢？在夜裡，我的惡夢加劇了，寬慰與歡喜的時刻感覺都很短暫。我很肯定，如果布羅克的痛苦被算在我頭上，那就會有人想讓我痛苦，以求公平。這就是艾略特．羅傑的規則：「我渴望女生，但女生從來沒有渴望過我，這種不公平的對待應該要遭到懲罰。」我在床邊放了一袋信件慢慢地看，想盡可能把它們留在身邊。每天晚上我都會讀兩三封，它們幫助我入睡。有位來自威斯康辛的母親，她溫暖的話語幫我蓋上了被子。

我跟盧卡斯拖著沉重的步伐在舊金山的山丘尋找公寓，一開始想住的幾間都沒申請成功。除了我的信用評分、就職單位和前房東的推薦以外，其他欄位都是空白空白空白。我想要寫「具有良好情商、擅長自我檢視、經歷過一堆我無法解釋的鳥事」。最後我們找到了一間小小的方形屋子，我們叫它「面紙盒」。我們在後院種玉樹，在扶手上撒穀子餵小鳥，在廚房的窗台上放羅勒，結果不到一天就變黃了。我買了一些常待在家裡的人會買的東西，像是方格擦手巾和蔬菜脫水器。我沒有在任何地方留下新住址，我的家是個藏身之處，我打算要在這裡重建人生，開始寫作。

「你通勤到南灣？」朋友問。「什麼？」我說，我忘了之前的公司要往南開車三十分鐘，忘了他們以為我還在那裡上班。「喔，還好啦，有時候會不順，但還好，聽聽 Podcast。」我想說其實我的通勤時間只要十二秒，路線是從我的床到書桌，偶爾會穿著睡衣跑去煮咖啡。

剛畢業的盧卡斯正在洽談他的下一份工作。他讀商學院之前曾經當過顧問，一週有四天要飛到別的地方工作，現在公司提供優渥的條件要他回去，但一想到他不在家我就很慌張。我並不希望自己受到的限制也變成他的限制，我很想說：「別受限，我是個獨立的女性！」但這感覺根本不可能。

若你問我：「你能自己一個人睡嗎？」我精簡版的回答是可以，完整版是我會在大約下午四點時拿金屬衣帽架卡住大門；當夕陽西下，我會把所有的燈都打開，並確認樓下的暖爐點著，這樣我就不用在天黑之後再走下樓。以前蒂芬妮會設下捉弄聖誕老人的陷阱，在煙囪周圍擺放椅子並掛上鈴鐺和塑膠袋，現在我則是把椅子疊在門前。我在胡椒噴霧的噴嘴上用麥克筆畫了一個圓點，確認我不會噴錯方向；我睡覺時會帶著一把大剪刀，因為用一般的刀子會滑，而剪刀有把手，一樣可以刺進人的頸部。接著我會躺在沙發上而不是床上，看著黑暗吞噬這間房子，世界停止運轉，留下我一個人保護自己。

「你怕的到底是什麼呢？」你可能會問，「你不是在室內被強暴的，沒有人闖進去啊。」我害怕的是睡覺這件事，在無意識又脆弱的狀態之中，任何事都有可能發生。性侵那晚，我失去了反擊的機會，所以我想要破解睡眠這件事，在睡覺時睜開一隻眼睛，只閉上其中一隻，在清醒與不清醒之間漂移。當我不小心睡著，胸口會發出警報讓我驚醒，「我錯過了什麼嗎？」

時間來到早上五點，陽光像是一種允諾，我便會在鳥鳴、丟報紙與第一班公車的聲音中迷迷糊糊地入睡。

隔天我總會昏昏沉沉，跟不上世界的腳步。郵差來按門鈴時，我就會上演瞇眼睛儀式，把我設的機關移除，大喊請他等一下，一邊把疊在門前的椅子拿下來。這些保護措施在白天顯得很蠢，門前的障礙與胡椒噴霧說明了我腦中有怪異又虛幻的想像，我在打一場個人戰役。過去的這幾年裡，我從未獨自入睡超過三天。

我以前總以自己打瞌睡的能力為傲，大學期間到中國遊學，大家都在抱怨維修人員修理床鋪上方的空調時會把人叫醒，我說：「那他們沒有修到我的。」但室友說有穿著薄荷綠連身衣的人把腳踩在我的床邊桌上努力保持平衡，那時我就在他的腳底下打呼。當時聽起來很有趣，現在我卻覺得很可怕。當我發現有女生朋友住在單人套房，我很震驚，「那誰來當你的目擊證人呢？誰來幫你抵擋這麼多萬一呢？你不知道他們不會採信你一個人所說的話嗎？」我試著想像那樣的生活：一個人回到家，倒了一杯白葡萄酒後開始煮義大利麵，看電視、打呵欠、刷牙，過完一天。我羨慕那些不用隨時戒備的人。

我想起了大學時的裸泳經驗，那時我最害怕的是水溫太低。當時我們男男女女五六個人走出位在峭壁附近的公寓，沿著木製階梯往下跑到沙灘上，肩上掛著浴巾。我們把T恤拉過頭，把手臂從袖子裡拉出來，回到我們出生時的狀態。我們把衣服丟在生苔的大石頭上，跑向波光閃爍的海水。我跟梅兒回過頭尖叫大笑，海草滑溜地纏上我們的腳踝，我們撿起來掛在對方的肩上，就像閃亮的圍巾。我們游到又深又靜的海面，頭漂浮在月光閃閃的水面上，周圍彷彿被灑上了錫箔。

裸泳的時候，只有無邊無際的天空、大海和一輪皎潔的白色月亮。光線很柔和，風景無邊無際。陰莖只不過是造型麵條，乳房就像一團團的黏土。我們的模樣都很滑稽、很自然，也很自由。

那幾個夜晚真令人回味；我們輪流站在熱水下淋浴，沙子在排水孔周圍沉積；我們一起做墨西哥起司餅，穿著舊T恤，裹著破舊的毯子，像巢穴裡的熊一樣在一張床上擠了三個人；我們在早上四點睡覺，衣服上有好多鹽，耳朵的凹陷裡也有結塊的沙子，頭髮上的水浸溼了枕頭。我滿心溫暖地回想這些，卻不知道該怎麼再經歷一次。

有天晚上，我跟盧卡斯從南加州開車回家，經過聖塔芭芭拉。我請他開下公路，我已經三年沒有開下這個匝道了。我們停好車，我帶他走下木階，來到水邊。這裡就跟我記憶裡的一樣美，但再也不屬於我了。我左看右看，望著又黑又長、望不穿的海岸，想著以前的自己是怎麼裸著身子大聲說話、得到別人的注意，也想著裸露皮膚的脆弱感。要傷害那樣的我太容易了，根本沒有時間抵抗，也搆不到衣服。如果發生了什麼事，沒有人會相信我的。「喔，你不是一開始就裸體嗎？晚上在海邊喝得醉醺醺？不然你以為會發生什麼事呢？」只說「我只是想做自己，跟朋友和大海待在一起」是不夠的。

被性侵的那天晚上，我有某種無憂無慮的感受被剝奪了。該如何區分一時興起與魯莽呢？該怎麼證明裸體跟淫亂是不一樣的？小心謹慎跟偏執的界線在哪裡？我哀悼的就是這些事情，我不知道該如何把它們找回來。儘管如此，我還是牢牢抓著這些記憶，記得裸體是我做得到的事，而且是跟男生一起，也沒有受到強迫。那個張開手臂跑進大海的女孩已經不在了，她的身影變成了穿著兩件大衣的女人，望著黑黑的海水，把一團團的海草看成屍體，把石頭看成蹲伏著的男人。盧卡斯牽起我的手，問我要不要走一走，我搖搖頭，跑回那道木製階梯。

我在查看逐字稿的時候無意間看到一份清單，有三頁，描述的是那些提交為證據的照片。「照片：無名小姐的左側頭部，頭髮裡有草木殘留。照片：右鎖骨下方的擦傷。照片：脖子基部與上背的擦傷。照片：近距離拍攝臀部的多處擦傷。照片：以尺測量病人袍外的皮膚擦傷。照片：女性生殖器。照片：女性生殖器，小陰唇內部有碎物。」

我的身體被分割成方塊，被大型投影機投射出來。我的屁股、胸部、我的陰道，都顯示在螢幕上面，那裡有個一百多公分的陰唇，讓法官和布羅克和他哥哥和他爸爸和法庭上的每一位記者跟陌生人看，那時我想必是在走廊上、在廁所裡對著鏡子拉整衣服、沾水把頭髮弄整齊，想辦法讓自己體面一點。我現在感到被羞辱，當時我竟毫不知情，帶著笑容走進法庭。

知道這些讓我想吞下火柴，在我的五臟六腑點火。我的肚子會被燒成紅色，滴著油，塌陷；煙從我的眼睛鼻子耳朵冒出來，直到我變得又乾又空，成為一具焦黑、中空的軀殼。

在法庭上，性是沒有生命力的。我看著辯護律師的嘴巴，老老的舌頭和老老的氣息，還有鷹嘴豆泥色的嘴唇，「香奈兒的陰道」、「來回摩擦」。這讓我感到噁心，我想要喀嚓剪去他的舌頭。「我再也不需要性了，」我想，「我可以一輩子都沒有它。」

性不含愛的成分，性是把一個東西插進另一個東西，不同的部位有各自的標籤。我的「左臀」被標示為「物證四十三」。性變成了以手指或陰莖插入、深度多少？還是僅在體外？他的哪裡接觸了她的哪裡？性是碎石頭刺進你的手心，性是被穿刺，裡面的氣洩了出來。即使在瘀青好了以後，在沙發上接受好幾個小時的心理治療後，我還是不知道該如何安住在自己的身體裡。如果性是讓我受傷的東西，它怎麼會讓我感到安全或愉悅呢？我想要把我的洞給填起來，把整個部位都上鎖，關閉內部的動力裝置，齒輪變得安靜，開始生鏽。嚴格來說，在法庭上討論被害人過去的性生活是違法的。

但即便沒有明說，還是有些影射的話語。「你是不是有個男朋友？」、「是不是只跟對方交往？」、「你有性生活嗎？」我總感覺，如果我繼續重視身體的感受，如果我又誠實地表達出對性的渴望，反而會證明辯護律師是對的。他把我的性生活說得好像見不得人，好像揭露這些事實就代表布羅克有權做他想做的事，我只是個性生活隨便的被害人，不配被尊重。

做愛時，我的身體會問腦袋：「發生什麼事？你在哪裡？跟誰在一起？」我會尋找熟悉的東西讓自己放心，像是我的床單顏色和盧卡斯頭髮的質感，放輕鬆。但我心裡還是有東西不斷地把電線扯掉、重新連接，再插到不同裝置上。我的身體會一直尋求同意，「這可以嗎？我們會不會被指責？」我要把臉看清楚、需要燈光、不要有驚喜，只要循序漸進。「我在自己的家裡，我有權享受這樣的樂趣。」有太多不能做的事情，不能女上男下、開菊花和忘情地做愛。相反地，我得向一位小祕書回報：「發生什麼事？你在哪裡？跟誰在一起？」

性侵害這個詞有令人誤解之虞，因為這跟性的關係不大，但跟剝奪有很大的關係。性侵是偷竊，是單方面的欲望，無視另一方的想法。真正的性是為了交流，力量會在兩人之間來回，是有回應的、流動的、帶點玩味的，是專注在對方身上並積極互動的快樂。

檢察官：「所以你的意思是，你並沒有在想她？」

布羅克：「我認為要想著她是不可能的。」

整個審判最關鍵的問題就是雙方是否都同意，是或不是，好像有個紅綠燈作為我們行事的依據，紅燈還是綠燈；但性是一條有很多岔路的路，該往哪個方向、什麼時候要放慢、先讓對方、停止或加速。

口頭上的同意常會被恥笑破壞氣氛，但想想日常生活中我們有多少面對面的交談？你在超市裡提供商品試吃的桌子前拿起一片餅乾，跟銷售人員眼神交流，「可以試吃嗎？」他們點頭，「請用。」多麼即時又微妙。

我從沒大聲說出口的是，強暴會讓你想變得麻木不仁，又硬又頑固，跟身體本該敏感、柔軟、能通透的性質完全相反。有時候我會氣過頭，因為看到強暴的消息而怒氣沖沖，「我要把他下面剁掉。」有時候我的欲望會波動，從淺嚐即止到乾枯耗盡，若我沒有交往對象，大概不會注意到這點，但一旦你拒絕對方的盛情到第六次，就表示有問題了。有時他會用手勢要我把頭靠在他的胸前，他只是需要肢體接觸，單純的觸碰，好知道我們依然與彼此相連。

我跟身體的疏離並不是從性侵開始的，但在一個只會把自信投注在年輕女孩身上的世界裡，我的配額很快就在法庭上消失殆盡。青春期我因為濕疹而花大把的時間泡燕麥浴，有個男生因此叫我獵豹，所以我噴助曬劑覆蓋住一點一點顏色不均的皮膚。高中時我會穿膚色的褲襪，就像一層買來的皮膚；大學時我開始穿裙子，但我依然不太重視跟身體的關係。

不知道是不是每個女人的一生中都會有想吞下石頭的時刻。女生可能會思考為什麼月經晚來，為什麼在陌生的床上醒來，或是發現自己的身體部位被有條不紊地標上號碼。她會不會因此想吞下石頭呢？又大又光滑的那種，大口大口地吞下去。我想像這些石頭落到胃裡，積成一堆，然後我走到池塘，不是因為想死，而是想要讓身體沉沒，只讓靈魂浮出水面。這樣乾淨多了，我可以擺脫累贅，重新來過。

我在一間湖邊的小書店看到狄帕克．喬布拉（Deepak Chopra）的一段話：「身體需要不斷革新，若要擁有一個有意義的人生，你就得運用你的身體。沒有身體，你無法經歷任何事情，因此，你也該為身體賦予意義。」我在公園看見鴿子，牠們鼓起胸口，騎到彼此身上。就連鴿子也會做愛，我明白了這是自然而然的事，不是可恥的行為。你二十多歲，怎麼不讚頌自己滑順的額頭、美麗的鎖骨和甘醇豔紅的心呢？有個深情的男人每天都在我身邊，我也應該讚頌他才對。當他冒著蒸氣走出淋浴間，歡喜吧！性不應該僅是一件可接受的事，性應該要充滿喜悅。

當我意識到自己錯過了什麼，一切也都咻一下地過去了。我跟盧卡斯在一間閒置的教堂附近溜滑板車，看見有舞廳的彩燈打在上面。我退到一張靠在牆邊的長椅上，看著女孩們放鬆手臂，扭腰擺臀，肚臍若隱若現。她們自在地擺動，如此享受其中，如此活在當下，眼前盡是優雅、肌肉與流動性，讓我心生嚮往。完全不受束縛又優雅地秀出自己的身體，不必擔心會受到傷害與放大檢視，那是什麼感覺？

我曾經認為，瑜伽是有定期保養皮膚和體態良好的人所做的活動。我一開始很笨拙，也很在意別人的眼光，會東看西看確認自己的姿勢，直到瑜伽老師說：「沒人會在意你做不好，或你接下來要怎麼做。」我喜歡在瑜伽墊上的那一個半小時，杏色的墊子貼緊地面，就像一塊阻擋外界紛擾的小邊界。我慢慢學會把注意力轉向內心，從我的阿基里斯腱伸展到指尖。我想像身體裡緊繃的細胞都舒展開來。

櫃台上有個裝著白色標語的盒子，你可以拿一張「請勿碰觸」放在你的墊子上。我喜歡這種表達小小需求的方式，希望我也可以在額頭上貼一張給大家看。我以前會從盒子裡拿一張來用，但現在不會了。有時候，老師會把一隻手放在我的背上，那股重量和堅實的力道讓我眼光泛淚。那不是哭，而是手掌傳遞的溫柔、觸碰之下我跳動的脈搏，連結產生，有東西穿過我的身體湧現出來，以眼淚的形式釋放。全然降臨在身體裡讓我有一種很美的感覺，很有力量，讓我想要沉浸其中，分享出我的每一個部分。

喬布拉說：「沒有任何事物可以奪走你身體的愛、美麗、創造力與靈感。」我寫下一些童年時的感官記憶，回憶被滋養和安撫的感覺：蒸氣騰騰的白飯、外頭的雨、裹著浴巾站在高高的暖爐前面、濕淋淋的腳踩在實木地板上、太陽曬在柏油路上的味道、早晨潑在臉上的冷水、午夜時吃的一碗穀片、聽別人朗讀時翻頁的聲音、桃子掉在地上的聲音、沙子的風塵味、可可的焦香味、一層融化後黏稠的棉花糖、吸滿了伏特加番茄醬的Q彈麵包，我因此想起了我感受得到的東西，想起了我吸取一切、自在寬容地打開感官接受事物的方式。

住進市區的第一年我怕黑，便試著以不同的方式來看待黑暗。我要自己去欣賞一團團黑色的山丘、用檸檬草擴香的打呼鄰居，和跑過公園的郊狼。至於性，我從品味小小的事情開始：睡在彼此身邊的單純感、靠近的感覺、寧靜感，這就是不脫衣服的性。我想了想跟性有關的用詞，我喜歡「做愛」這兩個字，身體翻騰，冒出汗水與熱氣，直到愛真的被做了出來，叮叮叮，就像一道漂浮在床上的粉紅色閃光，接著你躺回床上，皮膚帶著微光。

但是，每當走出家門面對不熟悉的人，我依然會掙扎。我錯過了該去做子宮頸抹片檢查的時間，這個項目讓我聯想到企鵝排泄物裡的病菌。我打算在簽到表上註記：「曾遭性侵，小心輕放。」但沒有地方可以寫。我其實不太想引發別人的提問，想自己勇敢地面對，跟一般人一樣走進去再走出來。我決定要問醫生很多問題，讓事情能進行得慢一點，但有一位綁馬尾的年輕護士走進來查看，破壞了原本的節奏。我看見那位護士在看我，我開始默默生氣，愈來愈氣，「你在看什麼，我可不是什麼樣本，離我遠一點，不要再看了！」我的肚子緊繃起來，一陣作嘔。天花板上出現一艘帆船，我聽見「做好了！你慢慢穿」。

她們隨即離去。我不知道剛剛花了多少時間，腦袋一片空白，我沒辦法把腳穿進鞋子。我應該找個人陪我的，這樣他就可以叫我把手臂穿過袖子。我的雙眼緊盯著病人袍上的藍色星星。門開了，馬尾護士探頭進來，「噢！」她發現我還沒換好衣服便迅速離開。我思考的速度不夠快，來不及說「別走」，如果現在就站起來的話我會昏過去的。幾分鐘後她又走進來，發現我跟剛才的狀態一模一樣。我問她有沒有零食，她便帶了一杯沖泡的可可給我，我用顫抖的手捧著，一口氣喝下。「我很怕這個。」我的聲音飄忽。她似乎意識到了什麼，「沒關係，」她說，「你慢慢來。」一直到我恢復過來、離開診間，她都坐著陪我。我把額頭靠在方向盤上，全身無力，我想要一張白色標語。

曾經有一位老師說，我們還在子宮裡的時候就擁有一張看不見的藍圖，用來建造自己。從中胚層開始，我們的骨頭、結締組織和心臟漸漸成形。「我們知道如何讓自己成形，」她說，

「我們現在依然擁有這些訊息，它依然會讓我們知道。」即便我身體的組成衰弱了，我也認為可以回復。我相信，當我給自己的身體愛、溫柔的碰觸、伸展、陽光、力量與性，失去的就會以新的形式重新生長。

我想起了小時候後院的池塘，想起我們帶回家的金魚在塑膠袋裡的水面晃動。爸爸說，把牠們放出來之前要給牠們一點時間適應池塘的溫度。如果這麼小的生物都需要如此細心的對待，何況是被害人為了回歸日常生活而必須走過的複雜歷程呢？沒有所謂對的方式，你只能讓身體告訴你什麼是好的、舒適的。也許現在的你正處於驚嚇之中，在透明的塑膠容器裡晃動，想著：「我被困住了，不應該這樣的。」請你記得：溫度正在慢慢地改變，你正在適應，你會游進池塘的。只要再一下下，你就自由了。

✦ × ✦

盧卡斯選擇了一份市區的工作，我已經可以安穩入睡，但還是希望在家裡能有個伴，我想要一隻比特犬或德國牧羊犬，有著明顯肩胛骨的健壯犬種，還有銳利的眼神和寬寬的鼻子。我們開車前往收容所，往上了鍊條的柵欄裡窺探。走回車上的時候，我們經過一個人行道上的黃色木頭立牌，上面寫著「穆特鎮老狗救援」（Muttville Senior Dog Rescue），我們便依照黃色的箭頭往樓上走。這個滿是陽光和小床墊的大空間裡播放著爵士樂，有四十隻小狗在裡面走來走去。牆上的白板寫滿了名字：胡桃、艾瑟兒、蛋捲、美女、腰果、梅教授、黃蜂、哈維爾。我們得知了這裡的收養計畫，在狗兒找到一生的主人之前，我們都可以暫時把牠們帶回家。一隻眼盲的、㞎斗的拉薩犬跳到我的腳踝上，吃力地揮舞雙腳，彷彿腳爪像木偶一樣被綁上了線。牠乳白色的眼睛上方長出了長長的劉海，牠的名字是小鸚。

盧卡斯買了兩雙特製的綠色襪子給牠，以免牠在木地板上打滑；我幫牠煮麥片粥。牠多數的時間都歪著頭、穿著綠襪子盯著冰箱看。由於牠看不到也聽不見，我知道要是我被殺了牠依然會坐在我的屍體旁邊等著吃早餐。有天晚上盧卡斯去見家人，我聽見一個奇怪的噗噗聲，好像一艘燃油小艇。我看見牠的肚皮上下起伏，才意識到原來我讓牠擁有了一個能安心睡覺的地方。於是，我的療癒成了一隻老狗的打呼聲。

一年下來我們收養了六隻狗，一次一隻。我花很多時間清理配電箱上的尿液，循著一坨坨乾掉的大便前進，如果你知道我用掉多少紙巾的話一定會報警抓我。我的長毛地毯被弄髒，我捲起來丟掉，再買一個，然後再丟掉。布奇會走進浴室尿在馬桶「上面」；雷米喜歡想像自己戴著金屬探測器，不斷搖搖晃晃地巡視每一間房間；烏賊是一隻臘腸犬，牠會唱歌；薩爾瓦多超愛韓式烤肉。牠們就像剛學會走路的小孩一樣，會在你不注意時從床上滾下來、滑進金屬孔柵、在階梯上絆倒。他們大多要吃好幾種藥，我會把一小包看起來像古柯鹼的東西灑在食物上。牠們讓我了解，擁有額外的需求並不會讓你難相處或佔用別人太多時間，而是讓你值得憐憫與被愛。

牠們帶我出去散步，後腿無力時我便會抱著牠們。牠們吃飯時我也跟著吃飯，這是一門照顧自己的簡易課程。我小小的家變成了復原與轉化的場所，我把牠們刷洗乾淨、剪趾甲、梳毛，為一個永遠的家做好準備。我喜歡看見牠們愈來愈自在，展露出自信與個性，成為牠們自己的樣子。

蒂芬妮發現我們留下了家裡的一隻狗，是一隻十歲的博美犬，長得像三公斤多的絲瓜，有著稀疏的小牙齒，被遺棄在沙加緬度附近。牠就像喜悅的化身，總是面帶微笑，好像有人剛告訴牠要去迪士尼樂園玩。領養的要求大量湧入，但我沒有回覆任何人，我盯著牠看了好久。

這並不在計畫之中。收養只是在我們找到一隻能狂吠的狗之前的短期做法。被性侵之後，全世界都在告訴你要保持戒備，要反擊，要小心，但世界卻沒有提醒你要鬆開緊握的拳頭，去散散步，告訴你不用把時間都花在思考該如何生存。沒有人會說「養一隻博美吧」。我原本計畫在自己身邊部署更高的柵欄與更尖的牙齒，但也許這不是我需要的，也許我可以從內心建立起那份安全感。

我們把這隻狗取名蘑菇，牠每天都會讓我想起穆特鎮老狗救援的標語：新的開始永遠不會太晚。這是我對牠的承諾，也是對自己的承諾。無論你從怎樣的過去來到這裡，你都無需回頭。

在這一年裡，有不同的小狗睡在我的大腿上、在房裡放屁，我持續寫作。我也第一次好好地細讀逐字稿，我不在法庭時他們說的話有好幾百頁。原來，我的通勤時間是很長的，每天都要回到過去。我很驚訝，即使有數百萬人站在我這邊，被激怒的感覺還是會原封不動地再度出現。我用紅筆在逐字稿加註「蠢材神經病垃圾」。儘管我的陳述思路清晰又宣洩了許多情感，我還是有很多掙扎。我們都知道跟被害人對立的是加害人與律師，卻忽略了被害人還有個敵人，就是自己。我對自己以前的看法又冒了出來，告訴自己我是個破損的人，沒有價值。有些自卑感已經固化成形，即使得到讚美也不為所動。

有些日子我什麼也不做，我把書房的門關上，彷彿這樣就封存了我不敢踏入的時光機。最糟的時候，我會拋下一切，穿著黑羽絨外套跑步去買越式三明治；香菜葉黏在我的嘴唇上，眼睛又乾又紅，然後我會去坐在圖書館兒童區的地毯上，渴望一個更明亮更可愛的世界。盧卡斯見到我晚回家，一臉被風吹過的樣子，手裡抱著有龍和鬆餅的童書，便會暗忖猶豫地問：「你今天寫了些什麼呢？」這是他用來了解我腦袋裡有什麼念頭的方式。

出庭已經是很久以前的事了，但我擔心自己會被永遠困在證人席上。我的心思總是比以前慢一步，我稱之為「時差」。以前我的生活是跟現實同步的，現在我會在進入那一刻之前先做評估，總是在尋求某種同意，認為自己得向看不見的陪審團報到，並在辯護人面前回答問題。當我伸手拿一件衣服時，我第一個想到的是：「穿這件衣服別人會怎麼想？」

不管我去哪裡，我都會想：「我有辦法跟人解釋自己為什麼要去嗎？」若是貼出一張照片，我會想：「如果這張被送去當證據，我會不會看起來很蠢，肩膀太裸露？」這些質疑自己在做什麼、反覆思索和讓自己回復正常狀態的時間都成了我的損失。

有天晚上我要帶一瓶琴酒去派對，但我站在購物車前看著那藍色的玻璃瓶，心想：「這裡面的東西會帶來什麼樣的遭遇呢？它會被誰喝下？會有人受害嗎？他們會問我這是哪個牌子的嗎？」我會在派對上暗自評估所有的事情，如果沒有小烈酒杯，我就會用瓶蓋測體積，弓著身子遮掩我過分執著的倒酒方式。別人倒酒時我會盯著他看，「倒得很隨興呢，」我心想，「你不能這樣，他們會問你有多少，幾毫升，是三分之一杯還是半杯，用哪一種杯子。」如果有人晃進洗手間或是跟男生離開，我就會開始緊張，「她走了是什麼意思？她去哪裡？跟誰去？」我要知道每個人都安全到家。我會傳訊息給朋友，然後在早上收到訊息：「有啊！抱歉我睡著了。」他們並不知道我整個晚上都在苦惱，思緒盤繞成最壞的情節。

當我跟治療師談論喝酒或過去的性經驗時，她說：「嗯，那你有什麼感覺？」我說：「喔，我有什麼感覺不重要，重點是他們怎麼想。」我以陳述事實的方式這麼說。她說：「要在這樣的檢視之下生活，是不可能的。」

我在閱讀布羅克的證詞時，發現我們對那天晚上的解讀竟是如此不同。辯護人在詰問布羅克時以這樣的問題開場：貼著下半身跳舞在你提到的派對裡常見嗎？大家會在桌上跳舞嗎？這也很常見嗎？喝酒呢？喝酒是不是這些派對的主要活動呢？對在場的多數人來說都是這樣嗎？幾乎每一個在場的人都在喝酒，這樣說正確嗎？

我在每一句話裡都看到「常見、常見、一部分、每個人、每個人」，會用這樣的詞彙並不是偶然，他在把布羅克帶回人群之中，讓他安穩地跟身邊的人待在一起。比較一下，他詰問我的問題是：你常去派對、你也有過記憶斷片的經驗。都是「你」和「你」，鏡頭離我好近，看不見我周遭的人事物。他的目標是讓布羅克融入人群，而對我，則是要孤立。

我發現辯護人有寄電子郵件給佛洛姆博士：「我可以弄個傳票，從送她去醫院的急救人員那邊調閱紀錄，不知道這對我們的案子是有利還是不利？」佛洛姆回：「不清楚醫療紀錄是有利還是具潛在的殺傷力……可能對我們不利。」

在證詞中，佛洛姆博士說了這類的句子：「不要逼我，噢天哪，我不是法律達人，我不是Excel專家，真的。」我無法忍受在我的身體被貶損時有人這麼輕描淡寫地說話。

佛洛姆博士在作證時說，講話不清楚並不代表我已經無法從事自願性的活動。她舉了看牙醫時打麻醉藥的例子做比較：「你沒辦法好好說話，但還是可以正常思考。」同樣的道理，講話口齒不清並不會讓人無法在購物網站上亂消費。但大家都明白，被強暴並不是網路購物，酒精也不是麻醉藥。如果我的行為是出於自願，那我不就可以自願地把他推開了嗎？誰有資格假定我都是順著他的意思去做的呢？

我總是被提醒，這只是他們的工作，現在我理解了，是啊，也許這是你的工作，但也只有像他們這樣的人才能做這種工作。審判揭露了可怕又讓人無所適從的現實，以及愈來愈惡劣的言詞。我變得憤世嫉俗，這種折磨會讓你抓狂，讓你變得激進。當大家開始攻擊我的弱點，我就想要反擊。我並不想當寬大的人，我想讓他們感覺自己很渺小，我想讓他們痛。

但我告訴自己，不要跟他們一樣，要專注在你想成為怎樣的人。所以我很努力改寫這本書的草稿，盡量減少裡面的嘲諷和人身攻擊，不願輕視別人或去除他們的人性。我的目的從來都不是侮辱，而是要教悔，並探討更大的議題，好讓我們能學習教訓。我不想變成別人，所以我用自己的力量，謹慎地運用自己的話語權，而不是反擊。「兩位單車騎士」。若有人想傷害我，就會有更多人想幫助我。我希望當時也有所謂的「加害人專家」、「被害人專家」和「知情同意專家」來為陪審團提供意見。我們詳加檢視被害人的行為，卻沒有探究性侵加害人的行為模式，或是探討酒精如何有利加害人，讓被害人四肢無力、降低反抗能力。

布羅克：「她跌倒了。」

辯護人：「你記得她那天晚上的穿著嗎？她穿了什麼？」

布羅克：「她穿了一件洋裝。」

辯護人：「好，那她跌倒的時候，身上有怎麼樣嗎？」

為什麼要特別詳述我的穿著呢？我的穿著可以解釋他的行為嗎？我來到法庭，期待它是有秩序、文明、對大眾有所助益的，卻發現法庭上有人的音量被放大，有人卻被消音。宣判刑期時，法官引述了一封布羅克朋友寫的信，我刪去她的名字，相信她已經從錯誤中學習。她在信裡寫道：「我認為因為一個什麼都不記得、卻記得自己喝了多少酒，並對他提告的女生而決定他未來十幾年的命運是不公平的。我並不是在指責她，因為這樣做是不對的，但我們是不是該設下底線，不再無時無刻擔心自己是否政治正確，認知到校園性侵並不都是因為強暴犯的關係……這跟挾持並且強暴一個在停車場準備上車的女人是完全不同的，那是強暴犯，但這些人不是。他們只是沒大腦的男生女生，喝太多又沒注意到周遭環境，做出了不明智的判斷。」

我的陳述公開後，她的信也被揭露，那年夏天她跟她的三人女生樂團要巡迴演出，但主辦單位接連取消，聲明他們無法容忍強暴文化。樂團的唱片合約被取消，巡迴演出泡湯，她也發布了道歉。更讓人不舒服的是，在三十九封信當中，法官唯獨選了這一封在宣判時引述。她誤導人的言論並不令人意外，但法官就讓人非常意外了。

他引述她的意見，為她過時又扭曲的強暴定義背書。我們知道，熟識者性侵遠比陌生者性侵更常見，當我們弱化了熟識者性侵或派對酒醉性侵的嚴重性，療癒之路將會大幅延後，復原的過程會被打亂，加害人仍不受嚇阻。

布羅克的母親寫道：「我每天早上的第一個念頭就是『這不是真的，不可能是真的』。為什麼是他？為什麼是他？為什麼？為什麼？」**我倒從未想過為什麼是我。那天早上妹妹來接我的時候，我腦中唯一出現的念頭就是「幸好是我」**。感謝老天，不是她也不是茱莉亞，不是一個得放棄學業的十八歲女生。我夠幸運，已經完成學業並處在一個穩定的狀態，也有個離法院不遠的家，讓我可以在官司之後好好復原。我有會在我睡著時幫我關燈蓋被子的父母，我也有存款；我好像莫名地準備好要踏上這個旅程。

雖然有數百萬人知道我的故事，但除了家人之外，性侵那年我只有跟兩個人訴說這件事。隔年我又讓幾個人知道，然後再三個人。奇怪的是，跟不認識的人說很容易，跟熟人說反而困難多了。也許是因為他們參與了你的過去，知道你是誰，對你有所期望，所以很難眼睜睜看著那些想法幻滅，再依照我的新身分重組。當我告訴至親時，我會看著他們的眼睛；他們會探尋可能的跡象，彷彿在等我告訴他們這不是真的。爸爸告訴安奶奶我是被害人的時候，她一直說：「什麼？什麼？」她那幾個月都在報紙上關注這件事，卻只能說：「這不是真的，不可能是香奈兒。」**無論我的傷癒合了多少，性侵本身永遠是件令人難過的事，我得與它和平共處。**我不能急著告訴他們我收到很多信，我必須提供一個容納悲傷的空間。

我癱軟無力的日子比意氣風發的日子還要多，會不斷想起被害人的種種不利處境。但無論有多少絕望與疲憊，我相信，想要一個更好的世界並親眼見證的願望不會就此消失，光是這樣的想望就已足夠。

我媽媽最喜歡的笑話就是有隻蜘蛛在跟蜈蚣喝茶，蜈蚣起身說要去買點心，出門後過了幾個小時，蜘蛛餓壞了，正疑惑發生了什麼事，於是把門打開，卻發現蜈蚣還坐在門墊上穿鞋子。我把自己想作是那隻蜈蚣，正在努力幫每一隻腳穿上小鞋，這比什麼都還花時間，但我會把鞋子一隻一隻又一隻地穿好，然後我會站起來，再度出發。

12

就在我朗讀陳述後僅僅五個月，川普（Donald Trump）當選了。聽到法官說「六個月」的感覺再度襲來。我彷彿被人偷襲。失望。重挫。

川普的《前進好萊塢》（*Access Hollywood*）錄音被公布時，一般人都認同他說的話粗俗淫蕩又下流。安德森・庫柏（Anderson Cooper）直接了當地問川普是否知道自己在說的事情就是性侵，而全國觀眾都看著他聳肩說：「就是男人間的私下對話。」當事情被公開，我們就會感到厭倦，我們聽了一千次錄音，爭辯了兩千次，私處私處私處出現在報紙上、電視上，民主黨跟共和黨吵來吵去，「你說話不檢點」、「你才說話不檢點」，直到眾人耳朵麻痺。我們對轉移輿論、辯解和淡化愈來愈習以為常，「錄音是二〇〇五年的事，男人講話就是這樣。」他們要我們別大驚小怪，繼續過日子。

這種言詞讓我很不舒服，但讓我更不高興的是當時的情境。「我只看見那雙腿，哦，真是好看。」川普跟比利・布希（Billy Bush）在打量一個女人，不是隨口聊到，也不是在說以前的事，而是在一輛緩緩停到她面前的公車上。她就在現場，在視線範圍內，但被隔了開來。我想像她站在外面微笑、耐心等候的樣子，她就像一隻鹿，大家都知道有山獅埋伏在樹叢裡，而我對她低語，要她豎起耳朵。快跑！那兩個男人走下公車時停止了粗鄙的對話，擺出公眾人物的姿態。「跟川普擁抱一下吧。」我看著她熱情地迎接他們，走在他們中間挽著手臂，我充滿了恐懼，發現有很多事情都在我們不知不覺中發生。

「這只是男人間私底下的玩笑話，好幾年前的私人對話。」他不但沒有道歉，還把對話從公車上延伸到「男人間私底下」，又是個女性無法進入的地方。他從未說過這樣的對話有何不尋常之處，只說這是私人對話，想要將我們隔絕在外，我們不該聽見這些。他並沒有對自己的話感到抱歉，而是對自己被逮到感到抱歉。川普聽起來很像某個我認識的人。

「我就開始親她。直接親，連等都沒等。」布羅克說，「我親了她。」檢察官說：「你在親她之前並沒有經過她的同意吧？」布羅克說：「沒有。」「我在她身上到處摸。」布羅克說，「我親了她的臉頰跟耳朵，我摸了她的胸部，把洋裝拉下來。」「一把抓住她私處。」「我脫下她的內褲……然後用手指弄她。」「我的確上了她。」在這個時代，總統跟一個十九歲攻擊者所說的話實在難以分辨。

社會讓女性背負了不可能的任務，要在無傷大雅與危險之間做出區別，要未卜先知某些男性可能會做些特殊的事情。當我們說這是性侵，川普說，我想你不太懂，只是幾個字而已，你反應過度了，沒這麼嚴重，太激動了，沒禮貌，放輕鬆!!!所以我們不顧那些威脅性的言語和種種警示，還對我們的偏執道歉。我們抱著這只是場派對或聚會的想法去參加，但當我們被佔了便宜，傷痕累累地爬回家時，他們說：「你怎麼這麼天真，竟然沒發現危險，卸下了防備，不然你以為會發生什麼事？」川普表現得很清楚，這是場騙局，規則一直在改變。你對性侵的定義不重要，因為到頭來，他說的才算數。

在《前進好萊塢》錄音檔的一分十秒處，你可以聽見薄荷糖在小盒子裡搖晃的聲響。「我最好吃個薄荷糖，萬一要親她。」有些人會說：「他就是個男人嘛，在公車上吃個薄荷糖而已！」但這激起了我的反應。當你聽見一個男人在你背後關門上鎖，你會全身緊繃。女性被訓練得去注意微小的動作，掃視並預期所有即將發生的行為，不斷評估威脅的言語化成現實的可能。我們在每一個想像得到的情境中都要保護自己，盤算脫逃路線，走路時要把鑰匙夾在手指之間，這就是我們日常生活中自然而然的動作。

✦ · ✦

二〇一六年七月六日，我的陳述發表後一個月，一位年輕的黑人男子費蘭多．卡斯帝爾（Philando Castile）在從超市開車回家的路上，因為車尾燈壞了被警察攔下來並開了七槍，他坐在副駕駛座的未婚妻拍下他從座位上滑落的樣子，他的白上衣被染紅，就像日本國旗，後座還有個四歲的小女孩。我心想：「有證據，這就對了，這樣可以定罪。」事實擺在眼前，你不能轉頭不看，不能找理由開脫。

但在二〇一七年六月十六日，陪審團給出了無罪裁決。奧克蘭人氣憤地走上公路，有人說這是在鬧事，但我看見的是理性。我的證詞並不完整，因為我記憶斷片；費蘭多無法出庭作證，因為他死了，連自己的審判都參與不到。我真希望檢察官傳喚費蘭多，讓陪審團看著那空蕩蕩的證人席，他的名字在沉默中迴盪，詰問開始：「你都怎麼暱稱那位小女孩？你抱她的時候手會痠嗎？那天早上穿衣服的時候，你知道自己會穿著這件衣服死去嗎？你想要哪種婚禮蛋糕？」

那位警察說他受到驚嚇，有理由懷疑費蘭多伸手掏槍。告訴我這是怎麼回事，一個人坐在車裡，後車廂都是正在融化的商品，他穿著薄棉衫，後座有個小女孩，他會突然掏出手槍射穿警察的防彈背心，然後駕車逃逸？為什麼費蘭多要射殺一個只見過四十秒的無辜人士呢？為什麼警察要這麼做？

讓我們回到賀南德茲先生的電影文學課，回到《大白鯊》。賀南德茲先生說，我們直到電影開始八十分鐘後才真正見到鯊魚，在那之前，我們聽了恐怖的故事、瞥見牠陰險的魚鰭，先讓自己做好被嚇的準備。如此，當鯊魚隆重登場，我們就會看見所有我們既有的印象，那殘酷無情又嗜血的大白鯊。警察在攔下費蘭多之前，回報這個人貌似嫌疑搶匪，說他「鼻子很寬」。當警察走向車窗，他沒看見費蘭多，他看見的是對寬鼻子的既有印象、黑皮膚和槍，這些在他腦袋裡加總成了「威脅」。問題不在於我們是誰，問題在於你認為我們是誰，在於你投射到我們身上的現實——費蘭多是暴力份子，而我會跟人在垃圾桶後面發生關係。

射殺費蘭多的警察作證說：「我以為我要死了。如果他有膽，肆無忌憚地在五歲的小女孩面前抽大麻，讓她吸二手菸，拿她的肺、拿她的生命作賭注，而且副駕駛那位也在做同樣的事，那他怎麼會顧慮到我？」在他的證詞裡，我聽見了熟悉的期望，認為被害人不能有缺點，這樣才配擁有生命。「肆無忌憚地抽大麻」就是他該死的理由。辯護人說我「熱衷派對」就表示，同樣地，我該被強暴。

布羅克在他的陳述裡寫道：「我來自俄亥俄州的小鎮，從未真正體驗過喝酒慶祝的場合或派對。」他們開出搜索票取得布羅克的手機，發現裡面有他在大學前的暑假喝酒、用水菸斗抽大麻的照片和訊息：你覺得我可以買一點大麻蠟來抽嗎？

大麻脂是高度濃縮的大麻。「噢老兄我上星期跟克里斯汀一起用了迷幻藥。」他的朋友傳訊息說：「我超想好好用迷幻藥上路一次，絕對要。」還有跟「起飛」有關的訊息，是混用迷幻藥與搖頭丸的意思。「我一定要試，聽說很讚。」

我並不在意，這並不代表他是壞人，我也不想評斷他用藥的事情。儘管抽吧孩子，你可以早餐午餐晚餐都吃迷幻松露你也可以盡情抽大麻，知道為什麼嗎？因為那是你的人生，你可以隨心所欲盡情揮霍，但你不能帶著陳述走進法庭說：「我對喝酒和參加派對都沒有經驗，所以就認為（游泳隊男生說的）那些是正常的……在這四個月短暫的校園生活裡，派對文化和犯險行為已經把我徹底毀滅。」

裁決出爐那天，一篇《華盛頓郵報》的文章引述了布羅克的話，說他希望可以在十年內成為外科住院醫師。他姊姊在信中寫道：「奧運再見，骨科醫師再見。」也有另一人寫信：「您也許已經知道，布羅克上大學是希望攻讀生醫工程，他的人格特質與典型的工科學生相符，他待人恭敬、不張揚且謙遜……」我發現緩刑官的報告裡有他的履歷。性侵那時他已經做了兩年的救生員，接著到一個叫做「競速腿」（Speedy Feet）的團體工作，但我從來沒有在哪裡讀到這個消息。他不用被迫面對現實，他談論的是他葬送的前途、無法成為什麼樣的人，而非他現在是什麼樣的人。他們好像認為他的未來正在耐心等待，只差他一腳踏入。大部分的人都了解，你的未來並不是什麼一定會履行的契約，而是一天一天經由各種選擇所構築起來的。你的未來是爭取來的，憑的是一點一滴的努力與行動。如果你的行為悖離了它，美夢就會瓦解。

如果懲處根據的是一個人的未來發展，具優勢的人就會被輕判。布羅克被保護在他該成為的樣子或眾人投射在他身上的理想模樣裡：骨科醫師、生醫工程師、全美運動員、奧運選手。法官說他已經失去了這麼多，放棄了這麼多機會；那麼，那些擁有得少、也沒有太多可失去的人呢？試想，今天犯下同樣罪行的若是一個在兄弟會廚房工作的西裔十九歲員工，而不是十九歲的史丹佛運動員，事情的結局會不會有所不同呢？《華盛頓郵報》會稱他為外科醫生嗎？

布羅克所寫的話為我的觀點下了結論：「我處在一個不能出錯或是沒人會認為我做錯事的世界。」淺膚色的人通常都處於優勢，這可以讓他維護自己的信念，認為自己不用承擔不良後果。在這樣的體制下，不容挑戰的是誰？被利用的是誰？我們想保護的是誰的人生？不用承擔責任的是誰？誰才是真正的作亂份子，那個點燃戰火、指姦別人、無端製造問題的人？布羅克說他沒有在剛被捕時就把許多關鍵細節告訴警探，因為「……我的腦袋運轉得飛快，根本無法想清楚到底發生了什麼事。」與此同時，被害人卻總是被期待要想得很清楚，不能拿恐懼當藉口。恣意的暴力事件不斷發生，你卻要求更多的證據，告訴我們這樣還不夠，下次再來。

即便向警察通報了性侵事件，只有很小的比例會被檢察官受理，這並不是因為檢察官不相信被害人，而是他們知道舉證的責任高得你無法想像，因為你的證據必須讓人「無合理懷疑」。檢察官不會在證據不足、成案機率低的情況下讓你走完所有程序，也就是說，即使被害人想更進一步，決定權也不在她手裡。

剩下的選項就是提起民事訴訟，這對證據的要求標準較低，即「證據優勢」。然而，被害人還是得尋找、說服並聘請律師接受她的案子。在民事訴訟上，被害人的姓名不會受到保護，也很可能會被譴責是為了賠償金而提告。這個程序可能會長達兩三年。

當被害人在校園遭到性侵，通常都會希望她的安全能獲得保障，且對方不會再犯。大學一向被認為缺乏處理這種案件的素養，因為因人而異的學生管教辦法產生了許多混亂，所以他們同樣會建議被害人向警方報案。嚴重的犯罪需要由嚴謹的系統來處理，我同意；但被害人就得犧牲學業，花費多年時間在刑事訴訟中奮鬥。學校不具備進行完整審判的條件，但他們有能力創造安全的環境，並做出有限度的懲罰，讓加害人遠離校園。每個人都需要程序正義，這是千真萬確也不可否認的，尤其是面臨到嚴重的後果時。如果大學能把人送進監獄那就太荒謬了，這並不是我們要爭取的。但每一間學校都能做的事情是，告訴他你不能繼續在這裡念書了，不能再使用圖書館或自助餐廳，你得去找別間圖書館或自助餐廳。如果學生能因為剽竊或毒品交易被迅速除籍，那麼當有足夠證據顯示他們會威脅到別人時，也應該受到同等的懲罰。「那他的名聲呢？這才是真正讓他難受的。」我的忠告是，如果他會擔憂自己的名聲，那就不要強暴別人。

布羅克寫道：「在這件事情發生之前，我一向都配合執法，也沒有打算要改變這點。」二〇一四年十一月十五日，就在我被性侵前三個月，蕭警官看見幾個手拿啤酒罐的年輕人走在校園裡，他上前逮捕時，他們跑了。其中一人被拘捕，供稱逃跑的那個人是布羅克。布羅克被通知到案，警方的紀錄顯示：「他出現時穿著一件亮橘色的晚宴西裝，蕭警官在他身上聞到酒味……他背了一個黑色背包，裡面有幾瓶酷爾斯輕啤酒，手裡也有一瓶啤酒。他坦承藏匿啤酒，並知道自己不該喝酒，因為他還未滿二十一歲。他說看見蕭警官接近時，做出了逃跑的決定。逃跑時他有聽見警官叫他停下來，但他繼續躲避。他說這是一瞬間的決定，並對此感到後悔。」三個月後，蕭警官成了對我拍照存證的人。

性侵後六個月，有兩個女生去找金警探，說她們在我被性侵的前一個週末在卡帕阿爾法兄弟會遇到了布羅克。警方報告記載：「他把自己的帽子戴到她頭上，她拿下來，接著他開始在她身後跳舞，並試著讓她轉身面對他。她感到很不舒服，便轉身讓自己不會直接『背對著』他。他開始『東摸西摸』，把手放在她的腰和肚子上，甚至還把手放在她的大腿上半部。她感覺愈來愈不舒服，並從桌子上走下來。她說被告讓她『渾身不舒服』，因為他不太打退堂鼓。」

同樣的地點，一週以前。我很感激她們花時間去找處理這件案子的警探，因為她們大可看見新聞後說：「哇，他就是派對上的那個人。」然後悶不吭聲。可是她們不但沒這麼做，還出面敘述了她們的遭遇，再悄悄地繼續過日子。

「二〇一五年一月十八日凌晨時分，在被告被捕後不久，警探發現被告的手機螢幕上出現了一則透過『Group Me』手機應用程式傳來的訊息。訊息為：『這是誰的奶？』」裡面的影像已被第三方移除，警方懷疑布羅克拍下我的胸部並發送出去。如果這是真的，我並不想知道。

布羅克背著一包啤酒逃避警察、對女生上下其手、抽大麻、吃迷幻藥和拍攝胸部照片的事情都不在他的至親與媒體所投射的形象裡面。《華盛頓郵報》稱他「品行無瑕」、「一臉純真」，是個臉頰粉嫩的小天使。有人寫信堅稱「他被誤解為罪犯」，稱他是「為自由而戰的無罪之人」、「風趣好玩」、「毫無反骨」、「很容易臉紅」、「若要用一個詞形容他，那就是溫和……有些人就像拉布拉多一樣……心地善良、有愛心、很有天賦」、「謙虛、負責任、值得信任」、「連蒼蠅都捨不得傷害」。

即使被定罪之後，他們也相信他不應該遭受懲罰。他們非常堅定地支持他，拒絕稱呼此事為性侵，只說那是「可怕的災難」、「不幸的狀況」。他們說：「布羅克並不認為自己凌駕於法律之上或有任何優越之處……身為一個女性，我從未對他感到害怕。」

他母親在三頁半、單行間距的陳述當中，從未提及我。將人抹去是一種迫害，拒絕看見。二〇一七年一月二十日，《前進好萊塢》錄音檔釋出後四個月，這個國家看著川普微笑、舉起手，宣誓就職為美國總統。我在顫抖，聽見了無數的薄荷糖發出沙沙聲。「你什麼都能做。」

✦ ⋅ ✦

我看見新聞時正在下雪，時間是二〇一七年十二月二日，判刑後一年半。我跟盧卡斯到朋友的小木屋作客，半夢半醒間，我聽到他穿著雪褲走來走去的窸窣聲、廚房裡鍋子的聲音、水流聲，排煙管冒出了熱氣。我拿起手機，跟平常一樣在床上斜斜地滑著手機。我發現有未接來電，新聞報導布羅克提出了上訴，指控審判不公、證據不足。訴訟摘要長達一百七十二頁，《紐約時報》指出其中約有六十頁在論述我的酒醉狀態。冷杉與雪景頓時褪了色。我得回家，去弄清楚發生了什麼事、打給檢察官、打給爸媽，跟他們說：「對我看到新聞了，對，我沒事。」

上訴是極為常見的，每個人都有權這麼做，但一想到訴訟並非永遠終結，還有些許的再審機會，無論機率有多小，都讓我感到很糾結。檢察官說，對此我們無法做什麼。州檢察長會在接下來幾個月內以書狀回應，提交之後，會由布羅克的上訴律師穆塔普先生在三位法官面前進行言詞辯論，也許會是在明年，誰也說不準。我在判決日見到的那位白鬍子上訴律師被換成了一個有美人尖的人。

蒂芬妮打來，她午餐吃到一半，離開一桌朋友出來講電話。「這是什麼狀況，我們不會有事吧？」她獨自站在外面，而我坐在雪中的小屋裡，希望我們待在一起。木屋裡的大家正準備離開火爐，把護目鏡戴在頭上，他們處在一個我已經遠離的時空。盧卡斯走回房間，發現我心不在焉，拿著手機不放，也沒換衣服，便問我怎麼回事。我告訴他了，他決心不讓這個消息毀掉一天，要我們出門滑雪。但我搖搖頭。

他以前就見過好幾次這樣的狀況，比起上訴本身，看見官司對我造成的影響更令他生氣。他想要鬆脫這件事對我的掌控，把我放到我該去的滑雪纜車上，但我並不想為別人強顏歡笑。最後盧卡斯說他會讓我保有自己的空間，並帶上手機，說等我準備好可以隨時碰面。我聽見大家走出門的聲音，接著房裡一片寂靜。

一百七十二頁。我看著目錄，看見有幾個地方特別寫給「無名小姐的妹妹、無名小姐的男友、茉莉亞」。我看見我所愛的人再度被拆解，被一套新的論述責怪，比以前更加惡毒，更加侮辱人。我想把他們的名字從頁面上拔下來，緊緊抱在懷裡，脫離律師的掌心。

我已經寫了一份陳述要求停止，不要把我踩在腳下，不要否定我吐露的實情，不要反抗。我受夠了，我承受太多了，再也無法忍受了。到此為止。這就是他們說「不」的方式，說「這裡有一百七十二頁的不」。他們活在一個隔音盒裡，打算把我跟他們一起悶在裡面。

你知道當你要求被害人報案時，是在要求他們面對什麼嗎？「為什麼她不去警察局？」我旁邊有警察、警探、急救人員，有警車、救護車，他們為他銬上手銬、對我拍照、錄了證人口供、記下我身上的種種細節，從脖子上的細鍊到我的鞋帶，再收走我的衣服和他的衣服。性侵二十四小時之內我就提出告訴，而三年之後我竟然在這裡讀上訴律師的陳述，說我「很明顯是在垃圾桶前面」，而不是在「後面」；說「只是在外部按摩」我的「生殖器開口」；說我們是「充滿愛意的年輕人，表露出他們的性衝動」。當你說「去警察局」時，你的想像是什麼？我很慶幸自己能有這群隊友，但警察會繼續處理其他案件，而被害人得繼續面對令人痛苦又曠日費時的訴訟程序，這會令她開始質疑自己是誰，接著遺忘。你只有受到肢體攻擊嗎？這裡有些資訊可以讓你知道該如何進入長達數年的言語暴力程序。強暴本身的痛苦跟尋求協助時那種被肢解的感受，前者似乎比較容易忍受。

當被害人尋求協助，她就會被視為是在對她的襲擊者發動攻擊。但這是兩回事，尋求救助是她的主要動機，對襲擊者產生的不良影響則是間接的。可是我們卻被告誡，如果你把事情說出來，就會害到他。每一份他沒錄取的工作、每一次他沒參加的比賽都會算在你頭上。他的家人、朋友、周遭的人和隊友都會讓你陷入人間地獄，你確定這是你要的嗎？我們要她想清楚這會如何影響他的人生，即使他從未想過自己的行為會如何影響她。被害人以寡擊眾，她是唯一被他施以性暴力的對象，卻被指望要以自己的力量消除別人多年來認為他友善親切的成見。他們會說：「我們從來沒見過他有這種行為，你一定在說謊。」布羅克姊姊的陳述裡就出現了同樣的意見：「在審判裡提出的證據以及對他人格所下的定論，都只是來自他人生中的某一個晚上、來自一個不認識他的陌生人，只是他這個人的一小部分裡的一小部分。」被害人不是一小部分，我們是完整的。

當社會質疑被害人為何不願報案時，我要在這裡提醒你，你是在要求我們以精神健康為代價，對抗一個過時又壓迫我們的體制。被害人沒有時間做這種事，被害人也是學生、老師、家長，無法離開職場或放棄學業。一般的成人都很難擠出時間到監理所換發新駕照了，任性地要求被害人暫停日常生活去處理一件她根本就不希望遇到的事情是不合理的。這並不是被害人不努力，而是這個社會缺乏一個現有的機制，讓被害人認為有一定機率可以獲得安全、正義與重建，而不是受到二次創傷、公開羞辱、精神折磨和言語的粗暴對待。我們真正該問的問題不是「為什麼她沒有報案」，而是「你為什麼要這麼做」。

布羅克永遠都會是那個「變成強暴犯的游泳選手」，他很棒，後來隕落了。我往後所做的每一件事都會變成是「那位寫書的被害人」的事。他的天賦大於這場悲劇，而她好像是因為這件事蹦出來的。但我並不是在他傷害我的時候憑空出現的。「她找到她的話語權了！」我有話語權，是他奪走了，讓我在黑暗中摸索了一陣子，但我一直都有，我只是以跟從前不一樣的方式使用它而已。我的成功、我的變化不能歸功於他，我不是由他創造的。他唯一的功勞就是侵犯我，而他連這點都不敢承認。

✦ ⁎ ✦

二〇一七年六月十七日，寇斯比案[3]的第一場審判陷入了僵局，六位陪審員傷透腦筋，他們沒有被說服。不用在意那兩顆藥丸，是啊，但我不太確定，我們需要多一點資訊。你可能會以為安潔亞・康斯坦（Andrea Constand）已經筋疲力盡，會在這場累人的無效審判後放棄，再次證明「你什麼都能做」；但在二〇一八年四月二十六日，第二場審判的裁決被大聲宣讀，寇斯比的手被銬在身後。超過五十位女性站了出來，說不，寇斯比，你不能這樣做。

你不能不徵求同意就親人，**你不能**抓別人私處，**你不能**掩飾你做的事，**你不能**關掉麥克風，**你不能**把事情打發掉，**你不能**要我們忘記，因為我們踏著這三個字的節奏前進。長久以來，男人都不用受到懲罰，他們真的不用。他們遠離責難，但他們的所作所為卻從未遠離，即使我們的腦袋想要忘記，記憶也已經在身體的層次成形了。我們的身體儲存著這些訊息，無論大腦把它丟進垃圾桶幾次，無論我們聽過多少次要繼續過日子、要認錯和要成長的話，無論過

3 寇斯比案（the Cosby trial）：二〇〇五年，安潔亞・康斯坦指控喜劇演員比爾・寇斯比在二〇〇四年對她下藥性侵，經多年的民事及刑事訴訟後，罪名於二〇一八年成立。除此案外，另有五十多名女性對寇斯比提出性侵指控。但在二〇二一年六月三十日，本案因「司法程序」有爭議，改判無罪。

了幾年，當我們有了家庭、有了孩子、孩子又有了孩子，我們的身體依然記得。當腦袋試著將它清除乾淨，我們依然會在夜深人靜時獨自醒著，身體會抗議：**你不能**。

二〇一七年十月，當韋恩斯坦（Harvey Weinstein）失勢時，艾希莉．賈德（Ashley Judd）與蘿絲．麥高文（Rose McGowan）是站在前線對抗他的人。位高權重的男性一個接一個步下台階，我們也可以說，是女性站出來了，導致男性失去權位。但這並不是以牙還牙，而是以牙還好幾打的牙。這些男性無法理解在這麼多年的時間裡，當他們讓一位又一位的女性受害，也讓許多人成為了證人。所以，上前支援的不只一人，感謝老天，因為只有一個人顯然是不夠的。寇斯比，六十人；韋恩斯坦，八十七人；納薩爾（Larry Nassar）一百六十九人。新聞用了這樣的字眼：「指控如雪片般飛來」、「遇害故事有如海嘯」、「掀起了滔天巨浪」。這些比喻很恰當，因為每一個故事都是災難，能將人毀滅，但要拿來跟自然災害相比就不正確了，因為這些遭遇一點也不自然，完全是人為的。你可以稱之為海嘯，但別忘記了，每個生命都是一顆水滴，要掀起巨浪又需要多少水滴？她們的損失是無法用常理理解的，是很驚人的，令人憤怒的，當有一顆水滴出現，我們就應該將它接住，但這個社會卻泡在倖存者的洪水之中。一個男人就能讓好多人受害，因此有天當他老去，他可能會嚐到一點她們一直以來都在承受的滋味。

由塔拉娜．柏克（Tarana Burke）發起的「我也是」運動（Me Too）讓為數驚人的性侵與性騷擾情境得以被看見，讓我們知道暴力就在我們的日常生活當中，有無數的話語和動作都是別人告誡我們無需認真看待的。「我也是」是一句放在結尾的話，要你加註上去，是一種附帶說明。你無法將它從一個更大的群體裡分割出來，孤立對它無效。透過標註這幾個字，你無需鉅細彌遺地揭露完整的遭遇，你只是點點頭、舉起手。發聲並不會讓你成為關注的焦點，只會讓你成為群體中的一員，她們發著光，多得數不清。「我也是」提供了寬慰，讓人終於有機會把故事放下，了解放下它後出去走走、呼吸、甩甩手的感覺。

有人說這是在獵巫，說「她在追殺他」。我倒想問，她是從什麼時候開始追殺他的？請往前回溯，明確指出是哪一天。我幾乎可以保證，被性侵之後，她只想繼續自己的人生。問她隔天做了些什麼，她會說我去上班。她並沒有拿起武器或聘請律師，而是把床鋪好、扣好上衣扣子、一次又一次地洗澡。她試著相信自己就跟以前一樣，試著繼續生活，直到她再也站不穩。每一位公開發聲的女性都是這樣，因為她再也無法在她試圖建構的人生裡繼續下去，於是她慢慢轉身，面對這件事。這個社會認為我們活著就是要追殺他，但事實上，我們活著是為了生活，如此而已。他把這樣的生活搞得天翻地覆，我們試著繼續，但做不到。每次只要有倖存者出現，大家就會跳出來說她想要什麼，為什麼這麼久才出來，為什麼是現在，為什麼當時不出來，怎麼不早一點，但傷害是沒有截止日期的。當她出現，我們不妨問問她怎麼能帶著傷痛過這麼久，問她是誰要她不准揭露的。

被害人經常被指控想報復對方，但報復是個多麼微小的動機啊。我不會笨到認為當木槌敲下、手銬咔啦一聲鎖上時，我內心的寧靜就會來到。他也許會被關進牢房，但他絕對不會理解無法安住在自己身體裡的感覺。我們不是為了自己的幸福結局而戰，我們是為了說「你不能」而戰，為了讓你負起責任而戰，為了建立判例而戰。我們奮戰是因為我們祈求自己是最後一個遭受這種痛苦的人。

當希拉蕊・柯林頓（Hillary Clinton）的書《事發緣由》（*What Happened*）出版時，我發現她引述了我陳述裡的最後一段：「在你感到孤單的夜裡，我與你同在……」接著她寫：「十一月九日清早，當決定敗選演說內容的時刻到來，我想起了這些話。我得到啟發，於是寫下：『我要對所有正在觀看的小女孩說，絕不要懷疑自己的價值與力量，你值得每一次的機遇與機會，去追尋並達成你的夢想。』不論無名艾蜜莉在哪裡，我希望她能知道，她的話語和力量影響了多少人，對她們來說有多重要。」

在遭逢重挫的時刻，她在這份陳述裡尋找希望。她回到了我最黑暗的地方，點亮往前方的路。

13

二〇一八年一月，超過一百位年輕的體操運動員穿上鞋子，從軟墊走到石磚地上，一位接著一位走上發言台宣讀給賴瑞．納薩爾的聲明。他滿臉鬍碴，彷彿沾上了泥土。新聞報導此事時我正在切紅蘿蔔跟豆腐，一邊餵蘑菇，開著電視當背景聲音。當這些女生的聲音被播放出來，我不顧爐子上的火，任由蒸汽冒出，坐在椅子上看得入神。她們的話語有如鋼鐵，即使聲音顫抖，眼神依然堅定不移。我心想，身為倖存者，如果我跟她們都有共同的組成，如果我們都有類似的故事，那我也一樣強大。那天，我心中留下了烙印，我感覺舉得起一台車、能登上一座山，我以為身為倖存者的一份子和她們所展現出的力量為榮。「小女孩不會永遠是小女孩，」凱爾．史蒂芬（Kyle Stephens）說，「她們成為了堅強的女人，回來摧毀你的世界。」

也許賴瑞以為時間是站在他那邊的，他精進手法，年復一年都沒有被發現。但她們在這段時間裡愈來愈強壯，尋找合適的時機讓事情浮上檯面。我深知她們力量的背後有著什麼樣的東西，唯有熬過難以忍受的折磨，才會擁有這樣的語氣。

但這件事也有不一樣的地方。在她發言時，我的注意力一直飄向站在她身旁的母親，一個陰沉的身影，神情茫然的沉默背景。旁聽席上一排排的家長沮喪又嚴肅。我們很少會見到事件產生的第二波衝擊，聲勢壯大的女兒與比她們更悲傷的家人形成了強烈對比，這一幕令人揮之不去。角色反過來了，大人退居後方，看著他們十五歲的孩子站出去要求補救，而他們變成了無助的旁觀者。在每一場鏗鏘有力的發言背後，家長的眼前可能正在上演其他思緒，也許是一場罪惡感的對話，濃厚又沉重。令人心痛。「你這麼年輕就得面對這樣的事，」並質問自己，「當時我能做些什麼來阻止這件事呢？」

安奶奶問媽媽：「香奈兒告訴你時，你有什麼感覺？」

媽媽說了四句話：

「我試著忘掉這件事。」

「我兩腿發軟。」

「是我開車送她去的。」

「我應該掉頭，把我的寶貝們載回家。」

茱莉亞說：「是我邀你去派對的。」

蒂芬妮說：「是我把你留在那的。」

盧卡斯說：「我是最後一個跟你通電話的。」

我告訴過他們很多次，你們是我依然存在這裡的原因，不是我受傷的原因。每當提到案子，我仍看得見這件事對爸媽的影響，他們表情變得凝重，就像有片雲朵飄過太陽。

觀看體操運動員發言是我第一次讓自己在螢幕上看法庭內部的樣子。過去幾年我都避免電視、表演和電影裡的法庭橋段，甚至是卡通裡跟法律程序有關的部分。我看見有個小嬰兒在萬聖節時裝扮成法官的模樣，穿著小黑袍，手拿小木槌，讓我很討厭他，也討厭認為這很有趣的家長，我知道我瘋了。

過去我總認為刑事訴訟的體制太過粗暴，也消耗太多時間。我的信念變得黯淡，我們該何去何從？為什麼讓被害人得到妥善照顧、讓正義得以伸張竟是這麼困難？但阿奎麗娜（Rosemarie Aquilina）法官出現了。我從來沒質疑過為什麼我只能以這麼短的時間朗讀陳述，直到我發現阿奎麗娜法官騰出時間給一百六十九位被害人。她清楚表明，每一個人都很重要。她讓重建與惻隱之心得以出現在法庭上，我過去總以為那裡只有折磨。「把罪都留在這裡，別再為了它消磨家庭時間。」她將負面的影響力都趕跑了。「別再責怪父母，讓他們愧疚了，」她說，「相信我，當時的你們就是不知情，也不會有別的做法。」她對那些女生說：「把痛苦都留在這裡，走出去做偉大的事。」我沒想過可以聽到這樣的忠告。在法庭上，法官就是這艘船的船長，我的船長讓我們沉船了，而她將船轉向，往海平線航行。我希望史丹佛能像那艘船一樣，成為願意保護被害人的領導者。

我是在史丹佛醫院出生的，我小時候認為光是這點就會讓我很聰明。我在棕櫚樹和尤加利樹下騎腳踏車，穿過紅瓦屋頂，但還是不知道那裡大多數的大樓名稱。不過我可以依記憶為你導覽，可以指著校園裡的任何一個地方說「這就是哪裡哪裡」，這就是我坐在摺疊桌前賣女童軍餅乾的地方。中學時我很在意自己長太高，所以安奶奶帶我到史丹佛的女籃見面會，讓我知道長得高的女生可以成為怎樣的人。我用爺爺的望遠鏡觀看每一場比賽，一邊歡呼一邊甩著小毛巾，很喜歡吉祥物「跳舞樹」，它長得像巨型的衛生紙卷，有塑膠大眼睛和下垂的樹葉。我在史丹佛的噴泉旁邊上中文課，也上電腦課學打字和剪接影片；我做的第一支影片是一支有超能力的叉子：《叉子大師三千，可以挖洞也可以梳寵物的毛》。我跟蒂芬妮會在史丹佛高爾夫球場旁的草叢裡找到高爾夫球，把它們想像成奇特的蛋，帶回家孵育。

我有大約二十位高中同班同學都進入史丹佛就讀，所以到史丹佛跟朋友見面是很稀鬆平常的事，我們會參加耳機舞廳派對或在放假時玩桌遊。我有很多朋友、偶像和老師都在史丹佛。也許我永遠不會是那裡的學生，但在我知道它是一所大學以前，它就已經是我的生活圈了，它是我的家。

性侵之後，學校沉默了十天。有位主任知道我的名字，但沒有人聯絡我。沒有人說：「你還好嗎？有沒有安全到家？」我想因為我不是學生，所以不是他們關懷的對象。然而，我還是希望能在艱難時期獲得援手。我還沒學會該怎麼請求幫助，但如果當時有幫助出現的話，事情可能就會不一樣，我或許就不會在車上花這麼多時間打熱線電話了。我想表達的是，我希望他們能展現關懷，能有人告訴我資源在哪裡，能有人正視所發生的事。

我在帕羅奧圖的路上開車時，總會想起史丹佛的缺席。性侵讓我的身體受了傷，但還有更重要的東西也破碎了，那就是對大型機構的信任，我對一個我以為會保護我的地方失去了信任。我可以忍受他們漠不關心也不道歉，但最讓我不舒服的是他們看不見最重要的問題：該如何確保同樣的事不再發生？他們把這起性侵當作是單一的獨立事件。

在布羅克自願退學後，他們有打給我一次，告訴我他們不准他再回來校園。除此之外，學校似乎沒有什麼作為。性侵案登場又落幕，但事情從來就不是這麼簡單。

布羅克並不是老鼠屎，他只是個警示，暴露出校園裡潛藏著更大的性暴力問題。史丹佛應該要利用這個機會對政策與程序做系統性的評估，以確保每當有人遇害，校方能立刻提供協助並採取行動。他們應該重新評估校園安全，讓倖存者感受到支持。他們應該對我說：「我們很重視你的遭遇。」

我的陳述被瘋傳後幾天，史丹佛也發表了一份聲明：「有許多傳聞對史丹佛扮演的角色產生了誤解。在此案當中，史丹佛大學、學生、校警及全體職員都盡心盡力。」他們說，當他們得知我的身分後，「校方已在保密情況下與她聯繫並提供協助。」他們的聲明理直氣壯，幾乎有點自豪。「史丹佛對性侵事件相當重視，同時，在採取實質行動上也領先全國。」這簡直就是在傷口上灑鹽。

史丹佛校友及心理學教授珍妮佛．弗萊德（Jennifer J. Freyd）向學校的管理部門寫了一封公開信。她譴責他們「沾沾自喜為自己辯護的姿態」。她探討了「體制性背叛」，我從未聽過這個詞，她說這會為被害人帶來「超越性暴力本身的傷害」。諷刺的是，體制性背叛不僅對體制之內的人有害，也會對體制本身帶來問題。

那年夏天，蜜雪兒．道伯教授在新聞上指責史丹佛並未道歉，她說我被性侵「並不是無法預測，也不是偶然的，他們創造了一個讓這件事得以發生的環境」。她有終身職作為保護，讓她可以公開批評校方的陳規，但我不認為這有什麼作用。

聲明的報導熱度消退，夏天也來了又走。二〇一六年八月三十一日，就在布羅克出獄前兩天，我接到蜜雪兒的電話：「好消息。」一位具相當權力的女士告訴蜜雪兒，史丹佛想向我道歉並支付我心理治療的費用。我稱這位女性「蘋果籽」。吃下一顆蘋果籽並不會有事，但若你吃得夠多，一段時間後毒性就會顯現，毒害人於無形，並且無法解毒。蘋果籽說她會寄給我一份文件，我只要簽名就可以收到款項。我說在他們同意跟我見面，並討論如何處理我的案件以及改善之前，我拒絕接受任何款項。蜜雪兒建議我們在史丹佛改變心意以前接受這項提議。

這通電話是在布羅克出獄前兩天打的，讓我很不高興。我對他們的動機抱持懷疑態度，認為他們想刷洗名聲，在媒體再度追著我的案子之前避免負面的公眾形象。我問盧卡斯：「我該怎麼做？」他說：「如果他們是認真的，就不會在幾天內馬上改變主意。」他還問這對他們有什麼好處，所以我也問了同樣問題。「我們想請你承諾不會提起訴訟。」

我終於了解，在他們眼裡我並不是一個人，而是法律威脅，是個大麻煩。

我想翹起鼻子說，我不需要史丹佛。「史丹佛是誰呢，」蜜雪兒說，「你知道史丹佛是個數十億的信託吧，你不能把複雜的組織當成個人來看。」它是一個品牌，一個賣給你的體驗。同樣的道理，米老鼠是一個人，領薪水，無聲地站在一具令人窒息又堅硬的軀殼裡，上面附著一層黑毛，還有厚厚的白手套。同時，她也說史丹佛並不是頑固的巨型機構，而是由許多人帶著不同動機所組成的組織。「有些人你可以恨，但也有人是想幫助你的，你應該要聽那些人的話。」蜜雪兒相信蘋果籽能帶來改革，蜜雪兒想把垃圾桶改成一座花園，並讓我選一句我說過的話做成紀念牌匾。我認為這想法不錯，所以便同意了。

二〇一六年九月二日，我用手機點開新聞，看著布羅克穿著襯衫走出郡立監獄的玻璃門，閃光燈照著，麥克風追著，他俐落地鑽進休旅車。雖然我知道這天總會來到，但那個夏天我感覺只是眨了一下眼睛，他就出來了。我在網路上看見有人列出一堆比他的刑期還長的東西：豐年蝦的平均壽命；網友「奧德賽」：〈瑪卡蓮娜〉上榜百大熱門歌曲的時間；網友「她的校園」：冬天時的腿毛；「山羊康妮」：等人回覆訊息的時間；網友「艾美」：媽媽遇到朋友時聊天的時間。

我點開另一個他跟父母入住旅館的影片，攝影記者蜂擁而上，問他：「你有話要跟被害人說嗎？」我一度屏息聆聽，他站在電梯前，戴著太陽眼鏡低頭看他的腳。他雙唇緊閉，父母不以為然。我不知道自己在期待什麼。

我得出門透透氣。我慢跑到一間餐廳，坐在櫃台前的男人微笑說：「你是科羅拉多人嗎？」我發現我穿了一件印著科羅拉多的休閒服。「那裡很漂亮，就跟你一樣。我來自一個小鎮，在——」我走到後方的露台，點了藍莓鬆餅，六份。我回來走過那個男人面前時，我盯著他，抓起糖包、楓糖漿後再回到角落的座位。我現在已經學會要把自己拉回現實，把世界過濾成一些不動的、能用感官偵測到的事實，例如我正在吃美味的鬆餅、太陽出來了、我感覺很溫暖、看見粉紅色的海棠花。

布羅克出獄了，人生繼續，我則是進入了某種跟史丹佛談判的局面。我想拒絕那筆錢，自尊心太高，但最主要的原因是我害怕被害人收到錢時伴隨而來的罪惡感、羞愧感與汙名。但如果妹妹想做心裡治療，我希望能提供她機會。如果我拒絕了這筆錢，萬一她來向我求助，我該怎麼說？叫她找爸爸嗎？讓爸爸花更多時間工作？我希望可以照顧到他們，幫他們這麼一次。如果我接受了，會不會就等於把校園裡的其他被害人拋在腦後呢？

經過一年半的官司後，我從未收到來自刑事訴訟體系的任何一分錢，而現在事情都已經結束，我應該開始要求賠償，要送出我的醫院和心理治療帳單了，這是法院要求布羅克支付的。但由於他沒有工作，所以他們說得擬定付款計畫，他會花幾年的時間來慢慢償還。我想要跟他斷絕所有關係，而且他視自己為被害人，要是他收到請款單據，我擔心他的辯護律師會想繼續跟我對抗。

蜜雪兒介紹我認識一位律師，提供了我一些選項，全都得花兩到三年的時間上法院。當他跟我解釋處分的程序、說我的消滅時效就要到期，我腦中的邏輯都變成一團混濁的水，我知道我有聽沒有懂。史丹佛要給我的款項總額有十五萬美金，可以支付我跟妹妹幾年的心理治療費用。被害人收到一筆錢時總會有壓力，很少人知道療癒的代價是很高昂的，我們應該要將更多資金分配給被害人，用於心理治療、提供安全保障、可能的搬家花費，讓她們重新自立，購買一些基本物品，例如法庭穿著。就像蜜雪兒說的，「預防性侵比事後的處置便宜多了。」

我要求史丹佛安排一位專案管理人專門處理被害人的需求，為她們提供資訊以及適當的支持，讓過去我缺乏支持的狀況不再發生。我希望他們審視當前有關性侵後聯絡被害人的政策，希望讓校園的公眾安全部門獲得訓練，讓他們可以為被害人提供有關訴訟的資訊以及可能的選項，特別是當她們要提出告訴時。還有，要在兄弟會後方的暗處加裝照明。

蜜雪兒要求在戶外與高風險區域增設照明與監視器，她甚至提倡更多全面的補正，「評估運動員當中的性暴力文化」，審查兄弟會體系的常規，讓資訊公開透明，提升廣度與包容性。

二〇一六年九月六日，布羅克出獄後四天，會議舉行了。我打算展現些微的怒氣與十足的說服力。進去吧，提出要求！我走進去，握了握手。但我很快就面露難色，只說了幾句話便忘記要說什麼。我沒有讓誰心生敬畏也沒有堅持任何事，當我小聲地說希望當時有人幫助我，我好像是用胸口裡一個很小的氣囊在呼吸。蜜雪兒與蘋果籽正面交鋒，嚴厲責備史丹佛知道我的姓名與電話、知道怎麼跟我聯繫，卻沒有在事件餘波中伸出援手。她道歉了。

蘋果籽說當時「他們並沒有明確規範該如何為校外人士提供資源」，她說希望尊重我的匿名狀態與代理人。她說他們有試著幫助我，他們說會提供心理健康的相關資源，但我從來沒有出面。

我開始在記憶裡翻找，什麼時候？他們是什麼時候做這件事的？是那天晚上在宜家家居的停車場，我把自己關在車裡的時候嗎？當時我翻了包包，找到史丹佛的熱線電話，我跟那位小姐說陪我一下，讓我知道我不是孤單一個人。當我終於冷靜下來，電話上的小姐告訴我她不知道有什麼適用於校外人士的政策，但我可以在隔天去辦公室一趟，告訴他們我是誰就可以了。通話結束後，那位相貌不明的小姐沒入了虛空，而我滿頭疑惑。如果我去了，我會見到誰？我是不是要把這件事情告訴櫃台的人呢？我是不是會被隨機指派一位治療師？我不能再回撥熱線，因為會有另一個人來接聽。我之所以沒有尋求協助，也有一部分是因為對我的校外身分感到擔憂，因為她用遲疑的語氣說：「通常我們不會這麼做，但……」

我還以為熱線是保密的。我突然感到不好意思，原來都是我的錯，是我沒有去找他們。再加上我不是這裡的學生，也沒有適用的程序，他們又能做些什麼呢？文件印出來了，我在溫熱的紙張簽字。蘋果籽還要趕去處理其他事情，門一被關上，我便明白這是怎麼回事了，我已經簽字放棄了她想要的東西。蜜雪兒很樂觀，認為溝通會繼續下去，但我擔心他們金錢上的保證只是個幌子。

那天晚上我回到家，不停思索。撥熱線那晚我正處於危險的低谷，是在絕望的情況下求救。她已經錯過那個時間點了，接起熱線電話跟採取行動、提早讓被害人獲得資源、在被害人崩潰前就介入是不一樣的。「我試過了，」我應該要這樣回她，「試過的是我，不是你，是我打過去的。」我應該要把她的話打回去。我不是已經在法庭上遇到類似的情況了嗎？「香奈兒並不認為。」狡猾的心理操縱，將責難與壓力都轉移回被害人身上。

我參加了一場會議，希望能有一場公開的個人對話，內容包括改善、提出合理要求以及討論解決之道。我早該認清，從法律的角度來看，他們沒有理由承認自己做錯。蘋果籽也有壓力，她傳達了股東與律師的意思，就像學校的發言人。

那天晚上我很不舒服，早早就睡了。凌晨兩點，我起來吐在我們新買的柳編籃子裡，濃稠的液體從編織的縫隙滴出來。我脫掉衣服，以胎兒姿勢癱在浴室的踏墊上，我在馬桶跟淋浴間爬行，臉頰貼在排水孔上。我感覺有人拿刀在我的肚子裡劃，整間浴室都是酸味，我在那裡待了九個小時。

我無法相信自己竟然食物中毒，這很奇怪，因為我在中國吃了用不知道什麼油所煮的肉，也在男人赤腳涉水抓魚、在樹墩上殺魚現煮的地方吃飯。我用粉紅色的便利貼寫下清單：「星期四，青醬義大利麵；星期五，雞肉。」我的腹部繼續絞痛。一週後爸媽來找我，看我沒吃東西，便叫我去看醫生。

「你怎麼啦？」我坐在一張發出沙沙聲的紙墊上，拿出我的粉紅色便利貼，「星期四，青醬義大利麵；星期五，雞肉」諸如此類的，直到醫生說：「你被感染了。」醫生建議我吃某種腸胃藥，我搖搖頭說：「我已經把我有的吃完了，但它只會讓我的嘔吐物變成粉紅色。」醫生建議我改吃咀嚼錠而不是藥水，再等感染消退。我突然懂了，我列錯重點了，應該是：「星期四：跟史丹佛開會；星期五：強暴犯出獄。」發作的恐慌、失敗的會議、收錢的罪惡、談判桌上的政治，這些都從腸胃爆發了出來。我不知道該怎麼跟醫生解釋這些。「我也有焦慮的狀況。」醫生問：「那你有試過心理治療嗎？」我點點頭。「好，那我們可以下次再來探討這個問題，不過焦慮是很常見的，我們就幾個月以後再……」我望著地板。

我的陳述發表並收到大量支持後，那段時間是我的「一帆風順日」、「最壞的都過去了日」。我覺得自己擁有了力量，我很興奮，有人說我「撼動了天地」。如果我可以撼動天地的話，那我肯定能改變它的方向，可以在一夕之間就改變世界吧。我就這樣天真地前往會面，以為我準備在那一個小時裡終結校園性暴力。

但蜜雪兒知道改變需要多久，她已經跟史丹佛交戰超過十年了，「改變社會是一場馬拉松，」她說，「不是百米衝刺。你付出時間，盡你所能。」她所謂的時間是一輩子，這輩子我們也許不會見到每一件事情都被改正，但我們依然奮戰。我漸漸了解，產生實質改變的過程是多麼煎熬漫長，體制是多麼巨大且嵌入社會之中，拆解它的難度有多高，我又是多麼渺小。

一週之後，我向律師道歉，說我做得不夠多，希望我們還可以一起努力，為史丹佛帶來改變。他說：「我們都希望這對你來說是很正面的一步……我們很敬佩你強大的力量……你有一種光芒，那是特納無法碰觸的。」

他的合夥人說：「希望你擔心自己做得不夠的心情不會維持太久，你已經做這麼多了。」但自卑的感受還是在我腦海播放「愚蠢、渺小、自私」，將他們鼓勵我的話都抵銷掉了。

我收到一張支票，我開車到銀行開了帳戶，並把密碼交給爸爸，讓他可以在家裡有緊急狀況時使用，我也存了一些錢到妹妹的退休帳戶裡。

有天晚上我不小心聽見爸媽在談論經濟壓力，我的臉一陣溫熱。我希望這筆錢可以解決所有問題，現在大家應該都可以放寬心了，不再痛苦，不再掙扎。我終結了我們的悲傷，我終於做了一件事情。

由於案發地點準備改建成一座花園，蜜雪兒便帶我在白天時過去看看。這是性侵後我第一次過去，肚子的絞痛又復發了。

讓我驚訝的是，這地方竟是如此地不吸引人，如此地讓人失望。髒兮兮的草皮東一塊、西一塊，樹木頹喪著四肢，坡面鋪滿松針，地上有糞便與啤酒罐、塑膠湯匙和碎玻璃、番茄醬包裝和兩個黑色的垃圾桶。這裡？就這樣？這個地方定義了我的人生，讓我犧牲了人際關係、失去工作、失去身分，一切都被這可悲的鬼兄弟會庭院給奪走了。為什麼我還沒遠離這個地方，還要跟史丹佛談判像一盞燈這麼小的事情？一盞燈！站在這裡，我的人生和所有痛苦都感覺像個笑話。我想大笑，把拳頭埋進土裡，挖出一團團泥土，用我踩在上面跳舞的那張木頭椅砸碎露台的玻璃門。但我不發一語，站在太陽底下眨眨眼。幾分鐘後，我轉身走進蜜雪兒的車。

半年過去了，蘋果籽捎來訊息，透過律師交給我。「希望你一切成功順利。」他們即將設置一位專案管理人，照明也增加了。她告訴我，性侵的消息是由檢察官辦公室所發出，責任並不在他們身上。他們不會鬆口的，絕對不會說：「我們應該要保護你，但我們沒做好。我們應該要保持追蹤，但沒有這麼做。我們應該早點找你，下次會改進。」

我參加了為情感暴力和校園性侵倖存者開設的藝術治療課程。一天晚上，我從舊金山開了一小時到學校餐廳後面的小房間，工作坊由兩位女性主持，其中一位是保密援助講師，另一位不是。當我告訴她們我會去時，我偏執地假想她們會特別注意我，並把消息傳給蘋果籽，所以要是哪天我說史丹佛做得不夠多時，他們就會說：「我們的資料顯示，課程裡的絨毛鐵絲和麥克筆讓香奈兒獲益良多。」我告訴自己只要當一個單純的觀察者就好。

角落有一壺水和水果軟糖，外頭傾盆大雨。工作坊並沒有安排討論，所以我們靜靜地捏黏土。如果我們想說話，可以將桌上的小卡片翻面，翻面之後，那位保密講師就會過來跟你低聲交談。有其他倖存者在身邊陪伴讓我感到很平靜，在這裡沒有要說話或假裝開心的壓力。我有點難過，發現自己竟默默地祝福著身邊安靜做事的大家能獲得療癒，所以我也反過來將一部分的祝福送給自己。我不禁思考這代表什麼，這些學生一定有很多作業，但還是願意來這裡做兩個小時的雕塑，那份渴望是什麼？是什麼讓她們來到這裡的？需要滋養的是什麼？讓我們來到這裡的加害人又在哪裡？為什麼我們要在雨天沉默地聚在一起，摸著黏土，而他們卻可以繼續生活？

只要我可以，我就盡量回來參加。其中有一堂課叫做「揭開憤怒的面具」，我們要用紙板製作面具，代表內心的憤怒，面具是個偵測情緒的方法，但又讓我們可以保持足夠距離，不至於被情緒淹沒。我打算做一個很大的屁股面具。我抵達時發現沒有其他學生，就只有我、兩位講師和一堆散落的空位。保密講師問我是不是還想繼續上課、聊一聊，我說好，於是另一位講師便離開，讓我暢所欲言。也許我可以藉由這個機會說出沒能對蘋果籽說的話。但我又哭了起來，再次感覺被遺棄、那輕描淡寫的道歉、情緒創傷、拒絕承認疏失。多麼可悲，我一直在等待別人重建我對這裡的信念，一個我從小就非常重視的地方。

「這裡就是你的歸屬，」她說，「你可以讓憤怒具體呈現出來。」對加害人、旁觀者和社會產生憤怒是一種健康且正常的反應。「有些人會把憤怒往自己身上發洩，認為這是唯一能安心生氣的方式。」這麼做可能會產生負面的自我對話，將創傷歸咎於自己，並難以與既有的信念和平共存，例如何謂正義、整體價值等。

我又想起這個問題：「誰是史丹佛？」如果她是史丹佛，那史丹佛對我很好，也接納我。「誰是史丹佛？」有個男生在外面用低音號吹〈聖誕快樂〉，他是史丹佛嗎？蘋果籽是史丹佛嗎？接下來的兩個小時，我用紙板剪了一個很大的扁平面具，有彎曲的角和大鼻子。我疲累地開一個小時的車回家，把面具靠在牆邊，看著它滑到地上。

當我跟別人說史丹佛寧願保護自己也不願意照顧一個人的時候，大家最溫和的用語就是「不意外」。但為什麼？為什麼會說不意外？為什麼我們對大學的期望這麼少？為什麼這麼難聽到有學校反應得宜，跟被害人一起加強校園安全呢？藝術治療課堂上的幾個人只是縮影，全國到處都有這樣的教室，被害人也在尋找各種幫助。

被害人經常是輟學或轉學的那個人，她無聲無息地離開了，而學校繼續運作，不受影響。

我期望改善並不天真，要求更多也不是妄想，我知道公開透明可以帶來療癒，負起責任可以療癒。蘋果籽說：「這種無聲的暴力可能已經在我們純樸的校園出現……這一直令我擔憂。」我在這句話裡聽見她不願相信：這種事怎麼會發生在這裡呢？她的說法彷彿這是完美校園裡的一個汙點，但我們都知道統計資料，都知道顯眼的紅色人影，她和她和她。對經歷過的人來說，這是很普遍的事，無所不在。

我回到藝術治療的課堂上，講師以進化作為開場，問我們能不能想到什麼會進化的東西？我們沉默不語，她便舉了青蛙作例子，跟我們介紹牠們生命的各個階段。我想了一下，再望向周圍的年輕學生。她們來這裡是因為希望有天能成為青蛙嗎？照她的定義，我不是會變成青蛙嗎？我已經走過法律程序，長出了雙腿，面對了攻擊我的人，也陳述了心聲，但我卻不覺得自己跟她們有哪裡不同。

無論將來我會變得多麼強大或自我肯定，我依然會是一隻蝌蚪。我想這就是身為被害人的意思，心裡總有些需要呵護又橫衝直撞的成分。大部分的人都說生長是線性的，但對被害人來說，生長是個循環。人會往上生長，被害人則是會繞著傷口生長；我們的傷口周圍會更加強健，歷經歲月，變得更飽滿，但那脆弱的核心一直都會在。與其變成一隻青蛙，我相信存活下來代表要學習跟這隻發抖的蝌蚪永遠共存。

蘋果籽請我選一句話放在花園裡的銅製牌匾上。我提供陳述裡一句有關重新認識自我價值的話：「你讓我成為了被害人……我必須強迫自己重新認識自己的名字和身分，了解這並不是我的全部……我遭受了無法挽回的重創，我的人生停擺了超過一年，等待著要弄清楚自己是否有所價值。」蘋果籽拒絕使用這句話，我的律師抗議：「在漂亮的花園裡放一句沒人會去注意的軟性話語根本就比原本的垃圾桶還不實用。」蘋果籽屈服了，並同意製作樣板。我在幾個月裡收到了許多繁複的場地規劃更新消息，包括人造石坐式矮牆、深色鵝卵石、表土、無扶手木製長椅、石頭顏色：希爾斯堡米和柳溪灰（等比例各半）、板石間的砂漿顏色待確認、石林公司的旋轉噴泉、長椅放置地點待確認、僅收分外側牆面、樣本待景觀設計師審查。但依然沒有按教育法修正案第九條進行的調查（該法案規定大學收到性侵或性騷擾通報後應立即採取行動）、沒有政策審查，也沒有牌匾。

有天晚上我收到一封電子郵件，他們通知我安排好的儀式日程。當天會有教務長致詞（五分鐘）、宣布即將成立的援助服務（五分鐘）、無名艾蜜莉發言／朗讀信件（五分鐘）、閉幕詞、為性暴力倖存者默哀（五分鐘）。當你受邀參加你本人的性侵花園啟用儀式，預計二十分鐘，你會怎麼做？我想上台致詞：「謝謝你們鋪了這些石頭。」他們這麼顧忌我的代理人，卻大張旗鼓表達支持，還邀來媒體，做精美的導覽和象徵性的剪綵。他們讓我從三個日期中做選擇。我很高興那塊區域被整理得很乾淨，學生可以從那裡得到慰藉，但沒有牌匾還是很奇怪。我請律師客氣地告知他們，不需要舉辦典禮。

我又想了想我的憤怒，思考若在我的規劃之下會創作怎樣的藝術品。我會弄一個更適合的獻禮，叫做「建造」。我要在事發後每天都發給每位被害人一根釘子，然後在校園中心弄一堆木板，被害人隨時都可以過來在木板上釘釘子，於是大家整天都會聽見敲打聲、鑽孔聲和不間斷的噪音。這比較像倖存下來的樣子，當你試著繼續過日子，把事情完成，但你的過去卻一直在你身上敲敲打打，讓你分心，讓你無法繼續。最後，那裡會出現一座隨意拼揍出來的巨型木製品，又大又無用，有很多尖尖的角，擋在校園中心，強迫大家繞道，破壞了美麗的樹景。這也是被性侵的感覺：該怎麼辦？該把這東西放哪？這是什麼東西？

或是一個燈光裝置。我可以在晚上到校園裡裝上客廳的那種燈，電線在校園裡延伸，大大的紙燈罩從樹上垂下，讓校園被明亮的燈泡點亮，每個黑暗的角落都充滿光明。我會把這個作品取名為「我想要的」。

或是弄個讓大家更不舒服的東西。我會做一支拖把，在木棍的一端綁上一束深色頭髮，讓它拖過松針與樹葉、植被和碎物，在校園拖出一條長長的痕跡，當一位被害人清潔工。這項行為藝術就叫做「我們希望尊重你的匿名狀態與代理人」。

那場會面後一年，也就是花園啟用後的一個月，牌匾還是沒出現。律師詢問時，蘋果籽說那應該是個鼓舞人心的空間，不適合針對或譴責某個人，他們不會把那句話放在牌匾上，因為他們要以全體學生的福祉為優先。她建議用這句話：

「我就在這裡，我沒事，一切都不會有事，我就在這裡。」

從某個角度看，這其實很好笑，裡面的諷刺跟荒謬太明顯了。這些是我一走出醫院時安慰妹妹的話，那是我最糟的時刻。這句話以某種角度總結了我的經歷，我差點就要同意，但還是無法這麼做，因為這句話完全就是斷章取義。我開始思考，要是他們為每一位史丹佛的被害人都建造花園，不就會有連綿不斷的花園，造景公司也永遠忙不完嗎？不就會有鋪設的坡面、隨處可見的長椅和一車一車的鋪路工人嗎？每座花園都會有這種牌匾，用這樣的話欺騙自己：

「我沒事，一切都不會有事。」

蘋果籽建議的另外兩句話來自陳述的最後一段：「在你感到孤單的夜裡，我與你同在。」這句話是我滿懷希望，獨自在費城的公寓裡反覆琢磨出來的，希望是我當時僅有的東西，我寫這些是為了能活下去，你們怎麼能兩年都對我不理不睬，一出現就拿走這句話，掩飾傷害、只展現光鮮亮麗的東西呢？我想向學生傳達出跟他們站在一起的情感，但無法讓史丹佛使用這句充滿希望的話，因為我沒有從他們身上感到任何希望。我不能讓被害人有錯誤的期待，讓她們以為自己會成為一個平和又天真爛漫的人。在你獨自一人的夜裡，你就是一個人。「請告訴我們要用哪一句話。」

我當時就應該退出，說我受夠了。但我提供了另一句話：「你奪走了我的價值、我的隱私、我的活力、我的時間、我的安全、我的親密關係、我的自信，以及我的話語權，一直到今天。」蘋果籽說她把這句話拿給保密援助小組看，下一句話的開頭她寫「雖然我們很感激」，接著我又看到了那個字：擔憂。

她說這句話可能會帶來「情緒與反感」，而非療癒。他們說我可以選擇他們選的話，或是再找更加「鼓舞與肯定」的話。

身為倖存者，我感到有責任要讓大家知道療癒的現實與複雜，我不是來把他在校園製造的混亂重新改造行銷的。我沒有責任要把他做的事變成讓社會可以接受的療癒字眼。我的存在並不是為了成為光明燈、烽火台，和花園裡盛開的花。我寄信給律師：「有機會的話，請告訴蘋果籽我決定不提供任何引文。」

我在掙扎要如何以倖存者的身分活著，如何讓世界認識我和我的故事，我該揭露多少。有很多時刻我都避免提起我的案子，因為不想破壞氣氛或讓任何人不高興，不想讓你不舒服。因為有人告訴我，我想說的話太黑暗、太令人不悅、太針對人、太刺激了，溫和一點比較好。你會發現，這個社會要你拿出幸福快樂的結局，等你好點了，能說些令人舒服的話，有更「鼓舞與肯定」的話時再回來。這種醜陋是我一點都不想要的，但它降臨在我身上，有很長一段時間我都擔心這也會讓我變得醜陋。它把我放進一個悲傷、不受歡迎又沒人想聽的故事。

但當我把醜陋與痛苦的部分寫進陳述裡，神奇的事情發生了。世界沒有掩住耳朵，而是向我展開雙臂。**我寫作並不是要刺激被害人，而是要安慰她們，我發現痛苦比陳腔濫調更能引起被害人的共鳴。**當我寫到自己軟弱的地方，說我幾乎撐不下去時，我希望能讓她們好過一點，因為我跟她們的經歷都一樣。如果我說我已經痊癒並獲得解脫，我擔心被害人會覺得自己不夠好、努力得不夠，所以還沒抵達那條根本不存在的終點線。我寫作是為了在她們的痛苦之中跟她們站在一起，我寫作是因為我聽過最療癒的話就是「過得不好也沒關係」。崩潰了，沒關係，因為那就是當你被打碎時會發生的事；但我希望被害人知道她們不會被拋下，我們會在她們重建時陪伴在身旁。

蘋果籽聽不出那句話裡的祕密，就在最後幾個字：一直到今天。我不能向你保證這是一趟很棒的旅程，我其實要說這趟旅程會很糟；我不能向你保證會有燦爛的日子或華麗的解脫，我其實要說這會完全相反。你將會面臨人生中最艱難的時期，痛苦不會間斷、不會消退，但當你走到感覺像失去了一切的那一步，小小的轉折會出現，會有一團火焰、小小的變動。它很微小，會在最意想不到的時刻出現，你要等待。這是宇宙的法則，是人生中我確知為真的東西。無論你的旅程有多慘、有多長，我都可以向你保證會有轉變。有一天，這些都會解除。

這個社會要被害人成為激勵人心的故事，但有時候我們的極限就是告訴你：我們還活著，而這樣就夠了。否認黑暗並不會讓任何人離光明更近。當你聽見一則強暴事件和那所有詳盡又令人不舒服的細節時，請你克制想掉頭走人的衝動，請你把它看得更清楚，因為在流出來的血和警察的報告背後，是一個完整又美麗的人，正在尋找重回世界的方法。

現在，蜜雪兒和蘋果籽已不再交談，因為有太多的背叛與不信任。蜜雪兒非常生氣，蘋果籽不肯讓步。距離一開始的會面已經超過一年，承諾被打破，也沒有完成任何調查。一份由學生發起的匿名刊物《噴水池跳躍者》揭露了引文被拒絕的事情，並用電子郵件猛烈抨擊這件事，向全校發送了這樣的頭條：史丹佛對布羅克特納案被害人的最後一擊。

蘋果籽在信裡面說：「從哪裡開始就從哪裡結束。」在布羅克出獄後一年，我收到了錢、吐了、上過幾堂藝術治療課、獲得一座沒有牌匾的花園，以及一座嘩啦啦的噴水池之後，他們裝了一些燈，很不錯，謝謝你們。垃圾桶被移到前面，周圍立起了杉木牆。有很長一段時間我苛責自己，感覺我做得不夠多，但我有在學習。

我擔心史丹佛會把這本書視為一種攻擊，破壞校譽，接著會發表聲明要我不再把員工取名為有毒的種子。但我希望他們在採取辯護姿態之前先傾聽，因為雖然有點奇怪，但我其實是在表達愛，我在不斷嘗試重建我生長的地方，並與之共處，我希望學校能知道自己有多大的力量可以傷害或幫助一個被害人。當她們向你求助時，傾聽她們；在她們需要你時，幫助她們，不要寫客套的電子郵件說你盡力了，說那不是你的工作，請幫助她們。如果我控訴史丹佛沒有為被害人提供援助，我希望他們能說自己很照顧被害人，並告訴大家他們的做法，證明我是錯的。

我鼓勵你到花園坐坐，但當你去了，請閉上眼睛，我要告訴你真正的花園在哪裡，那是個神聖的地方。距離你坐的地方三十公尺處，是布羅克跪下的地方，瑞典人將他制伏在地，大吼：「你在搞什麼？你覺得這樣是對的嗎？」把他們的話放進牌匾吧，標記那個地方，因為我已經在心裡立起一座紀念碑了。該被紀念的地方不是我被性侵的地方，而是他倒下的地方、我被救的地方，有兩個人在那裡高呼停止、住手、這裡不可以、現在不可以、以後也不可以。

當他們將他制伏，他們便讓我自由了。沒有他們，我也不會有機會發聲，不會有聽證會、不會有審判、不會有陳述，也不會有書。因為他們，我現在才會在這裡。他們讓我有機會可以成長、奮戰，再度成為自己。我花了很多時間，現在依然很費力，但若沒有這個機會，我什麼也不是。

我很怕公開發表意見，害怕面對律師和資源比我多又比我好的大型機構，但當我感到害怕時，我要做的就是回想他們兩位。我會想我該如何回報，卸下你身上的重擔，當那個大吼「這樣不對」的人，把纏上你的惡魔釘在地上，這樣你就可以自由，有機會踏上你的旅程，獨自成長、把話說出來、找到回去的路。我想要在你動身的時候，留下來奮戰。

14

寫作是我理解這個世界的方式，當我獲得寫這本書的機會時，老天爺說：「你的夢想成真了。」我說：「其實，我想寫輕鬆一點的主題耶。」老天爺接著說：「哈哈！你以為你有得選嗎？」這就是指派給我的主題。如果發生在我身上的是別的事情，我也會把它寫出來。當我因為某件事而生氣，我就告訴自己，我是一雙眼睛，是被隨機選中獲得法院通行證的老百姓，我會有被侵犯、自卑、被孤立與被殘忍對待的感受，我的職責就是觀察、感受、記錄與報告。我看見並學到了哪些別人看不見的東西呢？痛苦會帶我走向何方？有時別人會說他們無法想像。那我要如何讓他們能想像呢？我寫出這個時代的被害人是如何被對待的，記錄了這個文化的溫度。這就像一種標記，我希望二十年後被害人所受的痛苦餘波已經成為異象。

審判期間，法官就像一座黑色的山峰，聳立在法庭中間最高的座位上。我們在他周圍起立坐下，稱他為「庭上」，我從未想過是否可以移動這個棋子。

當我心煩意亂或傷心難過，媽媽總會說：「去讀歷史。」這是她對所有事情的解決之道。我一直以為歷史是一本厚厚的書，被你背在背包裡走來走去，而不是什麼你可以創造的東西；或是午餐後一小時在教室有冷氣吹的一堂課，觀看南北戰爭的重演紀錄片。老師讓我們吃過期的「壓縮餅乾」，讓我們對二戰時期士兵的飲食產生共感。很久以後，我才發現歷史是現在進行式，我們都是其中的一份子。

你會在歷史中發現跟你有過同樣經歷的人，而且不只是經歷，她們還熬了過來；又不只是熬過，而是帶來了改變，她們的掙扎啟發了她們。歷史告訴你以前的人都承受了些什麼。我出生前一年，安妮塔・希爾（Anita Hill）到參議院作證。她在二〇一八年向蜜雪兒表達支持，感謝她迫使法官嚴肅地看待強暴，並在信件最後寫「獻上我最誠摯的祝福，安妮塔」。歷史顯示，即使我們是少數，即使沒有人相信你，也不代表你是錯的；這反而代表你領先了社會。如果這些少數人沒有被迫屈服，沒有放棄她們的真理，世界就會在她們的腳下改變。

《舊金山紀事報》報導了法官波斯基說：「有人拿我畫了諷刺漫畫，還獲得廣大迴響。」他對這種新的片面形象表達不滿。我懂，因為這就是我身為被害人的感覺。我所有的人格特質都消失，我的身分被窄化成一張標籤：酒醉的被害人。

為了將波斯基印上罷免選票，連署持續募集中。妮可跟我提到幾位志工，有對退休夫妻每個週末都開一小時的車到帕羅奧圖農夫市集擺連署攤位。我聽說有個女孩帶著寫字夾板收集大家的簽名，有個男人上前辱罵她，她哭著坐下，擦乾眼淚，繼續努力。有好多志工都是倖存者，在街頭請求連署、被言語冒犯時內心都很脆弱，但她們依然站了出來。

有好幾次，陌生人會告訴他們「被害人不應該醉到昏過去」，而妮可的部分工作就是教她們如何回應。波斯基的律師吉姆・馬麥尼斯（Jim McManis）說：「這個女人並沒有被攻擊。」這些意圖讓被害人崩潰的侮辱言詞都成為了她們採取行動的動力。

每年聖誕節，外公都會到賣場挑選我跟蒂芬妮的禮物，每年我都想像他在走道間徘徊思考：「八歲的小女孩會想要什麼呢？還是九歲？」我們收過室內拖鞋、條紋花瓶、獨角獸娃娃、紫色活頁夾、修容組、乾髮帽和驅蚊蠟燭。他現在年紀大了，所以我第一次載他過去。那是個多雲的週二下午，就在我們穿越停車場時，我看見布羅克和法官的立牌，他們扁平的頭被掛在大門旁邊的桌子前。我們愈走愈近，我看見桌子後面有一位老先生。我的心靜得像看見一隻野鹿。人們從兩側經過，那天下午颳著風，很涼爽，桌上的紙被吹了起來，他便用手把紙一張張壓住。他下午就待在這個颳風的陰影處，想收集更多簽名。我上前對他說：「謝謝你來這裡。」他說：「喔，這件事很重要啊。」接著祝我有愉快的一天。外公用中文問我為什麼要跟他說話，由於我不能說：「我寫的一封信引發了一場風暴，現在住在這裡的人正團結起來，要罷免那位主導了我的訴訟惡夢的人。」所以我告訴他那是我朋友的爸爸，外公便點點頭。我們走進賣場，外公慢慢地逛，這年我們得到了巧克力柳橙和馬克杯。

家鄉的居民紛紛在自家草皮上擺出立牌，我每開過幾個路口就會發現布羅克的眼睛在盯著我看，好像在玩「他們愛我、他們不愛我」的遊戲。我花了很久才理解，一個人有可能反對罷免但依然支持我。有很多律師、法官、法學教授都認同這項判決太過仁慈，但又為波斯基背書，認為他並沒有逾越法律的規範。我慢慢開始了解這些反對意見並不是在針對我。

二〇一八年一月，他們募集了九萬五千份連署，並將紙張裝進一疊疊的白色箱子交出去。我看著新聞上的箱子，好奇到底有多少時間投入其中，有多少人坐在遮蔭下，又有多少路人停下腳步簽名，我想這就是我看著那堆箱子流淚的原因。

隨著選舉日愈來愈接近，我開始收到騷擾信，住家也進入了戒備狀態。有位被害人特別小組的警探抵達，高高的，穿著灰西裝。他說我窗戶下方的灌木叢需要修剪，那裡可以躲五到六個人。我一直覺得那是一片茂密又多花的灌木叢，不是什麼可以躲四五個人的地方。我就在窗前的書桌寫作，從馬路上就可以看到我，所以我得將書桌移位。我們需要裝監視器，並在後門加一道鎖，我的鄰居也開始戒備。他建議我要提高警覺，避免獨自一人走在路上。檢察官辦公室開會討論我的安全問題，提議讓我住進旅館。

我繼續寫作。舊金山警察局的電話號碼被我貼在冰箱上，擺在家人的照片旁邊。我關上寫作間的百葉窗，不去理會黑暗，並加強燈照，繼續寫作。我讓自己處於沉默之中，不再放音樂，一邊寫作一邊注意聲響。每當令人不安的信件出現，我就會傳訊息告訴警探，他便會過來把信收進他愈來愈厚的證據資料夾裡，警車也會定期在我家附近巡邏。隨著威脅愈來愈嚴重，我不再去遛蘑菇，我的手臂也因為晚上緊緊握拳而痠痛。有天，我停止寫作。

那天我站在圓形樹叢前，握著一把大剪。我開始劈砍，折斷樹枝，剪掉手指粗的枝條。白色的汁液從斷裂的枝條流出，碎片擦傷我的小腿。

我扯掉如土壤頭髮般的雜草，看到黃蜂被包在半透明的囊袋裡，鍬形蟲頂著鉗子般的角從土洞裡爬出。泥土附著在我流汗的皮膚上，我的膝蓋發紅，印上了地磚的紋路。太陽西沉，我脫下手套，看見水泥車道上要丟棄的樹枝，紫紅色的花苞還緊緊依附在上，我興高采烈地把它們都剪下來。這些都是我的花，本該在我的窗底下綻放的；這麼多生命被犧牲、被剪短，生命為了要活到明天而受盡壓迫，我希望這些明亮的花瓣都能展開。我抱著一大把綠色花梗跑上樓，將它們輕輕放進水裡。

這場罷免之戰已進入白熱化，草皮上的立牌被偷，爭論點已經離題，開始探討黑暗又私人的細枝末節。六月一日，茱莉亞・伊奧菲（Julia Ioffe）在《赫芬頓郵報》的報導中寫到：「無名艾蜜莉的陳述也遭受到反罷免群眾愈來愈多的質疑。柯戴爾表示：『我無法證明，但我認為那封信是蜜雪兒・道伯寫的。』巴伯考克也呼應她的懷疑：『以一個這麼年輕的人來說，她的文筆太老練了。』波斯基的律師，同時也是史丹佛校友的吉姆・馬麥尼斯也同樣肯定艾蜜莉並未撰寫該份陳述。『一位我不能透露身分的人士說，那是由一位受過專業訓練的女權倡議家寫的。』馬麥尼斯解釋，『我無法查證，但告訴我這件事的人，我認為她的判斷很有參考價值。』」

從某些角度來看，這是一種讚美。我「太老練」，所以不被信任。我也不介意他說這是某位倡議家寫的；我所認識的倡議者都很貼心、堅定又聰明。但我非常不認同這種說法，因為他們在暗示被害人是騙子、說謊的人，不值得信任。我會委託誰用第一人稱撰寫一份長達十二頁的敘述呢？這要怎麼啟齒？「嘿，可以請你幫我用七千字描述我人生中最深沉且私密的痛苦嗎？」

他們真正想說的是，被害人不會寫作。被害人不聰明，沒能力也不獨立，她們需要外界的幫助才能表達思想、需求和主張。她們太過情緒化，無法組織出清楚的條理，這不可能是那個被發現當下昏迷不醒的酒醉女孩、媒體筆下作證時失控哭泣的人。從更深的層面來看，他們想奪走我寫的東西，這我可不會輕易放棄。簡單回顧一下：

我媽媽二十六歲時就出現在《流浪北京》這部紀錄片裡，它記錄的是一群反文化（counter-culture）的藝術家，生活貧困，拒絕順從中國共產黨的統治。在這群人當中，她是作家，她說：「我一想到要去美國，就感覺像回到媽媽的子宮，非常黑暗，也不知道前途會如何。當我到了美國，我想我該先找個工作。」

在我的童年裡，媽媽的工作地點包括乾洗店、花店、畫框專賣店、地方報紙，也當過有氧教練、交通導護和房產仲介，但每天晚上我都會看到她在暗暗的客廳裡，肩上披著毛毯，坐在發光的電腦螢幕前寫作。早上爸爸帶我們上學時，我經過她的房門會看見她在睡覺。有次我發現她在哭，因為她的中文網站跟她寫的文章都被禁了，當時我並不知道，言論可能是不自由的。

二十四歲生日過後，我搭上前往紐約的火車去簽我第一本書的合約，接著吃烤蜜桃慶祝。我傳給媽媽一張太陽坐落在銀色大樓上空的照片，她回我：「你就是媽媽的美夢。」

我的文筆很老練，因為我有先天的優勢，因為我已經醞釀了好幾年，因為我就是我的媽媽，也是她的媽媽。當我寫作時，我有幸的是能使用一種她一輩子都在努力理解的語言。當我公開反對某件事，我很慶幸我的發言不用經過審查。我不會將我的言論自由、我擁有的大量書籍、我受的教育和能輕鬆使用母語視為理所當然。

我媽媽是一位作家，但我們不一樣的是，她人生中最初的二十年都在想辦法生存下來，而我是一位作家，人生中最初的二十年在家裡和學校獲得了溫飽與愛。

某方面來說，他們是對的。我並沒有功勞，功勞是我媽媽的，她牽著我的手在簽書會上排隊；功勞是安奶奶的，她在燈芯絨沙發上唸書給我聽；功勞是二年級時的湯瑪斯太太，她將我們的書皮上膜並裝訂，讓班上變成一間小出版社。我還要將功勞歸給公立學校的英文老師鄧拉普先生、威爾森、歐文、卡洛琳、艾倫、泰迪和奇普；歸給我的奶奶班姆、我的爺爺洛維克，他是身高一百八十八公分的二戰退役軍人，會看厚得像磚頭的書，也會坐在書房裡將一小疊我手寫的詩一首一首地輸入電腦，讓它們不會不見。這份陳述跟很多人都有關聯，包括每一個教我認識世界的人、教我專注和發聲的人，因為我的意見是有價值的；以及告訴我我值得被聽見、被看見的人。

二〇一八年六月五日，法官被罷免了。我記得《舊金山紀事報》引述了他的一句話：「這個社會以及刑事訴訟體制對待女性的方式讓她們感到挫折，那份熱情是真誠的，需要表達出來。」表達並不是正確的字眼，我們被害人其實表達得很累，我在他的法庭上表達了很多。我們需要的字眼是：正視、設身處地著想、被認真地對待。

我宣讀陳述的那天是帶著挫敗的念頭回家的。有多少被害人被侮辱、被看輕，因為沒有其他聲音來駁斥這種挫敗的想法。我們有多少人被迫感受羞辱與劇烈的情緒，而不是感到優秀與勇敢。只要一個人，就能阻擋我喚醒數百萬人，就能質疑是誰幫你寫出你所感知的一切。讓我們重新檢視誰是主導者吧，誰是決定你重要與否的人。法官不是上帝，他是一個人，穿著黑色工作服，是某個小領域的專家，是葛蘭特大道上某個房間裡的國王。他並不是唯一的真相代言人和制定規則的人，也不是最終裁決者，他是經由選舉產生的官員，並被百分之六十二的人投票罷免。

他下台時並沒有舉辦正式的儀式，我想像那天就只是他醒來後知道自己不用再穿上那件黑色工作服，於是將它死氣沉沉地掛在衣櫃裡。《洛杉磯時報》報導，法官在判刑後曾說：「我預期會有一些負面的反應，但沒想到是這個。」法官知道我會對判刑結果感到不滿，他只是不知道會有一千八百萬人感到氣憤，以及這個郡會有二十萬人投票讓他下台。

無論罷免結果讓人滿意與否，我都從志工的身上學到了這輩子忘不了的事：世界不是無法改變的。二〇一八年七月二十五日，布羅克的上訴律師來到法庭上，在三位法官面前表示布羅克的意圖只有「體外性交」。《聖荷西信使報》報導法官富蘭克林・艾里納（Franklin Elia）的回應是：「我完全聽不懂你在說什麼。」這句話也總結了我所有的想法。

二〇一八年八月八日，檢察官傳訊息告訴我：「判決確定！」上訴被駁回。這就像最後一口氣的聲音、一個拍子、一隻鳥從電線上飛走的輕盈感受。那個一月夜晚後的三年八個月，訴訟終結了，我想起一首哈菲茲（Hafiz）的詩：

然後，所有的「然後」都戛然而止。
當一切靜止，往後的時序裡
便沒有了「未竟之事」。

再也沒有來電，沒有新的進展，沒有接下來要做什麼，也沒有「無法得知」。我都忘了，在沒有他的狀態下存在是可能的，過著與他無關的人生是可能的。那晚我獨自慶祝，買了奧利奧餅乾，把它們倒進一碗牛奶，靜置一下後舀來吃。那天我沒有回覆檢察官的訊息，隔天也沒有，有點懷疑是不是真的結束了。幾個星期過去，我都在注意有沒有好消息，不知道我是不是真的自由了。

我不確定痊癒究竟為何，或它看起來是什麼模樣，不確定它會以什麼樣的形式來到，又會帶來什麼感受。但我知道，四歲時我拿不動一瓶三公升的牛奶，它的重量簡直不可思議，就像個會噴發的白色巨石。我會拉一張椅子到流理台前，站在上面用顫抖的雙手倒牛奶，把穀片浸溼，灑了一堆。回頭看，我已經不記得能輕鬆拿起牛奶的那一天了，我只知道現在我不用思考就可以做到，可以只用一隻手拿，一邊講電話，一邊趕時間。我相信痊癒也是同樣的道理，有天我會把故事說出來，而不會動搖我的根本，再也不用傾盡全力、噴灑出來，也不會額頭冒汗、弄得一團亂，留下濕掉的衛生紙。這只會是我人生的一部分，一天一天，我會更不費力地將它拿起。

拉姆．達斯（Ram Dass）說：「讓自己處在當下這一刻，而不是你人生中的其他地方。你可以設想一下這場遊戲沒有差錯存在的可能性，只要設想就好。設想一下沒有所謂的差錯，所有來到你面前的都恰如其分，我們也剛好就在這裡。」我不相信被強暴是我命中注定的事，但我的確相信我們所擁有的就是「剛好在這裡」。有很長一段時間，處在「這裡」太讓我痛苦，我的腦袋比較想抽離，我曾經認為遺忘就是我努力的目標。

過了很久我才學會，療癒並不是往前進，而是不斷地回去尋找些什麼。寫這本書讓我能夠回到那個地方，我學會待在傷害裡面，學會不再逃離。當我陷入法庭的情境裡，我就會低頭看著蘑菇並想，如果我真的處在過去，那這個眨眼的傢伙怎麼會在我家呢？我把字母湊在一起，讓它們能描述我的所見所感。當我再回到那片造景，我也愈來愈能控制自己，可以依自己的需求來來去去，直到有天我發現再也沒有東西需要拼湊了。

曾經讓我承受不住的逐字稿現在對我來說只是紙張，我對現在的歸屬感多於過去，我不再試著到達某種境界，我只會問自己：「你進步了嗎？」有時我會回答「今天沒有」，有時我會退步，但我腦袋裡的聲音變得溫柔了。無論答案是什麼，我都有耐心，也能理解。

悲傷讓我發展出信心，並記得我曾經承受過的；憤怒也讓我發展出目標，要埋藏這些就代表忽視這段經歷帶給我最具價值的東西。若你好奇我是不是已經原諒他了，我只能告訴你帶著仇恨太過沉重，它會佔去心裡太多空間。我會一直期望他能從中學習，如果我們不學習，那人生的意義何在？如果我已經原諒他，那也不會是因為我是聖人，而是因為我需要空出內心空間，讓不滿的感受得以安息。

很多人會掙扎，想爬出所面臨的遭遇，立足在加諸身上的渺小定義之外。有時我會害怕失去想像力，因為我被限縮在被害人的角色裡面。但當我陷入困境，我學到我的內在依然可以不受限制。當我感到沮喪，我就會寫作並想像自己的未來，裡面有咖啡豆、我繪製插畫的童書、我在院子裡養的雞、柔軟的棉麻布料、流理台上浸在醬料裡的木湯匙。依計畫實現這些並不重要，想像的動作才重要。

我寫這本書是因為世界有時嚴厲可怕又無情，我寫作是因為有過不想活的時刻，我寫作是因為審判程序慢得像蝸牛，被害人被迫要把時間花在對抗別人，而不是創作、畫畫、下廚。我寫作是為了暴露出權力的殘忍、性別暴力，以及社會的階級特權。如果你看完這本書卻沒有被人性觸動，沒看見我所看見的上千封手寫信、綠嘴唇的海底魚、眨眼的法庭記錄員和支持著我的小小奇蹟，那就是我的失敗。我們可以花去人生一半的時間到處遊蕩，思考自己在這裡做什麼，為什麼這值得花費力氣，但活著就是一件不可思議的事，你能處在這裡、感受他人寬廣又深厚的同理心，哪怕只是一下子。我之所以寫作，最重要的就是要告訴你我見過世界可以有多麼美好。

我本來可能永遠都不會知道的。我大學畢業後七個月內就被性侵，接著去住普羅維頓斯與費城，去潛水，並在作證時哭哭啼啼，寫了獲得全球迴響的十二頁陳述，再跟一個高大的男孩與小狗同住，又花了兩年半的時間寫作。我在悲痛裡創造出了一個自己。回頭看，性侵已經成為更大的故事裡不可分割的一部分了，這是我人生裡的一個事實，就跟我在六月出生、在一月被強暴一樣。可怕的感覺或許還是一樣可怕，但我面對它們的能力已經提升了。我無法告訴你接下來會如何，因為我還沒經歷過。這本書沒有快樂的結局，但快樂的部分是，它不會有結局，因為我總會找到繼續走下去的方式。

二〇一八年九月二十三日，當克莉絲汀・福特[4]確定會到參議院司法委員會作證時，人們為她在帕羅奧圖舉辦了一場燭光守夜活動。稱為守夜有點奇怪，也許是因為知道她將會面對些什麼，所以要在她上戰場前為她集氣吧。那天，有個又大又白的月亮掛在天上，我開車離開舊金山，走上熟悉的道路。當我愈開愈近，我看見一群群發亮的人們穿過街頭，提燈搖曳，往活動現場前進，聚集在王者大道和高維茲街的交叉口，就在爸媽家附近。

我聽見駕駛人在按喇叭表達支持。我停到路邊，後照鏡將眾人的燈光給框住，好多光亮的小點充滿了這個方塊。我本來是要出去的，但我打開車門坐著，腳踏在柏油路上，人在哭。我聽著充滿汽車喇叭聲的夜空，不絕於耳，震耳欲聾的喇叭是美麗的憤怒、鄉親的支持。人群擠滿了我從小走過的人行道，還有我跟蒂芬妮騎滑板車、吃檸檬糖的街道。我聽見他們唱著：「我們就是她，她就是我們。」從前的我對這一幕渴望了很久。

媽媽來了，從口袋裡拿給我一個紅豆月餅，我們一起走進人群，安奶奶在那裡等我們，一邊喊著：「我們相信你。」隔天是中秋節，媽媽的媽媽在中國過世了，我想起每次去看她時她都會說的兩件事：「你的酒窩好漂亮啊！還有一雙大腳丫！」外婆的腳是圓的，四寸長，而我，九寸半。每過一個世代，我們就多獲得了一點自由。

幾天後，福特出庭作證。我起床看見福特的照片，雙眼緊閉，手掌攤平舉起。我屏住了氣息，我知道那是什麼感覺，是一種臣服的手勢，你將要踏進自己的傷口。整個早上我都無法專注，於是到市區裡的尤加利樹下走走。那天早上下過一場雨，我讓自己坐在薄荷堆和碎木屑中好幾個小時，呼吸著。

我回去看卡瓦諾（Kavanaugh）作證的新聞。惱怒、吸鼻子、嘲笑、語帶諷刺、目帶怒光。

4 克莉絲丁·福特（Christine Ford）：史丹佛大學醫學院心理學教授，於二〇一八年指控布萊特·卡瓦諾（Brett Kavanaugh）在多年前對她性侵。

當參議員艾美・克勞布查（Amy Klobuchar）問他是否有過醉得什麼都不記得的時候，他說：「你是在說記憶斷片嗎，我不知道，你有過嗎？我倒很想知道你有沒有。」我曾經被問過完全一樣的問題，我克制情緒坐著，從未提高音量，也從未有過報復性發言。我不知道為什麼一個即將要登上全國最高法院的男人無法維持他的風度，只能回嗆，我感到很不公平。

我看著林賽・葛拉罕（Lindsey Graham）紅著臉、齜牙咧嘴、東指西指。以前，嚴厲的口吻會讓我畏縮、害怕，直到我學會敵意是沒有理由的，沒有。要當一個大吼的人，刻意傷害別人，吐出如火紅的木炭那樣滾燙的字眼是很容易的。我了解到我就是水，煤炭碰到我就會發出嘶嘶聲，接著熄滅。現在我看見了，那燃燒的木炭跟沉入水底黑色的石頭沒兩樣。

多年來，性侵的罪行仰賴的是我們的沉默，以及開口以後不知會發生何事的恐懼。社會給了我們上千個理由：如果你沒有證據、如果是太久以前的事、如果你喝醉、如果對方很有權勢、如果會遭受逆襲、如果會威脅到你的安全，你就不該說出來。但福特打破了所有規則，社會要我們具備的條件她一個都沒有，她絕對有理由繼續躲著，卻踏進了一個你能想得到最公開、最難預測也最好鬥的環境，因為她擁有了唯一必要的東西，那就是真相。

那些阻攔我們的障礙物將無法再發揮作用，當沉默與自卑都消失，我們就無法被阻擋。當我們的嘴被堵住、身體被侵入，我們不會再袖手旁觀。我們會說出來，我們會說出來，我們會說出來。被害人曾經被告誡不能跨越某條界線，但就在她舉起手的那一刻，她跨過去了。

那天發生了好多事，超越語言，無法聽見，只能感受。卡瓦諾和葛拉罕的言談在空中彈射，刻薄又輕浮，神經質、喜怒無常。當中口沫橫飛，時而激動，皺著臉、垮著臉，咒罵多得像一群蒼蠅，其中帶著侮辱與愚昧之見。而現場是誰處變不驚呢？是她。她的話語發自內心，讓全國與之共鳴。她就像一座山，他們的話就像陣風和暴雨，但她動也不動。她說話的樣子讓人嚴肅以對，悲傷在五臟六腑裡灌注了沙子，直到每個人都沉坐在位子上。真相是有重量的。

幾天後，川普在密西西比州的一個集會現場揶揄她：「你怎麼回到家的？我不記得。你怎麼去那邊的？我不記得。那是什麼地方？我不記得。那是幾年前的事？我不知道。是在哪個區域？我不知道。那間房子在哪裡？我不知道。樓上樓下——在哪裡？我不知道。——但我喝了一瓶啤酒，那是我唯一記得的事。」群眾開懷大笑，一邊拍手，但我只見到川普吐出一堆木炭，而我們依然是水。

在故事的開頭，我獨自一人，是個半裸的身體。我什麼都不記得，也有好多不知道的東西。我被迫在一個我不了解的司法體制裡戰鬥，裡面有穿著黑袍的禿頭法官、帶著扁框眼鏡的辯護律師、低著頭的布羅克、他沒有笑容的爸爸，還有上訴律師。阻礙愈來愈難，我對抗的是比我受過更多教育、擁有更多權力的人；比賽愈來愈險惡，有更多令人不舒服的細節，也更加嚴肅。我看見留言嘲笑我的痛處，我記得感到絕望、恐懼、羞辱，我從未這樣哭過。但我也記得宣讀「有罪」時，律師文風不動的肩膀，我知道布羅克在牢房裡硬邦邦的簡陋床上睡了九十天，那位法官再也不會踏入法庭，上訴律師的主張被拒。他們一個接一個地失去權力，漸漸淡出。當一切都塵埃落定，我四處張望，看還有誰留了下來。

只有無名艾蜜莉。我活了下來，因為我保持柔軟，因為我傾聽，因為我書寫，因為我緊緊依偎在真相旁邊，把它當成劇烈風暴裡的微小火光那樣保護它。當眼淚湧上，當你被揶揄、侮辱、質疑、威脅，當他們說你什麼都不是，你的身體不過是些孔洞，你要抬起頭。旅程會比你想像的還長，創傷也會一而再、再而三地出現。不要成為傷害過你的那種人，有力量時要保持溫柔；不要為了傷害別人而戰，要為了鼓舞他人而戰。你要奮戰，因為你知道在這一生中你有權享受安全、喜悅與自由。你要奮戰，因為這是你的人生，不是別人的。我就這麼做了，如今我在這裡。回過頭看，所有質疑我、傷害我，或幾乎要將我打倒的人都漸漸淡去，只有我還矗立著。現在，時候到了，我準備重新出發，繼續前進。

致謝

生命是需要平衡的。假設你今天過得很糟，有人過來給你一顆多汁的小枇杷，這天突然間就有了好事，所以你感覺平衡了一點。這些就是幫我把壞事平衡掉的人，並且持續不斷，所以從未讓我陷入過多的負面感受。

在醫院裡，我遇到了好人；在法庭上，有更多的好人。我這輩子都在逆境中遇到了好人，所以能漂浮在水面上。文字不足以表達我對每一個人的感謝，但請明白我會持續全力以赴，因為我知道我擁有你們。謝謝。

爸爸，謝謝你種植新鮮的番茄，鼓勵我跟小蒂成為我們想成為的人。媽媽，你是我生長的方向。蒂芬妮，我永遠都敬佩你。盧卡斯，謝謝你讓我在寫完東西爬上床時把我冰冷的腳貼在你身上，你幫助我迎頭面對了最艱難的時刻。蘑菇，我三．六公斤重、連一封電子郵件都沒寄過的書房管理員，你睡在我的電腦椅邊，我都得小心翼翼不要壓到你。

安奶奶與紐曼、LCM、BAM、外公、外婆、米勒家的人、張家的人，謝謝你們無盡的愛。

茱莉亞，謝謝你寬容的心與明澈的思維。安妮，你每天都為我們到場。檢察官艾拉蕾．基安尼西，謝謝你的才智，我希望女生長大都可以像你一樣。警探麥克・金，謝謝你的善良，在我最脆弱的時候創造了一個沒有批判的談話空間。基督教女青年會倡導專員布莉・凡尼斯和克萊兒・梅爾絲，我在證人席上的同伴，我的廁所好朋友，你們的存在至關重要。性犯罪應變小組的護士們，謝謝你們溫柔的照顧與輕鬆的言談。謝謝每一位關照我的警察。尚恩，謝謝你幫我抵擋媒體。

妮可，敬我們一起長大的果園，敬你孩子光明的人生。克萊兒，願我們安然度過這些風風雨雨。雅典娜，你總能找到回歸核心的方法。梅兒・羅森伯格，每一次散步和每一通電話都支撐著我，你比我還了解我。凱拉，感謝我們在舊金山的每一個夜晚、越南河粉和啜飲的茶。米蘭達，跟你在一起，最悲傷的事也會變得有趣。TJ，你讓我從肉桂捲和咖啡獲得療癒。謝謝蒂芬妮在特爾曼中學與加州理工州立大學的朋友。盧卡斯的家人，謝謝我們共進的每一餐。

凱蒂・貝克，你把我的故事帶給大家並保護著我。蜜雪兒・道伯，我從你身上學到何謂韌性與不屈不撓。約翰，謝謝你保護我。強・克拉庫爾，謝謝你的鼓勵。

我讓我所有的數學老師失望了，對不起，但我希望我的英文老師都很開心，謝謝胡佛小學、特爾曼中學、岡恩高中和加州大學聖塔芭芭拉分校的老師。黛比，謝謝你讓我在費城有安全的房間。謝謝市區的治療師，陪我走過寫這本書的歷程。C和S，你們是我最愛的好姐妹。謝謝與班布一起度過的午後，以及胡桃街的櫃台小姐們。謝謝 Saxbys Rittenhouse 咖啡店的溫暖。雀西，謝謝你美麗的信。謝謝每一位熱線接線生。敬布皮。

謝謝穆特鎮老狗救援、基督教女青年會、感恩衣物、聖塔克萊拉郡的被害人援助計劃。

敬埃拉維斯塔的罹難者：「大衛」王維漢、「詹姆斯」洪晟元、陳喬其、薇若妮卡．韋斯、凱蒂．庫柏、克里斯多福．麥可斯．馬丁尼斯。我們的記憶乘載著你們的名字。理查．馬丁尼斯，謝謝你站出來說話，我們追隨你的腳步。

安德莉雅．舒茲，我在維京出版社的編輯，謝謝你讓我保持理智，讓一件不可能的事變得令人享受，你就像在崎嶇的路上指引我的明燈，讓我不害怕。菲利帕．布洛菲，謝謝你的麵包布丁，謝謝你在我完成之前就知道我做得到。艾蜜莉．汪德利克，謝謝你讓我進入更深的層面。珍．卡沃黎娜，我的審稿員，你讓我奇怪的語法恢復了秩序。艾蜜莉．紐伯格、艾琳．波以耳、琳賽．普列維特、凱特．史塔克、瑪麗．史東、布萊恩．塔特、傑森．拉米雷茲、泰絲．埃比諾薩以及維京全體的編輯與製作團隊。萊拉．柏托、希拉蕊．葛羅斯．摩格蘭、絲維雅．莫納，謝謝 Sterling Lord Literistic 經紀公司的綠蛋糕小組。

敬瑞典人，你們讓大家知道我們都有責任要發聲、壓倒對方、維護安全、帶來希望與採取行動。我們無須等事件發生後才仿效瑞典人，要成為他們，就從尊重身體自主權開始，注意用字遣詞，並了解不能假設或無視對方的意願。我們必須保護弱者，要對彼此負責。願這個世界充滿像卡爾與彼得這樣的人。

謝謝那些我不知道名字的人，那些手拿夾板徵求連署簽名的人、心中有小蝌蚪的人、寫信給我的人。我把那盒信件放在我的書桌上，每當我寫作的動力下降，我就會讀信。你們教我關愛自己，鼓勵我繼續前進，我希望你們都知道自己是值得捍衛的，你的特質並不是被傷害的原因，你不是統計數字也不是別人的刻板印象，所以當別人看輕你、抹滅你的人性、將你物化時，你一定要用所有的力氣、用一生的經驗抵抗。敬無名者，那些隱匿姓名的人，我們每個人都有名字，你們教會我以自己的名字為榮。

無名艾蜜莉的「被害人影響」陳述

由凱蒂・貝克刊登於 BuzzFeed 新聞網站，二〇一六年六月三日

以下是史丹佛案被害人向加害人宣讀的一封撼動人心的信

庭上，若可以的話，我希望直接向被告宣讀這份陳述的大部分內容。

你不認識我，但你在我的身體裡，這就是今天我們來到這裡的原因。

二〇一五年一月十七日，是個寧靜的星期六晚上，我在家裡，爸爸做了晚餐，我跟回來過週末的妹妹一起坐在桌邊。我有全職工作，那時已接近我的睡覺時間。她跟朋友去參加派對的時候，我打算自己待在家裡，看點電視和書。接著我想，這是我唯一可以跟她相處的晚上，既然我沒有更好的選擇，那何不一起去呢？離我家開車十分鐘的距離就有一場蠢派對，我就去吧，跳舞耍笨，故意讓妹妹尷尬。在過去的路上，我開玩笑說那些男大學生應該都戴牙套，妹妹揶揄我穿一件米色的針織外套參加兄弟會派對，簡直像個圖書館員。我自稱大媽，因為我知道自己會是那裡面年紀最大的。我做好笑的鬼臉，把自己的心防卸下，酒喝得太快，沒考慮到大學畢業後我的酒量已經小很多了。

接下來我記得的就是我躺在走廊擔架上，我的手臂和手肘上有乾掉的血跡和ＯＫ繃。我想我可能是跌倒了，被送到學校裡的辦公室。我很冷靜，想著妹妹不知道在哪裡。有位警察說我被性侵了，我還是很冷靜，認為他肯定是弄錯人了，派對上的人我一個也不認識。當我終於獲准去上廁所，我拉下他們給我的病人褲子，接著拉下內褲，卻什麼也沒摸到。我還記得手觸碰到皮膚卻什麼也沒抓住的感覺。我低頭看，那裡什麼也沒有。那塊薄薄的布料，那唯一阻擋在我的陰道與其他東西之間的布料不見了，我內在所有的聲音都沉默了。我還是無法形容那種感覺。為了讓自己繼續呼吸，我想也許是警察用剪刀把它剪下來當證據了。

接著，我感到脖子後方松針刺刺的感覺，便把它們從頭髮裡拿出來。我想松針也許是從樹上掉到我頭上的。我的大腦要我的直覺不准崩潰，因為我的直覺在說：救我，救我。

我披著毯子慢慢從一間房間進入另一間房間，松針掉在我身後，在每個待過的房間留下一小堆松針。她們要我在一份「性侵被害人」的文件上簽名，我想應該是真的發生大事了。我的衣物被收走，我赤裸地站著，讓護士拿尺放在我身上幾個擦傷的地方拍照。我們三個人一起清除我頭髮上的松針，六隻手裝滿了一個紙袋。為了讓我冷靜，她們說那些只是小花小草，小花小草。我的陰道和肛門被放進好多棉棒，被打了幾針，吞了藥丸，還有鏡頭伸進我張開的兩腿之間。她們將又尖又長的鴨嘴器伸進我的身體，在陰道塗上冰冷的藍色塗料檢查擦傷。

經過幾個小時的檢查之後，她們讓我去洗澡。我站在水流下檢視自己的身體，覺得我再也不想要這副身體了。它讓我感到害怕，我不知道到底有什麼東西進去過，它是不是被汙染了，又有誰碰過？我想要像脫外套一樣把我的身體脫掉，把它跟其他東西一起留在醫院裡。

那天早上，她們只說是在一個垃圾桶後面發現我，一個陌生人可能進入了我的身體，我之後要再做一次愛滋病病毒的測試，因為結果不會馬上就顯現。但現在我該回家，繼續過正常的生活。請想像一下，我該如何帶著這樣的訊息回歸世界。她們給我大大的擁抱後，我便離開醫院走到停車場，身上穿著她們提供的新休閒衣褲，因為我只能保留我的項鍊和鞋子。

我妹妹來接我，臉上都是淚水和痛苦的扭曲表情。基於本能，我想立刻把她的痛苦帶走。我對她微笑，跟她說看著我，我就在這裡，我沒事，一切都不會有事，我就在這裡。我的頭髮乾乾淨淨，那裡的洗髮精好奇怪，冷靜下來，看著我。看看我身上的新衣服，簡直就像體育老師，我們回家吧，去吃點東西。她不知道，我的休閒衣底下有許多擦傷和ＯＫ繃；因為那些尖物，我的陰道很痛，還變成了又深又怪的顏色；我的內褲不見了，內心太空洞無法繼續說話。她不知道我也很害怕、很絕望。那天我們開車回家，我妹妹不發一語，抱著我好幾個小時。

我的男朋友並不知道發生了什麼事，但那天他打給我說：「我昨天晚上真的很擔心你，我被你嚇到了，你有安全到家嗎？」我一陣驚慌，那時我才知道那天晚上我記憶斷片的時候有打給他，留下一通聽不清楚在說些什麼的語音訊息，我們也有對話，但我的話模糊不清，讓他感到害怕，他不斷要我去找妹妹。他又問了我一次：「那天晚上發生什麼事？你有安全到家嗎？」我說有，掛上電話開始哭。

我還沒準備好告訴我男朋友或爸媽我可能在垃圾桶後面被強暴了，我不知道是誰、在什麼時候，或怎麼發生的。如果我告訴他們，我就會在他們臉上看見恐懼，而我的恐懼便會放大十倍，所以我假裝這整件事情都是假的。

我試著把這件事趕出腦袋，但這太過沉重，我不說話、不吃東西、不睡覺也不跟人互動，我開始把自己跟我最愛的人隔絕。下班後，我會開車到偏遠的地方尖叫。事發後的一個多星期裡，我都沒有接到任何電話或通知，告訴我那天晚上的事或我究竟出了什麼事。唯一能證明這不是一場惡夢的，就是抽屜裡從醫院帶回來的衣服。

有一天，我在上班時用手機滑閱新聞，看到了一篇文章。從那篇文章，我第一次得知自己被發現時失去意識，頭髮亂七八糟，長長的項鏈繞在脖子上，內衣被拉到衣服外面，洋裝從肩膀上扯了下來、被推到腰部以上，我從屁股到靴子以上都裸露在外，腿被打開，並被一個不認識的人以外物插入。我坐在辦公桌前看新聞，這就是我弄清楚自己發生什麼事的方式；當我知道自己發生什麼事的時候，全世界的人也知道了。這時我才理解頭髮裡為什麼會有松針，它們並不是從樹上掉下來的。他脫下我的內褲，手指伸進我的身體，但我連這個人是誰都不知道；現在我依然不認識他。我讀到自己是這副模樣時，我說這不可能是我，這不可能是我。我沒辦法消化或接受這裡面的任何一點資訊，我無法想像家人得在網路上看到這樣的消息。我繼續閱讀，在下一段讀到一句我永遠無法原諒的話；他說，我喜歡這樣，我喜歡這樣。再一次地，我無法形容這種感受。

這就好像你看到一篇文章說有台車被撞了，車身凹陷，掉進溝渠。但也許那台車是喜歡被撞的，另一台車並不是故意要撞它的，只是推了它一下。車輛事故經常發生，大家的關注度也不高，我們真的能說是誰的錯嗎？

接著，當我了解性侵鉅細靡遺的細節後，文章在最後列出了他的游泳紀錄。她被發現時呼吸正常、蜷成胎兒姿勢、沒有回應，內褲距離她裸露的肚子十五公分遠，喔對了，他真的很會游泳。如果要寫，那就把我跑一公里所需的時間也寫上去吧；我很會做菜，寫進去吧。文章最後應該就是讓你列出課外活動的地方，好抵銷那些令人作嘔的事情。

新聞發布的那天晚上，我請爸媽坐下，告訴他們我被性侵了，不要看新聞，因為那很令人不舒服，只要知道我沒事就好，我在這裡，我沒事。但說到一半時我媽媽就得抱住我，因為我再也站不住了。

案發當晚，他說他不知道我的名字，說他沒辦法在一排照片中認出我的臉，也沒提到我們之間有任何對話，沒有交談，只有跳舞跟親吻。跳舞聽起來很可愛，是彈著手指扭動身體的舞，還是在擁擠的空間裡把身體貼在一起擺動？我在想，親吻是不是只是隨興地讓臉頰碰在一起？警探問他是不是打算帶我回他的宿舍，他說沒有。警探問他我們怎麼會在垃圾桶後面，他說他不知道。他承認有在派對上親別的女孩，其中一個就是我妹妹，她把他推開了。他承認他打算跟人約炮，我就是隻受傷的羚羊，獨自一人又脆弱，無法用肢體捍衛自己，而他找上了我。**有時我在想，如果我沒有去的話，這件事就不會發生。但我後來發現，這還是會發生，只是會發生在別人身上。**你會在四年裡遇到一堆酒醉女孩和派對，如果你一開始就這樣，那你沒能繼續倒是件好事。案發當晚，他說他以為我喜歡這樣，因為我按了他的背。背部按摩。

他沒提到我有同意，甚至沒提到我們交談，只有背部按摩。我再次在報導中看到，我的屁股和陰道完全裸露在外，我的胸部被撫摸，有手指插進我的身體，把松針和碎屑帶了進來，我的頭跟皮膚在垃圾桶後方的地上摩擦，一個勃起的大一生在磨蹭我半裸並失去意識的身體。但我不記得了，我又該怎麼證明我不喜歡呢？

我以為這件事不可能會進入審判；我們有證人，還有泥土在我的身體裡，他逃跑但被逮捕了。他會和解，正式道歉，我們便會分道揚鑣。但我卻得知他請了厲害的律師、專家證人和私家偵探，對我的私生活進行打探並以此對付我，在我的說詞中尋找漏洞，讓我跟妹妹的話不被採信，為的就是要告訴大家，性侵只是個誤會。他會不計一切代價，讓大家相信他只是誤判情勢。

我不僅得知自己被性侵，有人還告訴我，因為我不記得，所以技術上我無法證明這違反我的意願。這讓我十分痛苦，飽受創傷，幾乎就要垮掉。當有人告訴我，我在開放的戶外空間被侵犯，差點就被強暴，但還不清楚算不算性侵，這簡直就是最悲慘的矛盾。我必須奮戰一整年來說明這種事是不對的。

我被告知要做好會輸的心理準備，我說我沒辦法做這樣的準備。他就是有罪的，沒有人可以說服我放下他對我造成的傷害。最糟的是，有人提醒我，因為他知道你不記得，所以他會開始編寫劇本，他可以說他想說的，沒有人可以跟他爭辯。我沒有力量，沒有話語權，無法為自己辯護。我的失憶會被用來對付我，我的證詞薄弱又不完整，也不得不相信也許我沒辦法打贏這場官司。他的辯護律師不斷提醒陪審團，布羅克才是我們唯一能相信的人，因為她不記得。那種無助的感覺令人受創。

我不但沒有花時間療傷止痛，還花時間回想那個晚上令我痛心的細節，就是為了要做好準備，因為律師會提出冒犯和具攻擊性的問題，並設計問題來誤導我，讓我抵觸自己跟妹妹的話，並用話術來影響我的回答。他說的不是「你有注意到任何擦傷嗎？」而是「你沒注意到有任何擦傷，對吧？」這是講求戰術的把戲，彷彿用騙術就可以奪走我的價值。性侵明明是如此清楚的一件事，我卻要在審判上回答這種問題：

你幾歲？你的體重是多少？你那天吃了什麼？你晚餐吃了什麼？晚餐是誰做的？你吃晚餐時有喝東西嗎？沒有，連喝水都沒有？你是在什麼時候喝的？你喝了多少？你是用什麼容器喝的？酒是誰給你的？你平常都喝多少？是誰送你去參加派對？在什麼時候？確切的地點呢？當時你穿什麼衣服？你為什麼要去那場派對？你到之後做了些什麼？你確定有那樣做嗎？是在什麼時候？這個訊息是什麼意思？你在跟誰傳訊息？你是什麼時候去上廁所的？在哪裡上廁所？你跟誰一起在外面上廁所？你妹妹打來的時候你的手機是靜音的嗎？

你記得有關靜音嗎？真的嗎？我要說明，因為在第五十三頁你說手機的設定是鈴響。你大學時有喝酒嗎？你說你很熱衷派對？你有幾次記憶斷片的經驗？你以前有去過兄弟會的派對嗎？你跟男朋友是認真的嗎？你們之間有性生活嗎？你們從什麼時候開始約會？你是會劈腿的人嗎？你曾經劈腿過嗎？你說你會犒賞他是什麼意思？你記得醒來的時候是幾點嗎？你穿著針織外套嗎？你的針織外套是什麼顏色？你還記得那天晚上的其他事情嗎？不記得？那好，我們會讓布羅克補上。

我被一堆狹隘又尖銳的問題連續攻擊，剖析我個人的事情、感情世界、過去的生活和家庭生活；他收集無關緊要的細節，想為這個把我脫得半裸前連我的名字都沒問的人尋找開脫的理由。在身體遭受攻擊之後，我繼續被設計好的問題攻擊，目的就是要向大家說，看，她的說詞前後不一致，她精神錯亂，根本是個酒鬼，她說不定想要約炮，而他是個運動員對吧，他們兩個都醉了，無所謂，醫院裡她記得的事都是之後的事，何必列入考量呢。這件事對布羅克的影響太大了，他現在真的很難受。

接著，輪到他作證時，我學到了什麼叫做二度傷害。我要再次提醒，案發當晚他說他並沒有打算帶我回宿舍，他說他不知道我們為什麼會在垃圾桶後面。他起身離開是因為他不舒服，那時突然有人追他並攻擊他。後來，他得知我失去了記憶。

所以一年後，就跟我們預期的一樣，新的對話出現了。布羅克說了一個奇怪的新故事，聽起來就像寫得很差的青少年小說，有輕吻、跳舞和牽手的情節，兩人深情地倒在地上，最重要的是，故事突然出現了你情我願的情節。案發後一年，他想起來，喔對了，她的確有說好，什麼都說好，所以囉。

他說他問我想不想跳舞，顯然我說好；他問我想不想去他的宿舍，我說好；接著他問可不可以把手指伸進去，我說好。大部分的男生都不會問「我可以用手指嗎？」這通常都是自然而然的事，會在雙方同意之下發生，而不是一問一答，但顯然我都同意，他是清白的。在他的故事裡，我總共只說了三個字，好、好、好，然後他才在地上脫去我一半的衣服。請把這當作以後的參考：**當你不確定一個女生有沒有行使同意的能力，請讓她說出完整的句子。你自己都說不出來了，就這麼一句流暢的字串，如果她說不出來，那答案就是不，沒有模糊的空間，就是不可以。**誤會在哪裡？這是常識，做人的基本。

根據他的說詞，我們之所以在地上是因為我跌倒了。請記下來：當女生跌倒，要扶她站起來。如果她醉得沒辦法好好走路而跌倒了，請不要騎到她身上、磨蹭她、脫掉她的內衣再把手伸進她的陰道。當女生跌倒，請扶她起來。如果她在洋裝外面穿了一件針織外套，請不要為了摸她胸部而把它脫掉。也許她會冷，也許這就是她穿外套的原因。

故事接下來，兩位騎腳踏車的瑞典人接近你，你跑了。他們制伏你的時候你怎麼不說：「住手！沒事啦，去問她，她就在那，她會告訴你。」畢竟你不是才剛問我可不可以嗎？我還醒著對吧？當警察出現並詢問那位制伏你的可怕瑞典人時，他還因為他目睹的畫面而哭得無法說話。

你的律師不斷指出，我們並不知道她是什麼時候失去意識的。你說的沒錯，也許我的眼皮還在動，還沒完全癱軟，但這從來就不是重點。我倒在地上以前早就已經醉得無法好好說話，醉得無法行使同意權，根本就不應該有人碰我。布羅克說：「要是我立刻發現她沒反應，要是有任何一刻我知道她沒反應的話，我就會立刻停下來了。」這樣說吧，如果你的想法是要我沒反應你才會停止，那你還是沒搞懂。你連我失去意識的時候都沒停止了，是別人阻止你的。有兩個騎腳踏車的人在黑暗中看見我動也不動，所以跑去制伏你，而你在我身上怎麼會沒看見呢？

你說，你應該停下來找人幫忙的。話是這麼說，但我要你解釋你想怎麼幫我，一步一步說清楚。我想知道，如果「可怕的」瑞典人沒發現我，那天晚上還會發生什麼事？我現在就要問，你會把我的內褲拉過靴子幫我穿上嗎？你會解開繞在我脖子上的項鍊嗎？會讓我雙腿併攏，幫我蓋上衣服嗎？你會幫我清掉頭髮裡的松針嗎？會問我脖子和屁股的擦傷痛不痛嗎？你會不會去找朋友，問他願不願意幫忙把我帶到一個溫暖舒適的地方嗎？要是他們沒發現我，接下來會發生什麼事呢，我一想到就無法入睡。我會經歷些什麼呢？這是你無法回答的問題，即使過了一年你也沒辦法解釋。

除此之外，他說他把手指伸進去一分鐘後我高潮了。護士說，我的生殖器裡有擦傷、撕裂傷和泥土，這些跟高潮是哪一個先呢？

你宣誓並告訴我們，是的我想要、是的我同意，你才是真正的被害人，因為不明原因遭受瑞典人的攻擊。這是多麼令人震驚、顛三倒四、自私又傷害別人的事。我的痛苦已經夠多了，但被別人毫不留情地否定痛苦的真實性，這又是另一回事了。

我的家人得觀看我被固定在擔架上滿頭松針的照片，還有我閉著眼睛、泥土沾在身上、頭髮亂糟糟、四肢彎曲、洋裝被拉起來的照片。看完後，他們還得聽你的律師說那些照片都是案發以後的事，我們不需要考慮這些；聽他說，是啊護士說她體內有泛紅和擦傷，生殖器有嚴重創傷，但這就是手指伸進去會有的結果，這他已經承認了；要聽你的律師把我形容成放縱不羈的女生，彷彿我會發生這種事都是自找的；聽他說，我在電話上聽起來醉醺醺是因為我很蠢，那就是我耍笨的講話方式；聽他說，我在語音訊息裡說要犒賞男友，這意思大家都心知肚明。我向你保證，我的犒賞計畫不是什麼可轉讓他人的東西，尤其是任何接近我的不知名人士。

在審判中，他對我和我的家人造成了無法挽回的傷害，而我們只能沉默地坐著，聽他塑造當晚的情境，但他缺乏根據的陳述和律師扭曲的邏輯終究愚弄不了任何人。真相會贏得勝利，真相不言自明。

你有罪，十二位陪審員都判你有罪，三項重罪，無合理懷疑。每項罪名都有十二張票，是以三十六張票確認的有罪，是百分之百、一致通過的有罪。我以為一切終於結束，他終將坦承自己的所作所為並真誠道歉，我們兩個都會在人生中繼續前進，變得更好。接著，我讀到了你的陳述。

如果你希望我的某個器官會因為憤怒而崩垮，讓我一命嗚呼，那我差不多就是如此，你想的幾乎就要成真。這並不是一個酒醉大學生約炮時做錯決定的故事，性侵並不是意外。不知道為什麼，你還是不懂；不知道為什麼，你還是聽起來很困惑。接下來我要唸出被告的部分陳述，並做出回應。

你說，我無法在酒醉時做出最好的決定，她也是。

酒精不是藉口。那是不是影響因素呢？是的，但酒精並不是那個脫我衣服、指姦我、把我的頭拖在地上、讓我幾乎全裸的人。我承認，喝太多酒是門外漢才會犯的錯誤，但這並沒有觸法。在座的各位都曾經有過後悔喝太多的夜晚，或者身邊就有這樣的人。後悔喝酒跟後悔性侵別人是不一樣的。我們兩個都喝醉了，但差別在於，我沒有脫掉你的褲子和內褲，做出不適當的接觸然後逃跑。這就是差異。

你說，如果我想要認識她，我應該跟她要電話號碼，而不是找她回我房間。

我並沒有因為你沒問我的電話號碼而感到生氣。就算你認識我，我也不希望事情是這個樣子。我的男朋友認識我，但如果他要求在垃圾桶後面伸手指進來，我會給他一巴掌。沒有一個女生會喜歡這樣，沒有。我才不在乎你有沒有她們的電話號碼。

你說，我愚蠢地以為像周遭的朋友那樣喝酒不會有問題，我錯了。

一樣，你錯不在喝酒。你周遭的朋友並沒有性侵我，你錯在做了別人都沒有做的事情，也就是把你勃起的老二推向我赤裸並毫無防備的身體，並躲在陰暗處，讓派對的人看不見也保護不到我、讓我的妹妹找不到我。喝撒旦威士忌並不是你的罪名；脫下我的內褲，把它像糖果紙一樣扔掉、把手指插進我身體才是你做錯的地方。為什麼我現在還在解釋這些？

你說，審判時我一點也不想傷害她，那只是我的律師和他處理案件的方式而已。

你的律師並不是你的代罪羔羊，他是你的代表。你的律師是不是說過一些令人厭惡至極又羞辱人的話？當然。他說你勃起了，因為天氣很冷。

你說，你正在建立給高中和大學生的課程，講述你的經驗，主題是「反對校園飲酒文化與伴隨的性行為亂象」。

校園飲酒文化，這是我們要反對的嗎？你認為這是我過去一年來所對抗的事情嗎？不是校園性侵害、強暴，或如何確認對方同意與否嗎？校園飲酒文化，打倒傑克丹尼！打倒晴空伏特加！如果你想跟大家談論飲酒，你應該去參加匿名戒酒互助會。你應該知道，酗酒跟喝酒後強行跟人性交是兩回事吧？你應該教導男性尊重女性，而不是教他們少喝點酒。

飲酒文化與伴隨的性行為亂象。伴隨的，就像副作用一樣，就像你點餐附上的薯條。亂象又是怎麼來的？頭條寫的又不是「布羅克．特納因為酒喝太多以及伴隨的性行為亂象被判有罪」。校園性侵，這才是你的第一張投影片該放的東西。請放心，如果你沒辦法為你的演講訂定主題，我會跟著你到每一間學校做後續說明。

最後一點，你說，我想讓大家知道，一個喝酒的夜晚就足以毀掉一生。

一生，一個人的，你的，你忘了我的。讓我幫你重講一次，我想讓大家知道，一個喝酒的夜晚就足以毀掉兩個人的一生，你跟我。你是原因，而我是結果。你把我一起拖進這個地獄，強迫我一次又一次地回顧那天晚上。你把我們兩個構築起來的人生都拆了，我跟你同時倒下。如果你認為我倖免於難，毫髮無傷地逃了出來，開始了幸福的新生活，而你卻要承受人生中最巨大的打擊，那你就錯了，我們沒有人贏。我們都被徹底擊垮，都在為這些痛苦尋找意義。你損失了具體的東西，被剝奪了頭銜、學位和泳隊資格；我則是損失了心裡的東西，雖然看不見，但一直在我身上。你奪走了我的價值、我的隱私、我的活力、我的時間、我的安全、我的親密關係、我的自信，以及我的話語權，一直到今天。

我們之間的共通點就是無法在早上起床，苦難對我來說是再熟悉不過的事。你讓我成了被害人；在報紙裡，我的名字是「失去意識的酒醉女性」，九個字，僅此而已。曾經有一陣子，我相信那就是我的全部。我必須強迫自己重新認識自己的名字和身分，了解這並不是我的全部，我並不只是一個兄弟會派對上垃圾桶後方酒醉的被害人，而你卻是頂尖大學裡的全美游泳健將，人生岌岌可危，在被判有罪以前都是清白的。我遭受了無法挽回的重創，我的人生停擺了超過一年，等待著要弄清楚自己是否有所價值。

我的獨立、自然而然的喜悅、溫和的性情以及我喜愛的穩定生活，已經被扭曲得面目全非。我變得孤僻、憤怒、貶低自己、疲累、易怒、空洞。突如其來的孤立感難以承受，你無法還給我那天晚上之前的生活。當你在擔心你掃地的名譽時，我每天晚上把湯匙放進冰箱，這樣當我帶著因哭泣而腫脹的眼睛起床時就可以用湯匙消腫，我才能看得見。我每天上班都會遲到一小時，並找藉口去樓梯間哭，我可以告訴你那棟樓最適合哭泣、不會被人聽見的地方。我愈來愈痛，因此我必須告訴老闆這些私人的細節，讓她了解我離開的原因。我需要時間，因為繼續原本的生活是不可能的。我用自己的積蓄前往一個我能到達最遠的地方，我沒有再開始做全職工作，因為我知道以後我得為了聽證會和審判請好幾週的假，而這些日期又不斷地更改。我的人生停擺了超過一年，我支撐不住。

沒有開燈，晚上我無法獨自入睡，就像五歲小孩，因為我會夢見自己被人碰觸並且醒不過來，所以我等到太陽升起，有了安全感才會入睡。有三個月的時間，我都在早上六點才睡覺。

我以前都為自己的獨立感到驕傲，現在我卻害怕晚上走在外面，害怕跟朋友一起參加社交活動時他們開始喝酒。我變成了小小的藤壺，總是需要待在別人身邊，需要男朋友站在我旁邊、睡在我旁邊、保護我。變得如此柔弱、這麼膽怯地過生活讓我感到很丟臉，我總是在防備，準備要捍衛自己，準備展現憤怒。

你無法想像我是多努力地在重建依然還很虛弱的自己。我花了八個月的時間才能告訴別人我發生了什麼事，我再也無法跟朋友和身邊的每一個人有真誠的交流。只要提起這件事，我就會對男朋友和家人尖叫，你讓我忘不了我經歷過的事。聽證會和審判結束時我都累得無法說話，我是枯竭、沉默地離開。我會回家關掉手機，好幾天都不說話。你幫我買了一張票，送我去到一個要獨自生活的星球。每當新的報導出現，我就會開始疑神疑鬼，怕被自己的鄉親發現，知道我就是那個被性侵的女孩。我不想要任何人的同情，我也還在學習接受被害人就是我的一部分。你把我的家園變成了一個讓我害怕的地方。

你無法把那些失眠的夜晚還給我。如果我看到電影裡有女性被傷害，我就會崩潰並控制不住地大哭。輕描淡寫的說法是，這段經歷讓我更能同理其他的被害人。因為壓力，我瘦了很多，當別人這麼說我，我說我最近很認真地跑步。有時我不想被別人碰觸，我必須重新學習自己並不脆弱，我是有能力的、是健全的，不是充滿憤怒又軟弱的人。

當我看見妹妹難過的樣子，在學校跟不上進度、失去了笑容、無法入睡、在電話裡哭得喘不過氣，一次又一次說那天晚上留下我一個人她很抱歉，對不起對不起對不起，罪惡感比你還要深的樣子，我就無法原諒你。那天晚上我打給她試著找她，但你先找到了我。你的辯護律師在結辯時說：「（她妹妹）說她沒事，有誰會比她妹妹還了解她呢？」你想利用我妹妹來對付我？你攻擊的點這麼薄弱，這麼低級，簡直難看。你別碰她。

你不該這樣對我，還有，你也不該讓我花這麼久的時間告訴你：你不該這樣對我，但我們還是走到了這一步。傷害已經造成，沒有人能挽回。現在我們都有選擇，可以讓這件事毀滅我們，我可以繼續憤怒、繼續受傷，你也可以繼續否認；或者我們可以坦然面對，我接受這些痛苦，你也接受處罰，我們繼續前進。

你的人生並沒有就此結束，你還有幾十年的光陰可以重寫自己的故事。世界很大，比帕羅奧圖跟史丹佛還要大得多，你會為自己找到一個地方，在那裡發揮所長並快樂地過著。但現在，你不能再聳聳肩說你很困惑，你不能假裝沒做錯事。你被判有罪，以故意的、強迫的、性的方式侵犯我，並有惡意動機，但你卻只承認有喝酒。不要說你的人生遭逢劇變很可憐，因為酒精讓你做了壞事，你應該想想如何為自己的行為負責。

接下來要說的是有關判刑的部分。當我看到緩刑官的報告，我感到不可置信並勃然大怒，最後靜靜陷入深沉的哀傷。我的陳述被斷章取義，被刪減得悖離事實。在審判當中我付出了極大的努力，不會就這麼讓緩刑官將刑期減至最低。她只用十五分鐘的對話來評估我的現況以及想法，而其中大部分時間她都在回答我對司法體系的疑問。談話的來龍去脈是重要的，當時布羅克尚未遞交陳述，我也不曉得他說了些什麼。

我的人生停擺超過一年，這一年充滿了憤怒、痛苦與不確定性，直到陪審團做出裁決，證實了我遭受的不公不義。若布羅克坦承犯行，一開始就表達悔意及和解意願的話，我應會基於他的誠實，感謝他讓我們的生活繼續前進而考慮要求減輕刑度，但他卻甘願冒著審判的風險讓事情雪上加霜，迫使我再度經歷傷痛，並將我的個人生活與性侵細節粗暴地放在大眾面前剖析。他讓我和我的家人經歷了一年不明所以又不必要的痛苦。他應該要承擔挑戰法律、質疑我的痛苦、讓我們等待正義的後果。

我跟緩刑官說，我不希望布羅克在監獄裡凋零等死，但我並沒有說他不該被關進監獄。緩刑官建議他在郡立監獄服一年或更短刑期，就像管教小孩的溫和隔離法。這是在拿他侵犯別人的嚴重性開玩笑，也是對我和所有女性的侮辱。這是在告訴大家，陌生人可以未經你的允許就進入你的身體，而且他的處罰會比最低刑期還要輕。他不該被判緩刑。我也跟緩刑官說，我真正希望的是讓布羅克了解並承認自己的罪行。

不幸的是，在讀了被告的陳述之後，我非常失望，我認為他並未展現出真誠的悔意或有意願要為自己的行為負起責任。我完全尊重他希望接受審判的權利，但就在十二位陪審員一致認定三項重罪他皆有罪之後，他唯一承認的就是攝取酒精。一個無法為自己的行為負起全責的人並不值得被減刑。他試圖把強暴弱化成「亂象」讓人非常反感。在定義上，強暴並不是缺乏亂象，而是缺乏雙方的合意。他連這樣的差別都不了解，讓我感到非常擔憂。

緩刑官將被告正值青春且無犯罪紀錄也列入考量。我的看法是，他的年齡已經足以認知到自己的行為是錯誤的。在這個國家，十八歲的人都可以上戰場了；當你年滿十九歲，你已經能夠承擔企圖強暴別人的後果了。他是年輕沒錯，但也到了該明白更多事情的年齡了。

由於這是初犯，所以我能理解需要仁慈以對；但從社會的角度來看，每個人的第一次性侵或指姦都是無法原諒的，這根本不合理。強暴的嚴重性必須被明確傳達，我們不能要大家以嘗試錯誤的方式學習強暴是不對的，我們不能創造這樣的文化。犯下性侵的後果應該要夠嚴重，才會讓人即使在喝酒時也能因恐懼而發揮正確的判斷力，如此才會有預防的作用。

緩刑官也考量到他放棄了得來不易的游泳獎學金。布羅克游得多快並不會讓這件事的嚴重性變低，也不應該減免他的懲罰。如果一個背景貧困的初犯被控三項重罪，且不願為自己的行為承擔責任，他會被判多久呢？布羅克是私立大學的運動員，這件事不該被視為仁慈以對的理由，我們反而要利用這個機會告訴大眾，無論你屬於哪一個社會階級，性侵都是違法的。

緩刑官表示，由於被告的酒醉程度，此案跟其他類似犯罪相較之下顯得較不嚴重。我的感受就是嚴重的，我只有這句話。

他有做過什麼值得寬貸的事嗎？他只為喝酒道過歉，也尚未將他對我做的事情定調為性侵。這對我造成二度傷害，從未間斷。他被定了三項嚴重的重罪，現在該接受這些行為的後果了，他不會被默默放過。

他會終身登記為性犯罪者，這不會過期，就如同他對我做的事情不會過期一樣，不會在設定好的幾年之後就消失不見。這會永遠跟著我，是我的一部分，永遠改變了我，影響我往後的生活方式。

最後，我要表達感謝。感謝每一個人，從早上我在醫院醒來後泡麥片給我的實習醫生到在我旁邊等候的警察、安撫我的護士、傾聽我且從未評判我的警探、跟我站在一起，堅定的倡導專員、教我在脆弱中發現勇氣的心理治療師、和善並包容我的老闆、教我將痛苦轉化成力量的偉大父母、每次都偷帶巧克力進法庭給我的奶奶、讓我重拾快樂的朋友、我耐心又疼愛我的男友、我打不倒的妹妹，我的心頭肉，以及艾拉蕾，我的偶像，總是不屈不撓地奮鬥，從不質疑我。謝謝每一個付出時間與精力參與審判的人，謝謝從各地寫卡片請檢察官交給我的女孩們，我受到了這麼多陌生人的關照。

最重要的是，謝謝那兩位救了我的男生，我到現在都還沒見過他們。我畫了兩台腳踏車貼在床上方，跟它們一起入睡，藉此提醒自己，這個故事裡是有英雄的，我們彼此照顧。能夠認識這些人、感受到他們的保護與愛，令我永生難忘。

最後，我要對全世界的女生說，我與你同在。在你感到孤單的夜裡，我與你同在。當別人質疑你、對你不屑一顧，我與你同在。每天我都為你而戰，所以永遠不要投降，我相信你。作家安・拉莫特曾寫過這句話：「燈塔不會在島上到處奔波尋找需要救援的船隻，它們只是靜靜地佇立發光。」雖然我無法拯救每一艘船，但我希望今天我說的話能讓你接收到一點點光線，讓你多知道一點點，你是有聲音的；讓你能感到一點點的滿足，正義會被伸張；讓你有多一點點的信心，我們會迎來結局。我也要你明確知道，你很重要，無庸置疑；你是不可侵犯的、美麗的，你值得受到重視與尊敬，這是無可否認的，無時無刻，每日每夜；你擁有力量，而且沒有人能奪走你的力量。我要對全世界的女生說，我與你同在。謝謝。

後記

寫這本書就像坐在書桌前，置身於一個又大又空的圓頂裡面。每天我都在一片寂靜中打字，我唯一的工作就是要把這個故事釋放出來。我同意要寫這本書時，還無法保證會揭露我的身分，所以在那兩年半的時間裡，我一邊把字句串連起來，一邊保護著自己，跟世界隔絕開來，無憂無慮地繼續隱姓埋名。我的手機只會在星期五早上響起，是我的編輯打來確認我沉浸在寫作之中，但沒有沉沒下去。除了她以外，沒有人讀過一個字。二〇一九年三月，我完成了稿件，大量紙張從我的印表機吐出來，厚厚一疊擺在桌上。能把未完的部分完成讓我很滿意，但我心裡還是有個小小的懸念，我面臨到一個嚴肅的問題：繼續躲著，或是揭露我的名字。

有人告誡我，成為眾所周知的人物會帶來永久的影響，招牌會跟著你一輩子，以後找工作會有困難，也較不容易轉換路線。每當校園性侵被報導出來，你的名字就會出現在新聞裡面。陳述被瘋傳時出現的爆炸性發展可能會再度上演，也許更加嚴重。會有更多記者出現在我家門口，打給我的爸媽、爸媽的爸媽。網路霸凌也會展開，我的臉孔會跟侵犯我的人擺在一起，我的形象將無法脫離他的所作所為。瘋狂的人太多了，我們希望你安全。我在想有沒有方法可以只揭露我的名，但保留我的姓。

在被害人的國度裡，匿名就像是一道黃金盾牌，能保持四年已經是個奇蹟。但當我們討論到匿名帶來的保護時，卻沒有人談論到它的代價。我們不能大聲說出自己是誰、我在想什麼、我認為重要的事情是什麼。我很寂寞。我好想知道再也不用花力氣埋藏我最溫熱的東西會是什麼感覺。我不斷想起老子說的「企者不立」，我不能一輩子都踮著腳尖。

在經歷過槍擊和性侵之後，有好長一段時間我只希望事情不要再有變化，因為我都還來不及跟過去說再見就被丟進新的實境裡面。寫作時，我不斷探索與理解，因為那是療癒所需。現在我終於跟上現實了，但我有些跟我最親近的人卻非如此，他們依然認為我處於報廢狀態，但我想說：「她已經死了。」我還有另一個選擇公開姓名的動機：在我生長的過程中，從沒見過外貌像我這樣的公眾人物，我渴望聽到亞裔美籍的女性成為權力與自主的化身。我從未想過要拿擴音器向每一個認識的人宣布我被強暴，我只是想在承受了這麼多之後，正視自己是誰，我想尊敬這樣的轉變，想要說，來認識現在的我。

每當我聽到被害人說真希望自己有勇氣站出來，我便出於本能地搖頭，這跟勇氣無關。對報復的恐懼是真的，人身安全是有代價的，但站出來竟感覺像走上斷頭台，這想法讓我感到擔憂。我不認為多數的被害人想躲躲藏藏地過生活，我們這麼做是因為沉默代表安全、公開事情代表會被報復。也就是說，我們害怕的不是把事情說出來，而是說出來之後別人會怎麼做。我記得曾經有過這種想法：「如果被人發現的話，他們會覺得我很骯髒。」社會膚淺的認知使我們受苦，揭露自己被性侵並不是承認自己的失敗；相反地，被害人幫了我們，讓我們警覺到社會上的危害，我們應該擁抱這樣的坦承。

「我只是想保護你。」我媽媽說，但這是多數母親被期望要說的話。我知道她真正的答案被埋在地下一樓，我得再等一等。有一天，祝福終於來到。她說：「如果你想超越自己，變得更強大，幫助女性，那就去做吧。痛苦總是會給你更多前進的力量，但幸福舒適不會。這都取決於你想成為怎樣的人。」

我不知道自己是不是在某天做出了堅決的決定，但我確實知道，我不會讓該怎麼面對男人的恐懼決定我的餘生。透過寫作，經過那段回顧過往，細細剖開再放回去的時光之後，我發現性侵並不是一件耗盡一切的事，我反而擁有了滿滿的經驗，他無法將一切都抹去。我以一個有血有肉的作家、女兒、姊姊和藝術家的身分出現，還有太多的身分等待著我。我並不知道前方的路，但我現在能全然覺知那個即將走過這條路的人，這樣就夠了。

每當我想要安慰，我就會想起媽媽告訴我她十二歲時交了一位龍蝦朋友的故事。有一天，她的叔叔把龍蝦煮了，她哭了又哭。她說後悔幫牠取名字，那個名字讓失去牠這件事變得好痛苦。我就想，當我揭露自己的身分，我就會馬上被煮熟，但人們還是會產生一瞬間的連結感，我的名字會安穩地住在他們的記憶裡，就像媽媽講到龍蝦時那麼地觸動。

準備工作開始。首先，你要打給房東，他會幫你鑽孔，將電線穿過牆壁，這樣就可以加裝三台監視器，只要有蛾飛過前門，你就會收到通知；你要購買一種特殊服務，在網路上洗掉家人的名字和住址；有人會建議你停好車後不要在車裡坐太久，要不斷移動；碎掉每一份文件，以免有人翻你家的垃圾；保持警覺，不要戴耳機，回家時記得掃視街道；刪掉所有的社群媒體；消息出來後要在安全的地方過夜；要讓一個人隨時知道你的行蹤。你希望透過公開姓名來讓自己自由，但你會面臨到一套新的約束規則。

決定要用自己的名字，代表我得學會大聲說出我的故事，但當訪談的要求大量湧入，我便感到易怒。恐慌再度發作，還有那些我不想要的感受。我感覺自己站不穩，漸漸滑出現實。我不了解訪談跟審問之間的差別，在法庭上，他們的目的是揶揄、讓你困惑、貶低你，從來都不是傾聽。

我的律師介紹我認識萊拉與希拉莉，兩位創傷知情溝通的女性工作者，她們同意幫我做準備。她們擺好數位相機、燈光和椅子，我穿了一件剛買的硬挺襯衫，看起來好像要去就業博覽會朝聖。途中，萊拉說：「你想要他們聽到什麼？」我從來沒被問過這樣的問題。她說我不是去讓記者發問擺布的，我是去傳遞訊息的。這種截然不同的詮釋改變了一切。

她還問了另一個縈繞在我心頭的問題：「你想對誰說話？」二〇〇一年，一位名叫琳賽·阿姆斯壯（Lindsay Armstrong）的十六歲女孩在蘇格蘭被強暴，審判時，辯護律師請她拿起當時穿的內褲，並將上面的字大聲唸出來：「小惡魔。」強暴犯被定罪，但有罪的裁決並不能消除傷害。三週後，她自殺了。我多希望能對她說，當有人提出那樣的要求，有問題的是那個人，而不是她曝露出來的軟弱。

長久以來，我以為為人所知就代表毀掉一切，他們對你知道得愈多，就有愈多東西可以用來對付你，幾年來我都擔心這是真的。但完成這本書時，我知道這不是真的；對我來說不是，對琳賽來說也不是。我經常質疑像辯護律師那樣的男人為什麼這麼有自信，而我卻在自我厭惡裡掙扎；他們是如何不受質疑地到處活動，而我卻躲躲藏藏。我決定既然他們出現在檯面上，我也要。我會出現在全國的電視螢幕上，而且我不會質疑自己為什麼會在那裡。我會被看見，會談論現在的我和過去的我，因為我知道打從一開始辯護律師就錯了，為人所知代表你會被人所愛。

第一個訪談我的節目是《六十分鐘》（*60 Minutes*），那集在八月錄製，所以會在九月播出。我從未上過鏡頭，也沒去過攝影棚，不過這不重要。節目多受歡迎並不重要，觀眾有兩百萬還是一千兩百萬並不重要，蜂巢燈的溫度，或是被沉重的黑色攝影機凝視也不重要。訪談前一晚，我在研讀筆記時在手臂上畫了一個小惡魔。早上，我套了一件燙好的上衣，坐進黑色休旅車。我啜飲了口茶，他們在我的褲帶夾上麥克風，在我的臉頰上粉。我到旁邊找了一個洗手槽，慢慢地把手上的墨水洗去，一邊想著：「謝謝你。」我開始有了英勇、冷靜、思路清晰的感覺，我的使命永遠都比我的恐懼還要強大。所有的攝影機和特派記者都只是為了接觸她所需要的管道。我要告訴她，我們可以穿任何我們想穿的內褲。

二〇一九年九月四日，我的名字跟照片發布了。我的朋友梅兒傳訊息說「生日快樂」，因為這就是出生的感覺，降臨到這個世界上。再也不用被切成片段，一片一片的我都拼在一起了，我把聲音放回了我的身體。一堆充滿悲傷、震驚與以我為榮的訊息朝我撲來，但我只感到平靜。

在接下來的幾個月裡，我進行了超過七十次的訪談。史丹佛的學生自行製作出他們的非官方牌匾，校方移除後，他們又放回去，直到校方讓步，正式製作了一塊放在預定的位置。這本書會被翻譯成多種語言，包括韓文、挪威文及俄文等。哈維・韋恩斯坦會被判刑二十三年；克莉絲丁・布萊西・福特會跟我一起盤腿坐在安奶奶的地毯上喝茶。我意識到我並不是孤單一人來到世上的，我是來加入比我早到達的人。我會坐在安妮塔・希爾和葛洛莉亞・斯泰納姆（Gloria Steinem）的對面，跟其他藝術家、作家和行動派人士在紐約市共度充滿陽光的午後。當我說話時，現場都安靜了下來。這是我第一次感覺到自己的威嚴，是他們賦予我的。離開那裡時，我跟以前已經不再一樣了。

二〇二〇年二月，我坐在火車上前往一座名叫萊瓦頓的荷蘭小鎮，包包裡有我被譯成荷蘭文的書，口袋裡有一塊稱為「天堂滋味」的點心。我望向窗外，心想媽媽說得對，人生總是超乎我的想像，不然該怎麼解釋這綠色的原野、小溪和謝德蘭矮種馬呢？在我所有的簽書會上，每個人都會把名字寫在便利貼上，好讓我知道要在書上寫什麼稱呼：蜜拉、諾兒、莉克、蘇菲。這些便利貼在我的桌上就像一堆樹葉，有人說要幫我清掉，但我要求將它們留下。我終於能夠知道拯救我的人叫什麼名字。

爸爸大聲唸我的書給媽媽聽，一個晚上唸一章。他們一起哭、坐著沉默不語、浸在悲傷之中，也會出去散步透氣。有天晚上我順道過去，聽見了他們唸故事的儀式。我靠著牆坐在家門前，靜靜地聽。我曾經帶著被性侵的故事回家，內心滿是糾結與恐懼；現在我的故事從爸爸輕柔的聲音中浮現，成了可以分享的慰藉。院子裡，蟋蟀在歌唱著。

在舊金山，盧卡斯跟兩位大學朋友策劃了一個祕密的新書派對。我停在路邊，外頭有個牌子寫著「金盞花」。玻璃牆上有好多蕨類和黃褐色的罌粟花，他們租下一間花店，裡面都是我五歲以來所結交的朋友和我最喜愛的教授，他們都從好遠的地方開車過來，還有香檳、摺疊椅和蛋糕。他們一個一個站起來發言，我們一個一個都哭了。我們為了當時不知道該怎麼辦而哭，為了那些逝去的生命而哭。我們為了被熟悉的面孔圍繞、感到安慰而哭，也為了還維繫著這樣的情感而哭。當太陽下沉，我跟蒂芬妮手牽手站在門前，大家都鼓掌。我們出現在終點線的另一邊了。

性侵後過了將近五年，我終於要跟兩位瑞典人見面。在一個溫暖的紐約夏夜，我見到了彼得，見到了卡爾。我們擁抱，坐下來，點了魷魚。我們的對話只能用「坐在火邊」來形容。他們其中一人說他很後悔，感到罪惡。「為什麼？」我說。「因為沒有早五分鐘到。」我大笑，發現即使是救星也會覺得還可以做得更好。我想著所有我們希望可以改變的事、所有的「但願」，以及各種可能但沒發生的情節。但儘管有這些恐懼與痛苦，還有這麼多無法挽回的事情，會讓我一輩子記得的就是那些從未放棄過我的人，將我帶回人生裡的人。

野人家 213

Know 這是我的名字 My Name

A Memoir

作　　者　香奈兒・米勒（張小夏） Chanel Miller
譯　　者　陳柔含

野人文化股份有限公司

社　　長　張瑩瑩
總 編 輯　蔡麗真
責任編輯　王智群
校　　對　魏秋綢
行銷企劃　林麗紅
封面設計　莊謹銘
內頁排版　洪素貞

讀書共和國出版集團

社　　長　郭重興
發行人兼出版總監　曾大福
業務平臺總經理　李雪麗
業務平臺副總經理　李復民
實體通路組　林詩富、陳志峰、賴珮瑜、郭文弘、吳眉姍
網路暨海外通路組　張鑫峰、林裴瑤、王文賓、范光杰
特販通路組　陳綺瑩、郭文龍
電子商務組　黃詩芸、李冠穎、林雅卿、高崇哲
專案企劃組　蔡孟庭、盤惟心、張釋云
閱讀社群組　黃志堅、羅文浩、盧煒婷
版 權 部　黃知涵
印 務 部　江域平、黃禮賢、林文義、李孟儒

出　　版　野人文化股份有限公司
發　　行　遠足文化事業股份有限公司
地址：231新北市新店區民權路108-2號9樓
電話：（02）2218-1417　傳真：（02）8667-1065
電子信箱：service@bookrep.com.tw
網址：www.bookrep.com.tw
郵撥帳號：19504465遠足文化事業股份有限公司
客服專線：0800-221-029
法律顧問　華洋法律事務所　蘇文生律師
印　　製　呈靖彩藝有限公司
初版首刷　2021年8月

歡迎團體訂購，另有優惠，請洽業務部（02）22181417分機1124、1135

國家圖書館出版品預行編目資料

這是我的名字／香奈兒．米勒（Chanel Miller）著；陳柔含譯 — 初版 — 新北市：野人文化股份有限公司出版：遠足文化事業股份有限公司發行，2021.08
面；　公分 —（野人家；213）
譯自：Know my name : a memoir.

1. 米勒 (Miller, Chanel) 2. 回憶錄 3. 被害者 4. 性侵害 5. 美國

785.28　　110010310

ISBN 978-986-384-560-7（平裝）
ISBN 978-986-384-559-1（epub）
ISBN 978-986-384-562-1（pdf）

這是我的名字

野人文化官方網頁　野人文化讀者回函

線上讀者回函專用QR CODE，你的寶貴意見，將是我們進步的最大動力。